孩子的问题都是父母的问题

包丰源 著

中华工商联合出版社

图书在版编目（CIP）数据

孩子的问题都是父母的问题 / 包丰源著．—北京：中华工商联合出版社，2016.2

ISBN 978-7-5158-1122-2

Ⅰ.①孩… Ⅱ.①包… Ⅲ.①家庭教育 Ⅳ.①G78

中国版本图书馆 CIP 数据核字（2015）第 318769 号

孩子的问题都是父母的问题

作　　者： 包丰源
出 品 人： 徐　潜
项目统筹： 王宝平
责任编辑： 于建廷　王　欢
营销企划： 王　静　万春生
封面设计： 水玉银文化
责任印制： 迈致红
出　　版： 中华工商联合出版社有限责任公司
发　　行： 中华工商联合出版社有限责任公司
印　　刷： 北京毅峰迅捷印刷有限公司
版　　次： 2016 年 3 月第 1 版
印　　次： 2016 年 6 月第 5 次印刷
开　　本： 710mm × 1020mm　1/16
字　　数： 260 千字
印　　张： 19
书　　号： ISBN 978-7-5158-1122-2
定　　价： 48.00 元

服务热线： 010-58301130
团购热线： 010-58302813
地址邮编： 北京市西城区西环广场 A 座 19-20 层，100044
Http： //www.chgslcbs.cn
E-mail： cicap1202@sina.com（营销中心）
E-mail： gslzbs@sina.com（总编室）

前言

孩子是民族的未来，国家的希望，家的传承！

《少年中国说》有言：“少年智则国智，少年富则国富，少年强则国强……”

伴随着社会的进步与发展，现在的孩子比上一代更聪明，而且接受的资讯更广泛，学习的方式也更快捷。相比之下，父母和孩子的沟通也就面临着更多的障碍和沟壑。与过去相比，今天的父母和孩子都要面对更多的挑战和更复杂的社会环境。如何更有智慧地培养孩子的人格、提高孩子的创造力、提升孩子的自我价值感，无疑是所有父母最为关心的问题。

父母对孩子的未来寄予厚望，但却往往忽略了一个规律：

孩子是父母的影子。父母是原件，孩子是复印件。

要让孩子有所不同，首先要改变和提升的是父母教育孩子的思想观念。

十年来，在对精神能量的链接作用与物质平衡关系理论的研究过程中，特别是通过对个案的处理，我清楚地看到：人受到的伤害很大程度上都是来自于父母或者监护人。在每个人成长、受教育与社会化的进程中所产生的恐惧、失落、怨恨、内疚、害怕、自责、愤怒等情绪如果得不到有效释放、清除和化解，这些情绪所产生的细胞记忆所形成的潜意识“程序”就犹如计算机病毒一样，只要条件满足，立刻会自动运行，由此潜移默化地影响孩子日后的生活。

通过对心智规律的研究，我看到当人的现实生活中再次出现与以往经历有着相同感觉的情境时，潜意识就会自动启动“程序”，引导身体做出反应，导致人的烦恼与痛苦经历不断重现。这样，即使有着对美好生活的追求，人也会不自觉地受控于潜意识程序的影响和作用，而很难改变自己的现状。一个无法控制自己人生的人，经常会感到失败和沮丧，也就很难给周围的人、周围的环境带来正能量，更谈不上为国家和社会提供有价值的贡献。

我们知道，有什么样的思想就会有什么样的人生结果。孩子思想的形成很大程度上受父母的影响。父母的思想、言行、生活态度、情绪控制以及与自己父母的关系，都会影响孩子的健康、事业、婚姻和人际关系等，父母既能成就孩子的一生，也可以毁掉孩子的一生。

因此，使孩子远离伤害、幸福成长的密码就在父母和其他家人手中。只有我们将尊重、理解的种子渗透到孩子的生命中去，才能够在他心里种下幸福和快乐的种子。这样，他才会成长为一个能够感受到自身价值的人，一个能够给周围人和环境带去积极影响的人，一个能够对国家和社会奉献正能量的人。

任何事物的存在都有其自身规律。我所创办的“为人父母”课程就是通过个案让人可以懂得一个人是如何成长，推动力的机制如何产生，造成影响的原因是什么……这样大家就很容易懂得应该怎样对待和培养孩子。

多年研究为人父母的教育使我懂得孩子与父母的关系是教育、爱、修和智慧。孩子的成长需要爱，而如何让孩子真正感受到我们给予的爱？教育的重点不是看到什么、学到什么，而是让孩子将来遇到问题时能够面对和想办法解决。让孩子成为自己，在生活和学习中能够不断提升思想高度，获得更高的精神链接。更重要的是，教育孩子就要处理好四个方面的关系：我、孩子、我和孩子、家族系统。

0 ～ 12 岁是人格形成最为关键的时期，在这段时间里，孩子逐渐定型的人格会影响他的一生，也会影响他的后代和整个家族。如果错过了这个时间，很多事情会让我们付出更大的代价——甚至无法挽回，因此我们没有可以浪费的时间！

如果您很爱孩子，如果您很努力地培养孩子，结果却发现孩子离自己的期望越来越远；如果您和孩子的关系陷入困局，不知该如何与孩子建立良好的沟通关系，不知道怎样更好地面对已出现和将要出现的问题，那么，这本书将引领您走出困惑。

如果您希望通过提升自身，改善与孩子的关系，增强家族能量，推动家族的世代昌盛；如果您希望孩子能比自己更优秀，希望孩子能在健康的家庭教育方式下快乐地成长，为了家族，更为了孩子，这本书是您提升智慧、改善亲子关系的开始，更是让孩子幸福一生的起点。

父母至亲，影响深远，孩子的问题都是父母的问题。

所以，解决孩子的问题要从提升父母的思想和智慧开始！

目录

第三章 用尊重塑造孩子的内在价值

第四章 爱之甚足以害之

第五章 用信任帮孩子找到生命的出路

第六章 父母勇于担当孩子才会承担

第七章 养育孩子重在滋养心灵

第八章 为人父母就是修自己

第十二章 爱孩子的十个表现

第十三章 不以为人何以为父母

第一章
孩子的问题都是父母的问题

做父母是一种智慧，是与孩子的精神链接，是懂得并尊重生命成长的规律，更是传承祖先基因和创造家族兴旺的责任。

别以为生了孩子你就是母亲

通常，大多数读这本书的人已经是名义上的父母或者将会成为父母。但是，您是真正的父母吗？也许，您会说："这毋庸置疑啊！我的孩子已经……"其实，我要说的是，无论您的孩子多高，不管您的孩子多大，都不能说明您已经是完整意义上的"父母"。因为为人父母并不是简单的生育孩子，而是更重要意义上的养育孩子！

曾经看到这样一个故事：一位从小生长在上海的犹太姑娘，在与丈夫结婚后生育了三个孩子。后来丈夫离她而去，她就独自带着三个孩子生活，并在孩子稍大后带着三个孩子回到了自己的故乡——以色列。

刚到以色列的时候，由于语言不通又不懂当地的优惠政策，这位母亲一边辛苦劳作，靠卖春卷维持日常生活，一边又秉承着中国“再苦不能苦孩子”的原则，照料着孩子们的衣食住行。孩子们也理所当然地接受母亲为自己准备的一切。

这种教育理念与犹太人的教育理念是迥然不同的，因此他们一家人不可避免地受到了邻居们的责难。看着三个孩子每天衣来伸手、饭来张口地等待母亲照顾，一位邻居训斥她家的大儿子说：“你已经是大孩子了，应该学会去帮助你的母亲，而不是在这看着母亲忙碌，自己就像废物一样。”随后又转过头来训斥这位母亲说：“别以为生了孩子你就是母亲。”

“别以为生了孩子你就是母亲”，这句话乍听起来很伤人，细想之下却发人深省，它在警醒我们重新认知“父母”这两个字。说实话，我们现在这些做父母的，哪一个不是以为生了孩子自己自然就升级成为父母了？这是一种观念上的误区。生了孩子只是证明你是孩子生理上的父母，却并不代表你已经具备了养育孩子的能力，而对于孩子的成长来说，养育才是至关重要的部分。

不可否认，我们很多父母都秉承着“再苦不能苦孩子”的原则来爱孩子。然而，我们的这种爱却往往会阻碍孩子的健康成长，又怎么能够说是真正的父母之爱呢？后来这位犹太人母亲放手让孩子承担自己该做的事情，三个孩子主动勤工俭学，在帮助家庭的过程中挖掘出自己的商业天赋，找到了自己的兴趣所在，踏上了通往美好未来的道路。

做父母和有孩子是两个概念。生了孩子只是代表你有了孩子而已，这只是一种物质上的联系，并不能够说明你是在做父母。**做父母是一种智慧，是与孩子的精神链接，是懂得并尊重生命成长的规律，更是传承祖先基因和创造家族兴旺的责任。**

父母是传承家族能量的通道。只有父母真正成为通道，才能够通过自己把家族的能量传递给孩子。透过自己的精神归属来传承家族精神能量，让家族延续，这是人类最为淳朴和基本的传承方式。让家族中的每一代，至少让你的下一代传承、延续、扩展上一代的能量，使自己家族中的每一个人都带着这种家族能量过更好的生活，家族兴旺的火种才能够生生世世相传。

也就是说，为人父母对于孩子不止是一种教育、一种艺术，更是人生中最为重要的一项事业！然而现在，越来越多的父母根本没有意识到这项事业的重要性，直到孩子出现问题，甚至无可挽回才幡然醒悟，后悔不已。

在“为人父母”课堂上有一对精明能干的夫妻，一心追求事业上的成功，孩子一生下来就交给爷爷奶奶带。经过多年的打拼后，这对夫妻终于如愿以偿地拥有了自己的企业，成为名副其实的企业家。然而，就当他们以为自己已经获得人生成功的时候，儿子却找不到了。几经周折，他们才在一个网吧里找到了几天未曾回家的儿子。正处于青春叛逆期的儿子，对他们的话充耳不闻，完全没有耐心理会他们的苦口婆心，整日以网吧为家。儿子的状况让他们痛心不已，每每提到都会泪流不止，甚至许愿说：“只要儿子能回来，我们愿意花掉所有的资产与积蓄。”显然，这对父母已经意识到了自己的失职，宁愿用所有的财产来换回儿子的回头。然而，这世间有很多东西是很难用金钱交换的，就像孩子的品行与健康一样。

这些年来，我遇到了很多这样的父母——在外人看来很成功，自己却觉得很失败，原因就是孩子出了问题。孩子让他们感受到了人生的至痛，最终醒悟到：**人生最大的事业不是公司，不是业绩，不是资产，而是孩子。**可惜，很多人却在孩子还能被用心“经营”的时候全然投身到所谓的“事业”中，把孩子的教育问题直接扔给了学校、老人或保姆，总是以自己很忙为借口，忽略与孩子的沟通，甚至将自己的情绪发泄在孩子身上，给孩子造成伤害，在孩子心里种下分离、恐惧、担忧、害怕等情绪的“种子”。而这些种植在孩子心灵中的情绪“种子”，当环境适合的时候，就会再次爆发产生负面效力，影响孩子一生的幸福。

每次我问大家有谁从小被父母打过，很多人举手；我再问有谁打过自己的孩子，大多数人还都高举着手。而且，**人们往往会发现，当初父母是怎么打他的，他也会用类似的动作、方式打孩子。这就是细胞记忆，这就是潜意识的作用。**如果父母不改变，那么孩子以后就会用同样的方式来教育自己的孩子。所以培养孩子需要从改变父母的思想和行为开始。

人的命运来自行为，行为来自思想，而思想是由意识和潜意识共同作用形成的。意识是我们知道的部分，潜意识是我们做到的部分。人生很大程度是潜意识作用的结果。

对于孩子来说，衣服可以换，幼儿园可以换，学校可以换，老师可以换……唯独父母是永远不能换的。一个孩子将来会成长为什么样的人，很大程度上取决于他的父母是什么样的人，取决于孩子在幼年时期所受到的家庭教育。现实中的很多父母却并没有意识到自己对于孩子成长的重要性，总会以忙碌作为借口回避与孩子的相处。

但是，孩子的教育不可能等待我们去弥补，只要我们稍有忽略，就可能会造成我们和孩子一生的缺憾。一个人事业上再大的成功也弥补不了教育子女失败的缺憾！做父母是人一生中最为重要的事业，这项事业的成败决定着我们40岁以后的成就感与幸福感。不管之前挣了多少钱，不管创造了多少的资产，如果没把孩子教育好，人生就是失败的。

为人父母是一项任重道远的事业！父母代表的是一种责任，一种培养，一种引领，一种传承……真正的父母之爱要懂得尊重孩子的内心，懂得塑造孩子的价值，懂得给予孩子自由和能量……爱孩子不是户口本上你有几个孩子，而是一种境界，一种知道，一种做到，一种无怨无悔的陪伴，一种全心全意的付出……做父母不是一个点而是一个面的事情，我们必须从头学起。

“为人父母”课后分享

武绮玲：不要以为生了孩子就是母亲

2013年，怀着对孩子无尽的担忧，我走进了课堂。当时，面对孩子的叛逆、沉迷网游、前景迷茫，我充满无力感。自己在这个困境里走不出来，最后求助于外力，希望能找到解决方法。就这样，我走过了“心智能量”一阶、二阶和“心智禅修”课程，再来上“为人父母”课程。前面的课程让我解开了心灵的束缚，让我和孩子有了很大的改变，而这次“为人父母”课程，我发现仍然有许多没有觉察到和需要改进的地方。

包老师说：“不要以为生了孩子就是母亲。”生孩子容易，养孩子也简单，但如何教育好孩子，却不是每一个父母都做得好的。世上的文凭五花八门，就是没有为人父母这个专业！大家都是懵懵懂懂地当了父母，然后摸着石头过河，全靠自己摸索或者是沿着祖祖辈辈传承下来的老方法来教育孩子。有多少孩子一直在无知无畏的父母所创造的环境里苦苦挣扎，却无从反抗？有多少孩子带着创伤成长，伤痛不断重现？有多少孩子的天性被压制，变得呆滞愚弱？有多少孩子走上歧途，甚至付出生命的代价？而这些孩子所遭受的一切，都是在父母“爱”的名义下发生的！不懂真正地爱孩子，何以为父母！

回顾自己十多年来对孩子的教育，我既惭愧又庆幸。庆幸的是这次在课堂上懂得了上行下效，始之为善；惭愧的是，由于我在序位方面没有做好，导致了一系列的问题。自孩子出生，我将自己所有的精力都放在孩子身上，忽略了丈夫的感受。因此，夫妻间多了争执、吵闹，甚至长时间的冷暴力——不对话。我们只顾自己情绪的宣泄，而忽略了孩子的感受。不知道在毫无温暖而言的家庭氛围中，孩子内心所受到的伤害：恐惧、不安、不自信。表现在孩子身上就是自小就喜欢躲在狭小的空间里；冬天睡觉喜欢四周都是枕头棉被包围着；睡前喜欢吮手指，十几岁也戒不掉，导致手指、口腔和牙齿发育不良，必须矫形；身形肥胖不舒展，显得很不自信；做事拖拉，朋友不多，喜欢宅在家里玩网游……

“心智能量”一阶课程后，我跟孩子做了深度链接，我才知道，我们夫妻的冷战以及对孩子的一些推诿，让他深受伤害。谈起当时的感受，他说：“我心里只有一个念头，那就是家没了！”每每想起孩子这句话，我就揪心地痛。不由得深深地向孩子忏悔！当丈夫病倒后，我将精力重新放在他身上，家庭气氛反而好了，孩子说：“我不知道这样说对不对，我觉得爸爸病了以后，家反而像家了！”那是因为序位重新调整的缘故吧。

我很幸运，能走进这个课堂，让我有所觉察，有所改变。现在很多事情母子俩可以一起探讨，他看问题有时比我还到位。我不断在他身上贴上正向的积极的标签，我相信，假以时日，我的孩子会成长得更棒！对于孩子，我不再有担忧和焦虑，只有满心的祝福！

2014 年 3 月 2 日

为人父母是需要学习的

随着社会分工越来越细化，现代企业中的每一个岗位几乎都需要经过事前的专业培训才能上岗。众所周知，做会计要有会计证，做教师要有教师资格证，做律师要有律师证，开车要有驾驶证，唯独做父母这个世界上从业人数最多的岗位却没有上岗证。甚至在现实中，我们很少有人会意识到**无证父母的危害甚至会高于无证驾驶**。无证驾驶所造成的交通事故伤害的主要是人的肉体，而无证父母伤害的却是孩子的精神和灵魂。在现实中无证驾驶的人毕竟不多，而没有上岗证的父母却比比皆是。

因为没有上岗证，甚至在上岗前连最为基础的培训都未曾有过，所以我们在做父母的过程中难免会形成这样或那样的误区。比如：

过分强调对孩子的智力开发，经常是在孩子刚开始说话甚至还不会说话的时候，就让孩子背唐诗、认数、识字、学英语等，却不曾意识到对孩子人格的培养才是重中之重。

有的家长会过早地对孩子进行专业化训练，在学习过程中注重要求孩子练习的强度，却忽略了孩子心灵的痛苦和需要时间玩耍的快乐。其实不管是乐器还是歌唱，都是对人素质的一种提升，但不能因此一定要把孩子培养成未来的演奏家或歌唱家。重要的是对孩子灵魂的净化和心灵的滋润，喜悦才能提升能量，寓教于乐才能更好地学习和成长。

有些家长会不顾孩子的想法，直接替孩子拿主意或做决定。其实，孩子在两岁以后就会有自己的想法，家长完全可以通过良好的沟通与孩子建立链接，了解孩子的兴趣与想法，根据孩子的爱好与孩子一起做一些决定与安排。然而，现实中的父母常常会以“我都是为了你好”为借口，替孩子做一些自己想要却违背孩子意愿的决定。

有的父母把握不好爱的分寸，溺爱孩子，结果就把自己的爱变成了“碍”。大人对孩子的过度关注，使孩子在一层层爱的“包裹”下，生长空间和自由度变得越来越小，几乎没有机会去经历一些挫折和磨炼。甚至，很多家长也根本就不能够接受孩子在外面受一丁点的委屈。

父母缺少对孩子应有的陪伴。由于社会发展得越来越快，人们的社会压力也越来越大，这也就造成了很多父母把孩子交给爷爷奶奶、姥姥姥爷或保姆照顾的现象。也许长辈或保姆能够保证孩子吃饱穿暖，不哭不闹，却替代不了父母对于孩子的教育。父母教育缺失，往往会对孩子的人格形成很大的影响。也许我们做父母的不能够保证时刻都陪在孩子身边，但也绝不可以因事业的忙碌就牺牲对孩子的陪伴。

其实，孩子与父母之间的链接，特别是跟母亲的链接是天然的，也是独特的。现代心理学研究证明，婴儿在刚出生的时候就能够通过视觉和听觉把自己的母亲与别的女性区别开来，而母亲也通常能够通过孩子的哭声准确识别出自己的孩子。

父母与孩子的链接有一种看不见的特殊通道与精神归属。在孩子不断长大的过程中，密切的链接会对孩子的健康成长起到很大的作用。也就是说，孩子和父母的链接是孩子开始一切社会学习的基础，父母是孩子人生中最亲密、最重要的启蒙老师。

为人父母作为我们人生中的一个岗位，不仅重要，专业要求也很高。我们要想把孩子教育成才，就必须认真学习怎样为人父母。因为只有通过学习，我们才会使自己真正走出认知误区，才能够提升自己的能量与智慧，才会具备正确科学的育儿观，才能够掌握帮助孩子健康成长的专业知识。

在同样的社会大环境中，为什么有的人能够有所作为，而有的人却一事无成？这就是家庭教育对人的重要作用之一。家庭成员给予孩子不同的思想就会有不同的行为结果。所以，父母以及家庭成员的思想就显得尤为重要。

父母错误的思想会对孩子的人生产生不良影响。看看那些少管所里的孩子，哪个不是在家人的期盼与等待中呱呱落地的？哪个不曾被父母赋予美好的愿望？然而，短短的十几年之后，他们却被关到了高墙之内，有的甚至再也没有机会出来，为什么？

让我们看看他们的父母是怎么对待他们的：

衣服不小心弄脏了，妈妈说："刚穿上你就弄脏了，真是不省心！"

考试没考好，妈妈说："考这点分，将来能有什么出息？"

不小心犯了错，妈妈说："这样下去，你总有一天会被抓起来的。"

……

家长们，你知道这些一时的气话会在孩子的心里留下什么吗？你知道它们会带给孩子怎样的心灵创伤吗？这样的对待，只会让孩子的自我价值感越来越低，是我们的言语伤害了孩子，造成了孩子今天的行为。

在"为人父母"课堂上进行个案处理时，就能够了解到孩子当初产生情绪的原因：

"小时候，我爸妈不停地吵架，我很害怕，就躲在被子里捂着耳朵，我想对他们说，你们不要再打了，我很害怕……"

"我要怎么做，他们才能不吵架？求求你们，以后我会听你们话的……"

"他们为什么要结婚？为什么要生下我？为什么生下我又不管我？……"

"我要考多少分，他们才满意？不如我死了你们就开心了……"

……

我们如何回答孩子？向孩子解释"妈妈是无心的，不知道会对你造成如此大的伤害"吗？如果我们还不能意识到学习的重要性，我们会持续地伤害我们的孩子。

很多父母不知道自己的言行会对孩子日后生活产生如此大的影响，更不知道孩子对家族产生的影响是如此深远。

心理学中有一个概念叫“超限效应”，源于美国著名作家马克·吐温的一次经历。

有一次，马克·吐温在教堂听牧师演讲。最初，他觉得牧师讲得很好，使人感动，准备捐款。过了10分钟，牧师还没有讲完，他有些不耐烦了，决定只捐一些零钱。又过了10分钟，牧师还没有讲完，于是他决定1分钱也不捐。等到牧师终于结束了冗长的演讲开始募捐时，马克·吐温由于气愤，不仅未捐钱，还从盘子里偷了2元钱。这种刺激过多、过强和作用时间过久而引起心理极不耐烦或反抗的现象，被称为“超限效应”。

父母与孩子相处的过程中经常会出现超限效应，当孩子做得不够好时，父母会一而再，再而三地对孩子强调你不够努力，不够认真之类的批评话语，在孩子心里种下了不耐烦、不自信的种子，久而久之，就成了孩子负面情绪的来源，并且难以化解。

至此，你应该已经意识到了自己对孩子的影响作用，也已经知道了为人父母这个岗位的重要性，但这还远远不够。我们还必须认识到做父母需要具备的专业知识，必须明白知道和做到之间还是有一定距离的。

我们都希望自己能够做好父母，但希望与成为实在是两个境界，我们必须跨越这其中的鸿沟，真正提升为人父母的智慧，才能够成就孩子的美好人生。那么，就让我们从现在开始，一步一步地去找寻、去做履行我们曾经丢失的职责，在不断的学习与改变中，在希望与成为之间架起一座美丽的桥梁。

其实，带孩子就跟读书一样，只要我们用心，就可以在孩子的身上寻找到此生中最为甜美、最为细腻的感觉，我们甚至会焕发出自己久违的童心，与孩子产生共鸣！当然，这也是最为复杂、最难理解的一本书，有时候我们可能会读不懂、读不透，但不要紧，只要我们把教育子女当作人生中最重要的事业，只要我们愿意静心谦卑地去学习，我们就一定能够理解并品味到孩子带给我们的那种无比纯洁的爱和美妙的感觉。

父母是原件，孩子是复印件

孩子刚来到这个世界上时是纯洁无瑕的，没有半点尘埃。可是，为什么长大后有的孩子善良仁爱，有的却霸道自私呢？其实，这一切都是父母长辈们书写的结果。这也就是我们会说“父母是原件，孩子是复印件”的原因。看一个孩子你就会知道他的父母是什么样的人，看父母你也就会知道他们的孩子会是什么样。这样的结论放在别人身上，我们会觉得很准，可如果用来说自己，我们却总会说不是，真的是这样吗？

豪豪的妈妈总是以豪豪为傲，因为豪豪从小就是一个懂礼貌的好孩子。可是，这天妈妈带着豪豪去姥姥家，豪豪在与表弟玩耍时，妈妈无意间忽然听到豪豪在骂表弟笨。妈妈听了很是生气，就把豪豪叫到身边质问：“为什么骂弟弟笨？你以前可是从来不骂人的啊！”然而，让妈妈没想到的是，豪豪反而振振有词地对妈妈说：“你也骂过我笨啊！为什么妈妈就可以骂人，而我却不能呢？”豪豪的话让妈妈猛然想起，前些天她在教豪豪算术时，因为教了几遍豪豪都没学会，实在耐不住性子了，就顺嘴说了一句：“你怎么那么笨呢？简直笨死了！”面对豪豪的问话，妈妈无言以对，她终于深刻地体会到了“父母是原件，孩子是复印件”这一简单而深具影响力的教育原则。

很多时候，我们常常能够在孩子身上看到父母的影子，有好的也有不好的。作为父母，当我们发现孩子身上有不好的现象出现时，首先要做的不是批评孩子，而是应该找找自身的原因。无论何时何地，请你一定要注意自己的一言一行，因为**在你身边，时刻有着一双纯真无邪的眼睛默默地注视着你。**

电视上曾有过这样一则公益广告，使人难以忘怀：一个小男孩透过门缝看到自己的母亲在给家里的长辈洗脚，于是，男孩立刻去厨房自己端来了一盆水，要为母亲洗脚。

父母总是处在孩子默默地关注中，无论我们说什么、做什么，都会对孩子的成长产生深刻的影响。因为在孩子天真无邪、不谙世事的世界里，父母的一言一行永远占据着相当重要的位置，他们的潜意识会认同自己的父母，会在不知不觉中模仿自己的父母，把父母的举动真实地复印出来。如果妈妈是一位特别注重穿衣打扮的人，孩子一定也很爱装扮自己；如果父母爱说别人的不是，孩子也不会例外；如果父母经常说脏话、粗话，孩子也一定如此……这是家庭教育的定律。

刚上初中二年级的玲玲动不动就抱怨社会不好，还动不动就说老师势利……为什么一个刚刚十二三岁的孩子会带有如此大的负面能量？带着这样的问题父母来找我做咨询。通过个案处理，发现原因是她的父母总是在家里饭桌上抱怨社会的不公以及领导的不好，父母的话刻印到了孩子的心上，导致她在不知不觉中也带着这样的思想看待社会、看待周围的一切。这是一个活生生的"父母是原件，孩子是复印件"的复印过程，应当引起我们的警醒。

这十年来我在心智家园课程上进行个案处理的过程中，清楚地看到很多大人以为孩子还小，觉得孩子还听不懂我们的话，但其实孩子在胎儿期就已经有了对于外在的感受和记忆了，只是孩子的语言和能量还无法表达自己的主张而已。

作为父母，我们一定要提醒自己，要尽量减少给孩子输入错误的记忆和负面的能量。我们吃饭时说的话、在生活中做的事，都会在不知不觉中复印到孩子的心里，影响着孩子的未来。

教育界有这样一句话："孩子的心是块奇怪的土地，播上思想的种子就会获得行为的收获；播上行为的种子就会获得习惯的收获；播上习惯的种子，就会获得品德的收获；播上品德的种子，就会获得命运的收获。"可以说，父母的言行决定了孩子一生的命运。父母若性格开朗，孩子也会积极向上；父母若尊卑有序，孩子也会尊老爱幼；父母若善良友爱，孩子也会爱心十足；父母若勤劳勇敢，孩子也会勇往直前；父母若相亲相爱，孩子也会内心强大，对未来充满信心……

所以，作为父母，当你发现孩子口不择言时，你应该警醒：问题的症结其实就出在自己身上。我曾经看到一位母亲大呼小叫要孩子赶快去洗手："你为什么就是不肯照我的话去做？你为什么非要逼得我骂人？"没想到儿子居然无辜地回答："我没有要你那么大声地说话啊，根本是你自己想骂人的。"这个孩子是完全正确的，当大人情绪失控的时候，完全是父母本身的问题，不要把自己的错全部推到孩子身上。**很多时候孩子被迫充当了父母的心理医生，充当了父母释放情绪的通道。**

管教孩子时，父母有时候难免会失去耐心，但**亲子关系本就不是对等关系，既然父母拥有大部分的权利，当然也就必须肩负大部分的责任**。要想解决互相抨击的问题，关键还在大人身上。为人父母者千万不可忘记，当你在教训孩子的时候，他们并不会把耳朵捂住，他们会记下你说过的每一句话。孩子难免会犯错，需要大人的教导，可他们毕竟还年幼，对于很多事情都只是一知半解，发脾气并不能让孩子真正明白问题出在哪里。

在管教孩子时，父母一定要明确指出孩子的错误，避免使用粗俗的语言抨击孩子，更不可对孩子进行人身攻击。特别是**应该避免使用类似"你总是……""你从来不……"等措辞**，因为在这些说法里，父母并没有明确指出孩子到底错在哪里，而只是一味地暗示孩子整个人都有问题，长此以往就会让孩子变得自暴自弃。父母**应该对孩子说："记得用纸巾把嘴擦干净哦"，而不要对孩子说："你这个恶心的邋遢鬼"！**

孩子时时刻刻都会把父母作为自己的榜样，所以，当孩子犯错误时，一定要在不伤害孩子自尊心的前提下给孩子以指正和建议，父母的举手投足始终在潜移默化地影响着孩子，身教重于言教，说的就是这个道理。

家庭是一所学校，家庭教育是主导孩子一生的基础教育。每个家庭都有着自身独特的方式，通过家庭环境氛围以及父母的言论、行为对孩子产生深入骨髓的影响，在无形中塑造着孩子的人格品德与基本素质，这是任何学校及社会教育都永远替代不了的。

所以，作为父母，我们一定要让孩子看到我们相亲相爱、相互理解、相互包容、互相信任的幸福画面；让孩子看到我们认真读书、勤奋工作的努力身影；让孩子看到我们乐于助人、懂得感恩的生动形象；让孩子看到我们孝敬父母、团结亲友的美好场景……如此，不管将来我们的孩子身在何处，无论他面临怎样的困境，他都会受到存储在自己心智中的这些美好记忆的激励，从而强大自己的内心，提升自己的能量，勇敢地走出困境，达到更高的人生境界。

孩子是父母的影子，孩子是父母的翻版。作为父母，我们只有严格要求自己，才能够真正成为孩子的表率，培养出孩子的好品德，奠定孩子美好未来的基础。让我们从现在开始让作为原件的自己美好一点，再美好一点，更美好一点，我们的“复印件”才能够更加璀璨和优秀！

不是孩子的问题，是父母用错了方法

教育孩子是我们人生中最为重要的事业，这并不比任何自然界的问题简单。面对孩子所出现的问题，我们不仅要用理性的逻辑去思考原因，更要用真诚的内心来感受孩子的心灵。同样，教育孩子的效果也是由心而发的。作为父母，我们平时的一言一行都体现着我们教育孩子的观念和爱孩子的态度，盲目地使用培养孩子的方法，不反思自己的教育理念，不改变自己的思想与行为，往往会适得其反。

刘女士是某公司的行政主管，自从有孩子后就特别注重对孩子的教育，绝不允许自己因为工作而耽误孩子。为了好好培养孩子，她让孩子从小听音乐以陶冶情操，背诵唐诗宋词培养文化底蕴。在待人接物上，孩子也按她的要求做到了礼貌问好，谦让有序。孩子的聪明和乖巧，深得周围人喜爱。然而，随着孩子一天天长大，情况却发生了变化，孩子时而脾气暴躁，时而懦弱胆小，完全不见了小时候的聪慧与懂事。这让刘女士非常难过，她不知道孩子到底怎么了？为什么自己精心培养的孩子会变成这样？

其实，孩子的表现是在提醒父母反思自己。在与刘女士沟通的过程中我了解到，刘女士把自己工作中的角色带入了对孩子的教育中，她把孩子当作了自己的管理对象，把教育孩子取得的成果当成了自己的目标，为了取得好的成效，她付出了很多心血与努力。可是，在这个过程中，她却并没有跟孩子沟通，没有征得孩子的认同，只是一味要求孩子必须这么做或者必须那么做。每个来到这个世界上的人都有自己的使命和特有的个性。随着年龄的增长，孩子的自我意识越来越强，开始追求自由与平等，自然就会从内在来反抗刘女士的管理，也就造成了之前的状况。听了我的解释，刘女士恍然大悟："看来问题全在我身上啊！"最终，刘女士接受了我的建议：改变孩子，从改变自己开始！

你的世界不是我的世界，同样，我的世界也不是你的世界。人与人有着很多差异，每个人都是独立的个体，有着自己的能量源泉和成长道路，所以我们需要彼此尊重。这些年来我深有体会：每个孩子来到这个世上时都是很快乐的，都带有自己的个性，有的却在父母亲的教育下变得不快乐了；孩子本来学得很好，觉得学习是件很简单、很容易的事情，可是往往却在父母的教导下觉得学习是件很困难的事……天下没有不是的孩子，父母也都是爱孩子的，只是很多时候我们做父母的用错了方法。

父母过多地管理孩子，孩子管理自己的能力就会越来越弱。作为父母，我们应该适度地给孩子自由，在制定规矩或做决定之前与孩子好好地沟通，让孩子从内心真正地认同。要知道，随着孩子自我意识的增强，孩子的自尊心也会越来越强。我们不能代替孩子做任何决定——特别是在发现孩子的不当行为时，只有尊重孩子，维护孩子的自尊心，才能帮助孩子树立一个积极良好的心态，使孩子正确面对自己的错误，虚心接受父母的指正和建议。否则，就可能刺激孩子产生逆反心理，得不偿失。

其实，现实中让孩子产生逆反心理的根源就在于家庭教育中父母对孩子所采取的不当态度和方法。当孩子犯错误时，父母不使用让孩子心悦诚服的办法，而是选择简单粗暴的方式；当父母对孩子抱有过高期望，而又没有和孩子及时有效地平等沟通时，就可能导致孩子对父母滋生仇恨的情绪。

我认识一对本来幸福快乐的母女，因为母亲对女儿的要求近乎苛刻，导致了孩子对母亲的敌视，甚至是仇恨。母亲对女儿怀有深切的爱，每天早起晚归只为孩子能够接受良好的教育，早日成才。为了培养女儿，母亲主动承担了家里的一切劳动，只要求女儿用功读书。为了让女儿更快地提高学习成绩，母亲拼命地给女儿增加作业量，女儿每天都学习到很晚。在寒暑假或者周末更是如此，堆积如山的作业压得女儿喘不过气来，连休息和出去玩耍的时间也被剥夺了。由此，女儿逐渐地对学习失去了兴趣，渐渐地和母亲疏远，当作业繁重的时候，女儿竟然产生了害死母亲的可怕想法。

为什么会这样呢？因为母女之间缺乏真诚、平等、有效的沟通，母亲完全没有考虑到女儿的感受。其实学习不应该成为孩子生活的全部，一个花季少女应该享受玩耍和游戏的快乐，充分体会生活的乐趣。

父母对孩子“望子成龙”或“盼女成凤”的希望能否实现，取决于父母能否对孩子进行正确的家庭教育。可是，现实生活中却有很多家长在教育孩子方面，采用了错误的态度和言行。

比如，孩子的学习成绩稍有下降，父母就劈头盖脸地训斥、阴阳怪气地嘲讽，甚至对孩子执行所谓的家法：实行各种体罚或拳脚相加。这些行为都会严重伤害孩子的身心健康，给孩子留下难以愈合的心灵创伤。即使父母事后对孩子表示关心和鼓励，亦不能使孩子痊愈。久而久之，孩子就会越发产生叛逆的心理，对父母抱有抵触情绪，这样又怎么能够如父母所愿，获得进步与成功呢？

我们总是热衷于改变孩子，却从未想过改变自己；我们总是想着去矫正孩子，却不去想孩子的问题到底是怎么出现的；我们总是认为自己做什么都是对的，却没有意识到自己才是孩子性格、品质塑造的最直接的老师。希望孩子成为什么样的人，自己就应该先成为什么样的人！

孩子是父母生命的延续，是父母的影子，是父母的一面镜子，更是家族的未来和民族兴旺富强的希望。作为父母，首先要有健康的人格和正确的思想，才能去影响孩子。作为家长，我们不仅要努力地去为生活和工作忙碌，更重要的是要在回家后正确地面对自己活泼、好问、好动的孩子，记住：一定要时刻打起精神做好孩子的表率，用爱心、行动去影响孩子，切不可以粗暴、缺乏耐心的态度对待他们，更不要有什么功利心，这样，才能让我们的孩子在自由、宽松、平等的家庭氛围中健康成长。

只要我们对孩子的要求是我们平日里身体力行的，那么教育便是水到渠成的事，我们的孩子自然就会成为我们所希望成为的人。正如古人言："其身正，不令而行；其身不正，虽令不从。"

认识自己与孩子的关系

生活中，我们常常会看到，有的父母特别关爱孩子，特别照顾孩子，可孩子却总是不尽人意；而有的人看似对孩子不管不顾，孩子却表现得很不错。这是为什么呢？这就需要我们做到为人父母的第一步——明晰自己与孩子的关系。

那么，父母与孩子之间到底是什么关系呢？有人说是朋友，有人说是共同成长，其实更多的时候我们与孩子之间的关系是超越了朋友、亲情的。通过多年的研究和对个案的解析，我发现父母与孩子之间就是一个系统关系，是一种相互影响和作用的关系。一方面父母的思想言行会影响孩子，另一方面孩子的表现也往往暴露出父母的问题，父母可以通过孩子获得人性的发展与生命的成长。

通过多年努力，我总结出**父母与孩子之间存在着以下四种关系：教育、爱、修和智慧。**

第一，教育。父母与孩子之间首先是教育关系。

家庭教育往往决定着人的一生，在良好的家庭教育中长大的孩子，通常适应能力比较强，长大后也比较自信，能够很好地处理问题，性格坚毅果敢，具有领袖品质；而处在不良家庭教育中的孩子通常会坐立不安，长大后也比较容易脾气暴躁，不容易接触，做事情容易走极端。

作为父母，我们都希望自己的孩子能够健康快乐地度过一生。然而，社会的快速发展与变化却让家长们渐渐忘记了自己的初衷，似乎只有孩子考入顶尖学府、拥有他人难以企及的财富与地位才算是教育的成功。殊不知，如果一个人缺乏内心的信念与宁静，即使他获得再多的成功也无法拥有快乐的心灵。因此，父母教育孩子应该摒弃功利思想，着重培养孩子愉悦的精神状态与阳光健康的心理。

美味营养的食物可以给予孩子健康的体魄，而美好上进的观念却可以滋润孩子的心灵，打造孩子善良、勇敢、自信与乐观的态度！**我们陪伴不了孩子一辈子，但孩子的思想观念却可以陪伴他一辈子！**所以，教育一定要摒弃功利主义，让孩子学会平和地与自己的内在对话，了解自己真正想要的是什么样的生活，而不是去盲目追求所谓的成功。

良好的教育就是在孩子的心灵中输入美好的精神食粮，以强大孩子的内心世界，使孩子能够全身心地为自己的理想而努力，坦然地面对生活中的失败和挫折，勇敢地接受一切挑战，在平和与愉悦中度过美好的一生。

第二，爱。父母是爱孩子的，孩子也是爱父母的。

有时候父母的爱甚至比不上孩子的爱。因为我们的爱常常是有附加条件的，但孩子给予我们的爱却是无条件的。想想看，我们在现实生活中是不是常用自己的个性来约束孩子，总希望孩子满足自己的条件？一旦孩子不如自己所愿，你就会生气甚至愤怒。而孩子却总是那么轻易地原谅我们的过错和失误。我们是真的爱孩子吗？不是。我们只是在满足我们自己内心的需求，希望孩子成为我们所希望的样子。

有人会反驳说，“不对，我非常爱我的孩子，我对孩子好得无止境，我几乎把我的全部都给了孩子”，其实这也不是爱，这是牺牲。

我们常常将我们的行为赋以“爱”的名义，其实却是在害我们的孩子。爱孩子就应该尊重孩子，通过日常的生活赋予孩子感受爱和享受生活的能力。

或许，我们可以从阿拉伯现代小说、艺术和散文的主要奠基人卡里·纪伯伦（Kahlil Gibran）所写的这首脍炙人口的诗《致我们终将远离的子女》中获得一些提示。

《致我们终将远离的子女》

纪伯伦

Your children are not your children.

你的儿女其实不是你的儿女。

They are the sons and daughters of Life's longing for itself.

他们是生命对于自身渴望而诞生的孩子。

They come through you but not from you.

他们借助你来到这个世界，却非因你而来。

And though they are with you, yet they belong not to you.

他们在你身旁，却并不属于你。

You may give them your love but not your thoughts.

你可以给予他们的是你的爱，却不是你的想法。

For they have their own thoughts.

因为他们有自己的思想。

You may house their bodies but not their souls.

你可以庇护的是他们的身体，却不是他们的灵魂。

For their souls dwell in the house of tomorrow, which you cannot visit, not even in your dreams.

因为他们的灵魂属于明天，属于你做梦也无法达到的明天。

You may strive to be like them, but seek not to make them like you.

你可以拼尽全力，变得像他们一样，却不要让他们变得和你一样。

For life goes not backward nor tarries with yesterday.

因为生命不会后退，也不在过去停留。

You are the bows from which your children as living arrows are sent forth.

你是弓，儿女是从你那里射出的箭。

The archer sees the mark upon the path of the infinite, and He bends you with His might that His arrows may go swift and far.

弓箭手望着未来之路上的箭靶，他用尽力气将你拉开，使他的箭射得又快又远。

Let your bending in the archer's hand be for gladness; For even as he loves the arrow that flies, so He loves also the bow that is stable.

怀着快乐的心情，在弓箭手的手中弯曲吧，因为他爱一路飞翔的箭，也爱无比稳定的弓。

第三，修。孩子的到来是为了成全我们自己。

在养育孩子的过程中，我们往往会获得一个个的提示，在不断的认知中提升对生命的认识，获得更多的生命能量，成全更好的自己。通过孩子，我们可以看到自己的不足，看到需要改进和成长的地方。也正因为如此，我才能够在课堂中通过一些心灵治愈的方法解决一些孩子的问题。而且这些孩子不需要在现场。这是因为其实孩子是没有问题的，真正有问题的是孩子的父母。**当发现并疏通父母被卡住的生命节点之后，父母的能量流动就会带动家族的能量流动和提升**，孩子是家族中的一员，也会在这个系统中得到能量而改变，这与环境可以改变人的行为是一个道理。

孩子的今天就是父母的昨天。孩子今天对你叫喊，那是因为昨天你对他大声训斥；孩子今天对你不耐烦，那是因为昨天你对他没有耐心；孩子今天埋怨你不如别人的父母有权势，那是因为昨天你怪他不如别的孩子优秀；孩子今天自卑懦弱，那是因为你昨天对孩子处处苛求完美；孩子今天崇尚暴力或奴性十足，那是因为你昨天对他非打即骂；孩子今天对你不负责任，那是因为昨天你界限不清……

其实，养育孩子的过程就是一场真正的修行，孩子纯真、无私的灵魂可以洗涤成人浮躁、功利、自大的心理。作为父母，我们应该通过孩子这面镜子，不断地发现自我、修正自我、挖掘自我，并通过改变自我成为孩子的榜样和表率，在遇见更好的自己的同时，成就孩子的美好。

第四，智慧。

父母与孩子同处于一个家族系统之中，只有站在系统的角度，运用系统的智慧正确面对自己与孩子的关系，才能够有效地提升自己与孩子的能量，从而传承与提升整个家族的能量。

孩子的问题不是单一的问题，不是一个点上的问题，而是一个面、一个系统的问题。比如，父母可以通过改变自己而使孩子得到改变；有时候，孩子有问题，老人也生病，当孩子的问题解决掉之后，老人的病也突然就痊愈了……所以，很多事情都是带有系统影响的，当系统的一环出现问题时就会导致另一环也出现问题，而这个问题的改变也会改变其他事物。

我们在家族系统中的作用包括链接和序位。我们现在的一切都和我们的祖先、我们的长辈有密不可分的关系，他们所做的一切都影响着我们的现在，而我们现在所做的一切又都会直接影响到我们的孩子以及后人。对于孩子来讲，我们就是他们与家族系统链接的通道，只有有效地链接才能够使家族能量得到提升和传承；而对于序位的遵从则能够使整个家族系统得到更好的运转，使自己与孩子的智慧得到有效提升。

家族中的每一个人都要在这个系统中得到尊重，如果有缺失或者没有及时弥补都会对现在的孩子产生影响和作用。教育孩子是一个系统关系，父母自身成长中的问题如果不能得到改变或者解决，就会将这样的思想传承给孩子以及后人。

改变孩子从改变父母的思想和行为开始。

第二章

教育孩子的重心是教育自己

我们总是纠结于孩子出现这样或那样的问题，却从来没有从自身的行为和心灵上下功夫，从来都只认为孩子应该如何，却忽略了其实我们眼中的孩子就是我们自己。

以“教育”的名义伤害孩子的本真

人的生命是在不断地自我学习中逐渐完整起来的，我们最早的学习环境常常是父母有意或无意打造的，关于如何为人父母的知识，也绝大部分来自上一代的经验。我们大多数人都没有专门接受过“如何做更好的父母”的教育。所以，我们常会在不知不觉中延用父母教育我们的方式来教育我们的孩子。

记得有一次我在惠州做演讲时讲到“人对孩子的教育行为，很多都是来自于自己曾经的经历”时，突然一个身材魁梧、脸色灰暗、在当地做幼儿教育的人跑上台来对我说：“老师，我突然想起，在我小时候，我做军人的父亲每次看到我不听话时，都会这样用手抓着我的头往墙上撞。”他边说边用手抓起了自己的头发，做着往墙上撞的动作，眼中满是怒火，脸上愤恨无比。接着他用手将自己的头发掀起，让我看他头顶上的伤疤。我对他说：“请你模仿一下孩子惹你生气时你打他的样子。”这时，他继续握紧拳头做出了抓住孩子头发往墙上撞的动作，只是这次他的脸上不再有刚才的怒气了。我说：“请你告诉我，父亲打你的时候，你感受如何，有什么情绪，当时想对父亲说什么？”他说：“我非常害怕，也很恐惧，很想说‘不要再撞我的头了’。”于是，我让他摆出了刚才用手抓住孩子的头发往墙上撞的动作，并不断重复“不要再撞我的头了”这句话，当他重复这个动作和这句话到第六遍时，内在的情绪一下子就爆发了出来，刚才的平静变成了愤怒，到最后居然大声叫喊起来，在场的六百多人一下子就被这一情景震惊了。

看着他用手抓住自己的头发声嘶力竭地喊叫着刚才那句话，我知道，虽然只是不到五分钟的时间，但这对于他来说却是一种完全的释放与解脱。一个人如果有被压抑的情绪却没有得到正确释放，那么，一旦遇到相同的情景就会将那深藏的情绪再次激发出来，这也就是为什么很多人遇到一些看似平常的事情时却会表现出别人难以想象的反应。谁又能想到，早年经历中产生的情绪会一直蕴藏在潜意识中影响我们的生活，自己被父母打过的经历会如此完整地复制到自己的孩子身上？更为可悲的是，作为家长，我们很多人还总会为自己的行为赋予“教育”的名义。

经过几分钟的释放后，他的情绪慢慢地平复下来，这时我问他：“现在你能理解你打孩子时孩子的心情吗？”他说：“他也是恐惧和害怕，也很想对我说‘不要再打了，我很害怕’。”至此，已经四十岁的他不由自主地哭了起来。不同的是，他这次的哭不是因为怨恨父母对自己的打骂，而是为自己打孩子的行为给孩子造成了伤害而忏悔。看得出来，他是个很爱孩子的父亲，这次他没有用手抓自己的头发，而是用手捂住了自己的脸。再看他的身体已经不再是刚跑上台时的硬朗和刚强，而是柔软了很多，镁光灯下的他就像是个孩子，我上前给了他一个深深的拥抱，以此鼓励一个父亲的重生。台下爆发出热烈的掌声。

很多时候是我们的情绪阻碍了我们的思想，而这些情绪又都是在以前也就是在我们小的时候所种下的“种子”。一旦我们遇到与早年相同的经历就会触景生情，做出很多后悔的事情，如果这些“种子”不能被有效清除，就会一直存储在生命的细胞记忆中，就如“一朝被蛇咬，十年怕井绳”。

负面的情绪或者认识就像是影子。两只小猫都觉得影子很讨厌，一定要摆脱它，然而不论走到哪里，它们发现都能看到一团阴影。后来，它们都用自己的方法获得了解脱：一种是永远闭着眼睛，一种是永远待在其他东西的阴影里。这种影子效应，就像我们受到的伤害或者经历过的不悦一样，我们可以一直逃避，一直不回忆，但实际上这些负面的心理情绪一直存在，只有正视，只有倾吐，只有勇敢地面对阳光，才能让我们重新获得生活的幸福，也才能带给别人更多的快乐。

在我处理的离婚个案中，一些离婚的双方，有一方是在早年经历中，母亲因为父亲有外遇或者是母亲觉得父亲有外遇，生发怒气和委屈，怒不可遏地骂道：“男人没有好东西。”这样的话看似很简单，很有理由，也很能让人同情，但是当女儿听到时，通常都会站在母亲这一边，充满了同情和害怕，同时也怨恨父亲。可是，这个时候的孩子潜意识是打开的，听母亲讲“血泪家庭史”的情绪会存储在细胞中。她长大后与男朋友交往的时候，就会本能地带着怀疑或审视对方的态度。**看似那个时候是母亲在抱怨父亲，但是在孩子的世界里，父亲就是男人，男人就是这个样子，“男人没有好东西”这句话所形成的潜意识会一直存在，从而造成对男性的不敢完全接受。**

可见，父母才是伤害孩子的最大来源，当我们说爱孩子的同时，我们的行为、语言、情绪却在不断地伤害孩子，不断地贬低孩子。回想我们自己小时候，不也是遭受来自父母的伤害与贬低吗？所以，我们不可以再用自己的认知标准及经验模式来教育我们的下一代，不可以再用错误的方式来对待孩子，不可以再让这么残忍的伤害一代一代地相传和复制下去，我们必须做出改变！

当然，也有很多的家长意识到了教育对孩子的重要性，于是，他们开始让自己不停地去学习很多听起来很有价值的、所谓的打造优秀孩子的教育理念，然后在孩子身上反复“实验”，却往往都不对自己的“实验”后果负责，总是想当然地认为是孩子不服管教、不成器。

记得有一个人来找我说，他要创办“教育孩子的N种方法”课程，让我提一些建议。我告诉他：“教育孩子不是靠方法，而是靠德行！”他没有理解我的话，于是拿着那些想让我看而我没看的资料无奈地走了。看着他的背影，我很感叹：“孩子又不是物品，怎么能用技术或方法来进行管理呢！”

我们知道，人有着意识和潜意识，人有身体需要，更有精神追求。人与人之间有差异，人是环境的附属品且在很大程度上受控于集体意识的影响。**即使那些教育孩子的方法是好的，但如果我们将技术应用于孩子，那就一定会在某种程度上抹杀孩子的天性。**

小杰本是一个很健谈、很乐观的孩子，但他步入高中后，父母开始不断给他施压。在越来越重的学习压力下，他的成绩不但没有进步反而下降了。父母更加着急，唠叨越来越多。在周围侵略性的目光中，小杰越来越沉默，逐渐成为同学眼中标准的“宅男”。可是，与别人不同的是，宅在家中的他既不玩游戏，也不学习，而是呆坐着，有时会因臆想自己头痛而吃一些止疼药。然而，面对小杰的这些异常表现，母亲非但没有及时给予安慰与关心，反而骂他不争气。直到小杰最终被医生诊断为抑郁症时，母亲才懊悔不已。

这些年来，我接触到的**一些患有所谓抑郁症或自闭症的孩子，其中大部分是父母用自以为是的“技术手段”缔造出的恶果。**很多父母都以“教育”的名义将自己的孩子打造成了自己不想要的结果，却还在愤世嫉俗地埋怨环境、埋怨孩子。岂不知，错在己身！

任何结果都与多个事物有着必然联系和因果关系，教育必须尊重自然规律！记得有一位走进“为人父母”课程的学员在分享她的经历时讲到，她离婚后将全部的爱都给予了孩子，这辈子对孩子唯一的期望就是让孩子完成自己没有完成的梦想——成为钢琴演奏家，所以她的时间大多都用在教孩子弹钢琴上，很少给孩子玩的时间。儿子有一次不想弹钢琴，她立刻抱起儿子要从六楼的窗户扔出去，逼着儿子在死和钢琴之间做出选择！也许那只是当时的气话，但是会给孩子的一生造成很难弥补的阴影，她根本没有考虑孩子的情绪和感受。还好，她通过学习懂得了什么是“爱”、什么是“碍”，回家后和孩子深谈才看到由于自己的无知，差一点儿让失去生活信念和乐趣的孩子离开这个世界。

如果将孩子比喻成树的话，那么，只有创造良好的环境，提供适宜的养分，他才能茁壮成长。为人父母者真正需要做的，就是自己成为孩子的环境，给予孩子更多的陪伴，用正确的思想、价值观、爱和关怀呵护孩子的本真。

教育孩子的重心是教育自己

孩子的智力是从感觉发展到概念的，是通过眼、耳、鼻、舌、身、意的知觉来认识事物并形成概念，以此为基础建立这些概念与概念之间的联系。感觉是我们与古往今来所有关系的一种延伸和链接，它在主观与客观之间搭起桥梁，把个人与宇宙以及地球上的一切生命联系在一起。**感觉组成了孩子对这个世界的认知，认知产生了思想，思想作用于行动，行动创造结果，结果刻画人生。**

家庭是孩子启蒙的摇篮，家长是孩子的第一任教师。家庭系统的建立，是塑造孩子性格的重要基础。每一个孩子的成长都与父母有巨大关系，都被父母在教育子女方面的认识影响。

人的大部分认知来自小时候的经历。由于幼时的思想还未成熟，自身及家庭成员的思想、言语和情绪很容易在孩子的潜意识中建立关联并形成情绪“种子”，从而制造了孩子长大成人后的行为和思维模式，影响其日后的生活。

李先生一直为与妻子的关系闷闷不乐，他这已经是第二次婚姻了，虽然已经有了可爱的孩子，但总觉得精神和心理上少了些什么，怎么也开心不起来。李先生说话不多，声音也很微弱，一副忧愁郁闷的模样，其实，这一切很大程度上来自李先生小时候的经历。

在我的引导下，李先生很快回忆起：6 岁时，李先生正高兴地玩着小朋友送他的玩具。母亲推门进来，抢过玩具勃然大怒，抬手就打……原来，母亲那天恰巧丢了 5 元钱，看到玩具后就断定是他偷钱买了玩具！面对母亲的痛打，他大声哭喊着自己是冤枉的，没有偷钱。可不管他怎么喊叫和解释，母亲不管不顾，越打越厉害。

当回忆到这一幕时，李先生再一次感受到了当时自己内心那种莫大的委屈和恐惧。在心灵结构中，他看到了母亲愤怒的样子，听到了母亲谩骂的声音，身体接收到了被打的疼痛。于是，李先生的心灵中就形成一个“得到好东西会被冤枉并会受到痛苦”的心灵程序。这个存在于他心灵中的种子严重影响着他的生活，以至于当遇到自己应该享有的婚姻、事业、财富时，都会产生畏惧。

情绪彻底释放的半年后，李先生告诉我，他与妻子的关系缓和了很多，事业上也有了很大的改观，他已经感觉到了自己发自内心的喜悦……

一个人的细胞记忆是真实且不会有偏差的，存储在人潜意识中的种子也是充满力量的，这种力量可以消耗自身的能量，让我们在原本应该得到一切时却觉得力不从心。在意识层面本来有着喜欢的思想，但受心灵程序的作用，身体就会形成对这件事的对抗或不良反应。每次很想讲清楚却又受程序的作用不敢讲，只能压抑自己，越是这样也就越不能正确表达自己的想法。

当种子被清除、思想被修正后，人就能真正享有自己值得拥有的一切！所以说“相由心生”，我们每一个人都活在自己创化的世界里。只要铲除内在思想的种子，就能改变生活与命运，创造想要的一切！

喜悦是提升正能量，负面情绪是消耗正能量。人的生命成长和自然的基本构成都是能量，当一个人遇到苦难或者在思想中将之定义为苦难，就会产生恐惧、害怕等情绪，最终选择逃离。我们过去常说的“书山有路勤为径，学海无涯苦作舟”，是希望人能够发奋努力读书，而现代更提倡在快乐中学习和成长，才能发挥一个人最大的潜能。给予孩子过大的压力会让他承受本不应该有的“责任重担”，致使其生命能量受到阻碍，不能有效流动。

孩子所表现出来的各种症状大都源于心灵，因为心里有“挂碍”才会出现各种所谓的“疑难杂症”。所谓的“挂碍”就是心里在意的事，这些事情与伦理道德无关，而是早期家庭教育书写的结果。

前年，邻居引以为豪的孙子在入学军训时，因为一言不合居然用玻璃瓶砸破了一个同学的脑袋。虽说事后父母陪他一起去向同学赔礼道歉，也做出了积极赔偿，但他还是被学校开除了！

在为他感到痛心的同时，我百思不得其解。在我的记忆中，他还是十几年前那个我所见到的乖巧可爱的小男孩，为什么现在却会如此敏感与暴躁，如此冲动且不计后果呢？

经过了解，我明白了其中的缘由。原来，十几年来，他父母的关系发生了很大变化。原本相亲相爱的夫妻，因为不能适应平凡生活中的诸多变迁与琐事，开始相互指责与埋怨，争吵成了他们的家常便饭，打架也屡有发生……更严重的是他们经常拿孩子出气，对孩子不是打就是骂，而且从不分场合。孩子在这样的家庭中成长，又怎会不敏感暴躁呢？于是，随着时间的推移，当年活泼可爱的孩子逐渐变得内向、反叛了。

家庭是孩子来到这个世上开始学习和成长的第一个地方，儿童时期也是人形成自己的个性、品质的关键时期。父母对待孩子的态度和方式，会直接影响孩子的人生和价值取向。

当父母情绪出现问题时，常常会通过孩子眼、耳、鼻、舌、身、意的感觉形成“种子”存储在孩子潜意识中，编制成一套生命程序，伴随着孩子年龄的增长而发挥作用，随时影响孩子的生活与命运。甚至在怀孕期，妈妈的情绪、负面想法都会对孩子造成很大的影响。

其实邻居孩子的那一砸并不是要砸他的同学。同学那句惹恼他的话只不过是个导火索，把他这么多年所受的委屈、压抑与愤恨激发了出来，让他失去了理智，才会酿成如此恶果。

人格成长与自我价值感获得的最重要阶段是在 12 岁以前，以从父母及成长环境里获得的“无条件的爱”的多少为依据。在此阶段，对孩子最重要的教育不是使其获得知识，而是培养美好心灵。

孩子的状况都是父母的投射，有什么样的父母就会有什么样的孩子。父母不当的教育以及父母自身的很多情绪影响着孩子，结果就会造成“代代相传”。一个爱孩子、有觉悟的父母不应该总想着怎样去改变孩子，而是应该从改变和提升自己做起，把教育的重心从孩子转移到自己身上。

当你是一个完全无恐惧的父母时，你的孩子才能自然成长。如果你恐惧，那就是在教孩子恐惧；如果你愤怒，那就是在教孩子愤怒。如果在孩子的问题上，你存在焦虑、担心或期许，那一定说明你的内心深藏恐惧，有着自己没有得到满足的失落。

孩子的问题都是由家长引起的！很多人格上出现缺陷的孩子，不是在家里经常被打骂，就是父母经常不在身边，要不就是父母忙于工作或玩耍（打麻将等），忽视了孩子的心理需求……虽然说社会进步了，可我们的家庭功能却在逐渐衰退！孩子生病了，病根却在家长身上。

"为人父母"课后分享

徐红霞：改变从点滴开始

走进"为人父母"第十四期课堂，我的感触很大——在这3天的课程中间无一人走动，无一人打电话，无一人聊天，这是我在以往所有课程培训中从来没有碰到过的。去之前我还想着3天的课程排得很满，为了防止自己课上打盹，特地带了清凉油。结果整个课程中我一直都精神饱满，每天的课程都是在不知不觉中度过的。

包老师在课堂中间做了一个互动，是关于打骂孩子的场景回放，让学员回忆自己儿时被父母打骂时心中的想法。

当学员在包老师的引领下一遍遍讲出了当时的心声"妈妈，不要打了，我很难过、我好委屈"时，我顿时泪如雨下，儿时的痛苦经历一下子爆发出来——这也是我心底的痛呀！我曾经也是多么委屈，多么希望父母能够停下对我的责打啊！要是父母当时能够停下，仔细倾听我的心声，我哪至于现在这么委屈，直至今日往事还历历在目啊。没想到这痛苦的“种子”竟然埋藏得这么深，以至于我今天回想起来还是那么难受！

紧接着我又立即想到了，我居然是把同样的棍棒教育方式用在了女儿身上，曾经我也在气愤得失去理智的情况下，一个巴掌打得女儿流鼻血！当时女儿一声声地哀求“妈妈，不要打了，妈妈，不要打了”，这样也完全没有阻止我疯狂的举动。

我真悔恨啊！当时在课堂上我真想找个洞钻进去，委屈和愧疚之心难以形容！我儿时甚至还因为惧怕父母的打骂离家出走过！真的很感谢我的女儿没有将同样的行为报复实施在我的身上，现在想想真是后怕！

我决不能再将这种错误的教育方式用在我女儿身上，并延续到她的下一代！当时我就在心底暗暗发誓：以后再也不打女儿了！

包老师还讲了带给孩子最大伤害和痛苦的两件事：一是分离，二是父母吵架。在女儿 8 个月的时候，我开始上班，我和我先生没有时间照顾她，于是就把她送到了外婆家。现在回想起来，每次我女儿依依不舍的表情，记忆依然是那么深刻。她至今仍叫我姐姐为“阿姨妈妈”。此时此刻我才体会到她当时的心理感受，她是多么想念父母呀，以至于她要在阿姨身上找寻母爱！而时至今日这份缺失的爱仍没有被填满。

我和我先生这两年在很多事情上分歧很大，经常会因为一些事情吵架，而且毫不避讳女儿！仔细想来，为了赢得女儿的同情，很多时候我还私下不停地数落我先生的不是，甚至还告诫女儿以后长大了千万不能找像她父亲一样的人，并告诉她凡事只能靠自己，不能将希望寄托在别人身上，以至于她现在看她父亲也是诸多不顺眼。

最近一次吵架后，我女儿委屈地说：“你们这样吵架，让我怎么办？你们考虑过我的感受吗？”当她说出这句话的时候，我居然也没有引起警觉。直至听到包老师课堂上的指点，我才明白，我们夫妻间的争吵给孩子带来的不安全感是多么巨大！我太无知了。从去年开始我女儿一直缠着要跟我一起睡觉，每天晚上都要让我抱抱亲亲，我竟错误地以为女儿和我的关系真好真融洽，却不知这是女儿能量被严重消耗、极度缺乏安全感的表现！

上完“为人父母”第十四期课程后，我先生来接机。在停车场发动车子之前，我握住先生的手温柔地、缓缓地说了声：“我们以后一定要好好地过！”那一瞬间，我看到先生眼眶有微微的湿润，他大声地回应我：“肯定的，我们肯定会好好地过！”回去路上我们聊了很多，也聊到了我们的争吵，他说他非常爱我，爱我们的女儿，爱我们这个家！

我问他为什么今天会讲这句话，他说：“因为今天你很平和，能够静下心来和我说话，即便我刚才在说你的不足，你也没有那么锋芒毕露、针锋相对。”我想这就是包老师课堂上讲到的链接！当我静下心来聆听，他就能很好地感受到，同时我先生也会将平和与温暖回应给我。

回家之后，我开始跟女儿轻声细语地讲话，每天在她上学后帮她叠被子，把家里收拾整洁。第三天晚上，我女儿就主动问我：“妈妈，你这几天为什么每天帮我叠被子呢？”“那你感觉好吗？”“很好，很干净，看着就很舒服！”**孩子是很敏感的，任何一点点细微的改变她都能感受到！**

周六，我给她写了一封信，信中讲到了自己的不足与以往的错误，同时为给她造成的伤害道歉。她没有当着我的面看信。周日晚上我说找她聊聊时，一开始她说她要复习，下周要月考，没有时间，拒绝了我。我当时很失落。一个小时后她又主动来找我，说既然我要聊那就聊聊吧！我再次为我的不当行为向她道歉，我和我女儿都哭了。

当结束聊天时我紧紧地抱着她，她也热烈地回抱了我，甚至还主动地把我抱了起来，她说：“妈妈你从来没有这么抱过我，抱得我这么紧、这么有力！”

多么善良的孩子呀，她不但原谅了我的过错，同时还告诉我以后会好好的。这股暖流一直在我心底回荡，使我久久不能平静！这份感动是无比真挚的，是我许久没有感受到的。**（孩子是细心的，她甚至发现了我写给她信上的泪迹，并把信仔细地收进了她的书柜。）**

女儿今年十七岁了，但愿我的觉醒不是太晚。我知道她关闭的心门应该不会这么容易打开，与她的交流中我感受到她还有所保留，但我知道这十七年来带给她的伤害不是靠我三言两语、某几天的改变就能调整过来的。我想她也一定会在暗暗地观察、确认我的意念有多强，改变是否能持之以恒。我坚信我会用我的改变让她感受到浓浓的爱意，真心做好家族纽带的角色，学会怀着一颗谦卑的心尊重她，给她一个自由的空间，充分地肯定她的价值，积极地正面引导她，同时提升家族的能量，维护好整个家族的链接。

2014 年 3 月 5 日

孩子的行为可以让父母看到自己曾经的缺失，父母必须不断地成长，不断地提升能量，才能真正地给予孩子一个更好的成长环境。

我们在这个世界上所看到、经历的一切，都是在让我们觉悟。我们总是纠结于孩子出现这样或那样的问题，却从来没有从自身的行为和心灵上下功夫，从来都只认为孩子应该如何，却完全忽略了其实我们眼中的孩子就是我们自己，我们虚幻地以为自己是完整的存在，以为可以通过各种技术“修剪”我们充满个性的孩子，使之成为我们认为的“优秀”或“幸福”的样子，却忽略了真正的教育应该从自己开始。

一个好妈妈，造福三代人

老话常说："女人嫁错男人，毁一辈子；男人娶错媳妇，毁三代。"可以说，女人就是一个家族中主要的传承者、培养者和教育者，她决定着家族中上一代人的幸福，这一代人的快乐，下一代人的未来。

这也就是为什么当比尔·盖茨被问到他一生中最聪明的决定是创建微软还是大举慈善时，他却回答"都不是，找到合适的人结婚才是"的原因。沃伦·巴菲特曾经也谈到过，他认为人生中最重要的决定是跟什么人结婚，而不是任何一笔投资。

可见，一个好妈妈对于一个家庭的影响有多么深远。对于孩子的成长来说，母亲的作用更是举足轻重。

一位儿子的妈妈在儿子上幼儿园后第一次参加家长会时，老师对她说："你儿子有多动症，连3分钟都坐不住，你最好带他去看一下医生。"

回家后，儿子问妈妈老师说什么了，妈妈强忍泪水，隐瞒了儿子表现最差的事实，反而对儿子说："老师表扬宝宝了，原本连1分钟都坐不住，现在能坐3分钟了。别的妈妈都很羡慕我，因为全班只有我家宝宝进步了。"

那天晚上，儿子破天荒地没让她喂，自己吃了两碗米饭。

儿子上小学后的家长会上，老师告诉她："50名学生中，你儿子排49名。你最好带他去医院检查一下，看看是不是智商有问题。"

回到家后，她悄悄擦干了自己的眼泪，对儿子说："老师对你很有信心。他说，你只要细心些，就会超过你排在21名的同桌。"

她的话一下子就驱散了儿子眼中的阴霾，儿子的脸上绽放出了灿烂的笑容，乖巧得让她吃惊，第二天早早就去了学校。

儿子上初中后的家长会上，她在等待着老师单独的点名训话，出乎她意料的是这次居然没有被点到。家长会结束后，有些不习惯的她去找老师，老师对她说："以你儿子现在的成绩来看，考重点高中有点危险。"

她开心地走出校门，望着在校门口等待他的儿子露出了甜蜜的笑容。路上，她告诉儿子："班主任对你非常满意，他说，只要你再努力一些，就有希望考上重点高中。"

高考过后，第一批大学录取通知书下达时，儿子去了学校，她觉得儿子一定被清华大学录取了，因为她跟儿子说过，她相信儿子能考上这所大学。当儿子把印有清华大学招生办公室的特快专递交到她手上时，儿子突然跑到自己房间大哭起来，边哭边对她说："妈妈，我一直都知道我不是个聪明的孩子，是您……"

此时的她已经泪流满面，十几年来压抑在心里的泪水在这一刻奔涌而出……

这位母亲是伟大的，她用自己满满的爱心与殷切的希望把自己的儿子抚养成人。与她相比，我们通常又是怎样对待孩子的呢？"快写作业去！""看看你没出息的样子！""又让老师找了，你真给我丢人！"……殊不知，我们不经意的一句贬低的训斥，一顿不分青红皂白的责骂，就可能会把我们纯洁无瑕的孩子推到自暴自弃的泥潭中。

让我们向这位妈妈学习，让我们用爱与智慧去精心呵护我们的孩子，你会发现，原来我们的爱可以把"淘气包"变成成功者，可以让"丑小鸭"变成"美丽的天鹅"。

孩子与我们一样渴望得到赏识与夸奖。我们是与他们最亲密的人，如果连我们都不欣赏他们，他们就会对这个世界丧失信心！记住，孩子的健康成长需要我们的鼓励与赏识，需要父母，特别是母亲身体力行的教育与传承。

一位在美国留学的中国学生因为想转去日本学习，就在美国报了一个日语补习班。

让他没想到的是，在这个日语补习班里居然有一位七八十岁的华裔老太太。一开始，他以为这位老夫人只是为了消磨时间打发无聊的日子。却不曾想到，这位老夫人学得异常认真，不管刮风下雨，她从不缺课，还总是带着乐趣去学习，这让班上很多年轻人都很佩服。并且，每次考试，老夫人都是第一名，班上很多年轻人经常因为缺课太多去借老夫人的笔记。

老夫人的表现让他无比感慨，后来他说："虽然我不知道这位老太太是谁，但我相信，她一定是一位优秀的母亲，一定有一群非常棒的孩子。"

他说得没错，几年之后，他赫然发现，美国历史上第一位华裔女部长——美国总统小布什任命的劳工部长赵小兰，就是这位老太太所养育的优秀孩子中的一个！

这就是教育，正如《大学》所说："上行下效，使之为善。""教"指的就是"上行下效"，你的所言所行都是在"教"孩子，你怎么做，孩子就会跟着怎么做；"育"指的则是"使之为善"，用我们浓浓的爱心来抚育孩子美好的心灵，使孩子心地善良，胸怀坦荡。

不要动不动就训斥孩子"你怎么这么不听话？""别磨蹭了！""你好笨！"……你是否想过，这些我们用来发泄不满的话会给孩子造成什么样的伤害？它会严重挫伤孩子的自尊心与自信心，让孩子失去自我存在的价值感，从此自甘堕落，甚至走向歧途。

孩子的成长需要的是正能量，我们要通过积极上进的语言与行动传输给孩子无穷无尽的正能量，只有这样，孩子才会充满自信，干劲十足，才能在轻松愉快的氛围中开心地做事，兴致勃勃地学习。

因此，如果你希望孩子成为什么样子，就对孩子说什么样的话；如果你不希望孩子成为什么样子，就不要说出来。比如，你不希望孩子磨蹭，就不要说“你怎么这么磨蹭”；你不希望孩子懒惰，就不能说“你怎么这么懒”。你希望孩子耐心，就要经常夸奖孩子“你越来越有耐心了”；你希望孩子有责任心，就应该经常说“你真是一个认真负责的孩子”。

通过你的努力与行动，你的孩子一定会越来越棒的！

母亲对孩子的影响是举足轻重的，所以大家才会说“国家与国家之间的竞争，其实是年轻妈妈之间的竞争”，那么，就让我们好好学习，做一个合格的为人父母者，用我们那推动摇篮的手推动国家，推动整个世界！

从改变自己的思想做起

思想是支配我们的行为、性格、职业、日常生活等一切的力量。家长的教育思想决定着孩子的思想，决定着孩子的行为和未来。

在“为人父母”的课堂上，一位父亲原想解决孩子被送进劳教所的问题，通过课程他才懂得孩子的问题其实是他自己的思想问题造成的。

儿子昊昊原本是个聪明好学的孩子，在小学阶段还曾屡次被评为区三好学生，但他却对此不以为然。因为他们夫妻二人从小念书不多，后来因厨艺不错，他与妻子一起开了一个饭馆，生意很是红火。每次与那些大学毕业，但收入却远远不如自己的朋友在一起时，他总是很有优越感。所以，他经常对昊昊说：“读书没什么用，学习好又能怎样？我读书不多，不照样比那些大学生赚得多、过得好吗？”

因为父母并不太重视自己的学习成绩，儿子也渐渐失去了学习的兴趣。再后来，他们夫妻去国外开餐馆，儿子便与爷爷奶奶生活在一起。在缺少应有教育的情况下，儿子学会了逃课，经常光顾网吧等娱乐场所，成绩也一落千丈，越来越差。

一转眼几年过去了，儿子已经是一名高中生，他们夫妻在国外赚了很多钱，却一直没有回家。儿子很想让他们回来一起生活，可他却说："等你高中毕业就到国外来吧，别上什么大学了，没有用的！我没上过什么学，可收入却比那些大学生多得多。"

儿子想想也对，父母确实也没上过什么学，却能在国外当老板，赚的钱也很多，读书确实没什么用，大学毕业后还不好找工作。在这种思想的作用下，昊昊高中没毕业就辍学了，整天沉溺于电脑游戏，甚至还学会了吸毒。结果有一次与玩伴们在歌厅吸毒时被警察当场抓获，被关进了劳教所。

思想可以成就一个人，也可以毁灭一个人。正是爸爸"大学生还不如我"的教育思想让儿子产生了"学习无用"的想法。这种不正确的观念最终导致昊昊的负面行为，使他误入歧途。

作为父母，我们一定要意识到我们的思想对孩子的深刻影响，从而树立正确的教育观念，在孩子的心灵中播撒美好的种子，努力培育孩子积极向上的思想状态。所以，教育孩子的第一步就是要改变教育者自己的思想。

那么，人的思想又是如何形成的呢？人的思想受制于意识和潜意识。意识部分是指我们要做的或者知道的。但很多时候，即使我们意识上知道应该做或者应该不做，却往往不能真正付诸行动，这是因为我们会受到另一个力量的作用，这就是潜意识。

19世纪末20世纪初，世界著名心理学家弗洛伊德首先提出了潜意识的概念。弗洛伊德认为人是受潜意识所控制的，"人类根本没有选择的权利，而所谓的自由意志不过是种错觉。我们的行动和选择其实都是由我们无法觉察的潜意识所决定的，如果我们充分了解每个人的先天遗传和后天环境，我们就可以准确预测得出他的行为"。

在课堂上，我经常会问大家“有谁怕蛇”，每次都会有很多人举手，我会问其中怕蛇比较严重的人：“假设我拿着一条死蛇或假蛇走到你的面前，你会害怕吗？”我的问话几乎每次都会得到相同的答案——“我很怕，即使我明明知道你拿的是一条死蛇或假蛇，根本威胁不到我，我依然还是很怕。”这就是潜意识的作用和力量。即使人在意识上知道蛇是死的或假的，并不会对自己造成伤害，可还是会怕，因为在他的潜意识中真实的存在着怕蛇的心理和身体反应。可见，相对于意识而言，潜意识的力量是无穷大的，它随时在决定和限制着我们的行为，甚至影响着我们的生活与命运。

这些年来，我在对人的思想形成的研究以及对大量个案进行处理的过程中看到：**情绪对一个人的思想有着极大的影响和作用。**我们今天在生活中的烦恼、不如意和痛苦在很大程度上都是来自于情绪的困扰。可以说，情绪是对思想的最大影响，也是对生命能量的最大消耗。

有经验的人会知道，十月怀胎过程中，如果能保持良好的情绪，夫妻恩爱，出生的孩子就会好带，身体也会相对健康；如果父母双方不断争吵，情绪波动大，出生后的孩子就会明显难带，也更容易生病。

在家庭中，当孩子没有达到父母的要求的时候，有的父母会无法控制自己的情绪，勃然大怒，结果孩子的自尊心受到打击和扭曲；有的父母则会给予孩子理解和支持，结果孩子因为感受到父母的爱而更积极向上。在工作中，有的人对工作总是感到很厌烦，结果一直生活在不如意当中；有的人则心怀感恩，不论遇到什么困难都想方设法去克服，在这些过程中学习成长……

人在过往经历中形成的情绪种子会在遭遇类似的境遇时把曾经的感觉和结果从心智中调出来形成思想，在使人做出本能反应的同时创造结果。

一个黑人出租车司机载了一对白人母子，孩子奇怪地问妈妈：“妈妈，为什么司机伯伯的皮肤和我们的皮肤颜色不一样呢？”

母亲微笑着对孩子说："上帝为了让世界更加五彩缤纷，就创造了不同颜色的人。"

到了目的地，黑人司机坚决不收这对母子的车费。他激动地对那位母亲说："小时候，我也曾问过母亲同样的问题，但是母亲说我们是黑人，注定低人一等。如果当时我听到的是你的回答，今天的我可能是另外一个我……"

为人父母者的教育思想决定着自己孩子未来的发展方向！在教育孩子的过程中，我们应该像那位母亲一样，用善良的行为和充满爱的语言在孩子的心田上播撒友爱和谐的种子，让这些种子在孩子的心智中生根发芽，形成美好的细胞记忆，让良好的行为习惯成为孩子本能的反应，帮助孩子走向成功的人生！

然而，在现实生活中，我们大多数为人父母者教育孩子的思想都沿袭了自己的父母教育自己的经验。可是，时代在变迁，社会在发展，老一辈的教育观念早已不适用于现在的孩子了，更何况因为受到时代的局限，老一辈往往都秉承"棍棒底下出孝子"的观念，这必然会对孩子的身心造成极大的伤害。即使现代的父母知道打孩子不好，但是当一些事情出现的时候，往往也无法控制自己的情绪。所以要想教育好孩子，首先要使自己的思想得到真正的转变。这就需要我们正确地认识生命的过程，懂得生命的价值，清楚并了解自己心智中储存的情绪，从而回到原点清除"种子"以改变思想。

生活就是一面镜子，是我们的思想创造了我们现有的一切！当我们真正看到自己在成长过程中所受的伤害和缺失的爱，真正认识并懂得生命的过程后，才能真正理解孩子的心灵，在提升自身境界的同时改变思想，用智慧把我们的孩子培育成人！

第三章

用尊重塑造孩子的内在价值

放下自己的强者姿态，认识并尊重自然规律；在与孩子平等相处的过程中，与孩子一起获得身心的同步发展；按照孩子成长的轨迹来引导孩子迈好人生的每一步，给予孩子内在的价值，使孩子成为他愿意成为的人。

孩子不是附属品

每一个人都有生存的权利，也都有得到心理和生理尊重的需求。生而为人，我们都应该彼此尊重，当然对孩子也不能例外。孩子也是人，也一样具备思想和人格。当我们懂得尊重孩子的个性、兴趣、选择和人格时，孩子的能量自然就会得到不断提升。

父母要想教育好孩子，首先要尊重孩子。**平等是尊重的基础。**当父母能够认识到孩子与自己是平等的，能够平等对待孩子时，尊重就已经存在了。然而，现实生活中，让家长真正做到这一点却很难。

“你是我生的，所以必须听我的。”“我一把屎一把尿把你拉扯大容易吗？你还这么不听话。”“你出来干什么？回屋写作业去。”……**很多父母把孩子当**

作了自己的"私有财产"，孩子的一切都要听从自己的安排。孩子不是父母的附属品，是与父母享有平等权利的独立个体，我们应该给予孩子应有的尊重。

比如，当有人来家里做客时，作为父母，除了给客人介绍家里的大人外，还应该正式地介绍一下孩子，因为孩子同样也是家里的成员。然而，很多父母往往会忽略孩子，即使介绍，也只是说"这是我女儿（儿子）"，似乎孩子没有名字，更有甚者，会当着客人的面对孩子说"一边去"或"到你屋里去"。这样的父母根本没把孩子看作独立的个体，这样一来，只要家里来客人，孩子就会"自觉"地躲在屋里。这在无形中挫伤了孩子的自尊心，妨碍着孩子的个性发展和与人交往的能力。

其实，**待人接物是培养孩子自尊、自信、自重及交往能力非常好的机会**。当家长给孩子独立人格应有的尊重、主动向客人介绍孩子时，孩子会觉得自己与父母具有同等的地位，也就会约束自己，大大方方地待客。

可以说，孩子是上天赐给我们的一笔无比珍贵的财富，这份财富归我们管理却并不属于我们。作为管家，我们的责任就是用我们的善良和智慧管理好他，让他成为一个对社会有用的人。如果我们把这笔财富看成了自己的私有财产，我们就是在玷污这份神圣的职责。比如，有的人希望在孩子身上体现自己的价值，有的人把自己对未来的期待全都压在了孩子身上，有的人抱着"养儿防老"的目的为孩子安排这样那样的事……这是不对的。

瑞士心理学家米勒曾经说过："一旦孩子被当作父母的私人财产，被父母利用以达到某种目的，一旦父母对他施以控制，他最基础的成长已经被粗暴地打断了。我们任何时候都必须尊重孩子，将他视为他自己生活的中心，这是孩子人格的最迫切的需要。"

父母只有对孩子的抚养权，没有对孩子的所有权。孩子不是父母的，这既是一种尊重，也是一种境界。只有我们具备了这样的境界，拥有了"孩子不属于父母"的这种观念，我们才会在一开始就把"培养独立"纳入对孩子的教育中。

现在，已经有不少家长认识到孩子是独立的个体，需要尊重，父母越尊重孩子，他就会越尊重自己，同时也就会懂得尊重别人。因此，在孩子出生时，他们就让孩子独自睡小床，一个月后就让孩子睡自己的卧室，所以孩子很少会吵着要跟父母一起睡。他们跟父母很亲，却懂得：自己有属于自己的空间，父母也有属于父母的私密空间，彼此需要相互尊重。让孩子从小就学会管理自己和尊重他人的空间，这是使孩子走向独立的第一步。

相反，如果我们把孩子当作自己的私有财产，就会把孩子紧紧地控制在自己身边，让孩子难以独立。这是一种不健康的亲子关系。从表面上看来，**我们很爱孩子，甚至愿意为了孩子牺牲所有，但我们的牺牲往往都是物质的**。在精神上，我们非常贪婪地占有着孩子，这样的爱是畸形的。如果我们不能够给予孩子精神上的自由，总有一天，孩子会在这种爱中窒息或爆发。

记得曾看到过这样一则报道：一个女孩谈了一个自己满意的对象，可父母却因为男方条件不好要求女儿分手，甚至还撂下狠话说“如果不分手就断绝亲子关系”“不分手就别回家”“除非我们死了，否则没门儿”……在父母这样的强压之下，女儿因为受不了而自杀。这对夫妻懊悔不已，却再也无法挽回了。

还有一些母亲甚至在孩子成家之后都不愿意放弃对孩子的占有，所以在现实生活中经常会看到母亲把儿子弄得婚姻破裂、妻离子散的情况，这也就是为什么中国很多婆媳关系不好的原因。

可是，作为父母，面对这样的结果，你幸福吗？孩子会幸福吗？我们不就是希望孩子能够幸福快乐地过一生吗？如果希望孩子幸福快乐，就请把尊重还给孩子吧！爱孩子不能以占有为条件，占有的爱是自私的爱。也许你表面上很爱孩子，甚至为孩子付出很多，但可悲的是你的辛苦付出得到的将是终身遗憾。因为你一开始就错了，孩子不是你的附属品，不要让那颗占有的心遮住了你观察的眼睛和聆听的耳朵。

孩子不属于父母，他们只属于他们自己。他们有他们要走的路，总有一天他们会去寻找自己心灵的归属，而这个归属也是他们来到这世上的使命。作为父母，我们能做的就是提升自己的能量与智慧，聆听孩子的心声，给予孩子平等的待遇，用尊重与支持把我们的孩子培养得足够坚强，足够优秀。

从尊重做起

生命的存在需要能量，能量的提升会让孩子茁壮成长。然而，在孩子成长过程中，父母因为缺乏对生命的尊重而不能够正确对待生命，使孩子被很多的束缚和限制所牵累。特别是当孩子受到创伤后，如果被压抑的情绪没有得到有效释放，就会转化为“恐惧、害怕、嫉妒、悲伤、愤怒”等负面能量，形成生命程序储存在孩子的潜意识中，消耗孩子的生命能量，使原本能量畅通的身体出现阻塞，严重影响孩子日后的生活。

每每想起年事已高、身体不太好的父亲，宗女士都很想去照顾他，让他安度晚年。可是当她要去这么做时，心底就会生出一股对父亲无名的怨恨，让她不想去看望父亲。这使得她的内心一直处于纠结中，堵塞了能量流动的通道，最后导致她自身能量的下降和缺失。这也使她和先生的关系非常不好，曾经有过 7 年的冷战期。

在“为人父母”的课堂上，宗女士将她早年的成长经历唤醒了：小时候，每当她犯错时，父亲就会用竹条打她的腿和手，一次次身体的疼痛和心灵的委屈历历在目，让她记忆犹新。唤醒中，她像个孩子一样哀求着父亲：“爸爸，不要再打了，我错了，下次不敢了……”父亲粗暴的教育方式让她的心灵和身体都受到了很深的伤害。

当她释放并化解了对父亲的怨恨情绪后，她认识到：其实父亲的出发点是好的，在“恨铁不成钢”的同时，只是在沿用自己父辈教育他的方式来教育女儿。

我们知道，**如果一个人不能从经历中有所觉悟，改变自己原有的思想和观念，即使使用再高明的技术也只能是敷衍，不但达不到效果，还会形成更大的“害”。**

课程结束后，宗女士终于可以正视自己和父亲的关系了，并且意识到自己和丈夫关系不好，也源于早年对父亲这一类男性的怨恨，以上种种导致了自己人生旅途的坎坷。因此，她决定努力去面对并做一些积极的尝试。在这个过程中，她坚定了自己的信念：一定要照顾好晚年的父亲，这才是对父亲最好的回报和感恩。

在这些年个案处理中，父母对孩子最大的伤害就是打孩子，这样的行为在中国似乎司空见惯，很多人觉得这是常理所在，是一种最为合适与必需的教育方式，还有的父母认为不打孩子又能有什么别的办法呢。其实，这是我们社会的陋习，如果不能改变这样的现状，就会将这样的不文明行为传递给我们的后代。

请原谅我的坦白，别以为我什么都不明白

“为人父母”课后分享

李月容：唤醒·重生

看见丈夫和儿子走进“心智家园”体系后的喜悦心情，我也毅然走进了“为人父母”第十九期课程。

感恩敬爱的包老师。他的丰源益语，点亮了我黑暗的心灯，抚慰了我冷却多年的心，唤醒了我的记忆、良知，让我获得重生！

“为人父母”第十九期的三天课程，让我敞开心扉，解开心结。我找到了几十年来在教育孩子方面存在的问题，压抑多年的困扰和痛苦得以释放。以前一直以为，为人父母工作敬业、称职、优秀，孩子的成长必定良好！只要把所有最好的给予孩子就是最爱孩子。为达成望子成龙的心愿，我们不惜一切代价，给孩子上最好的幼儿园，上最好的学校。毕业后替他找工作，结婚为他买房买车，为他包办所有的事情，一切为他着想。认为只有这样，儿子将来才有出息。

可是，几十年的心血，我们的付出化为泡影，换来的只是眼在流泪、心在滴血！儿子一次又一次地犯错，使我感到教子无方，从希望到失望！出现问题时，我给予他的只是恶骂，越骂越凶，直至痛打！严重时，还发出最后通牒，若有再犯，就将他赶出家门，从此断绝母子关系！我们对儿子如此付出博爱，为什么换来儿子自暴自弃，没有担当？他的叛逆令我不知所措，百思不解，从失望到绝望！最后，导致了我长期失眠、压抑、焦虑，甚至产生轻生的念头……

走进“为人父母”第十九期课程，让我找到了答案：“什么是教育？上行下效，始之为善。教育是唤醒人格最好的方法。”包老师句句发人深省的益语，使我深刻感受到给孩子的不是真正的爱，而是溺爱，是障碍，是绊脚石。我想起李嘉诚先生说过，一个人事业再大的成功也弥补不了教育子女失败的缺憾。不管挣了多少钱，事业发展有多顺利，如果教育不得当，将来老了会后悔。这些话正应验了我们。因此包办孩子所有的事情，从而导致孩子失去尊重、自由、自信和独立。在优越的条件下，儿子失去了人生的奋斗目标，找不到人生的价值所在，每天处于无所事事的状态，才会精神空虚，误入歧途。每每犯错时，又得不到父母的关爱，由此越陷越深。

三天的学习，我真正感悟了包老师所说的：孩子生病了，病根在父母身上，不是孩子的问题，所有问题都是父母造成的。是我们害了孩子，没有给儿子人格的培养，没有给儿子真正的爱和信任，我们对不起儿子！课堂上每个个案都是那么震撼，那么感同身受。我嚎啕大哭后，压抑多年的困扰和痛苦得以释怀，浑身轻松。当下的快乐时光，是如此美好和喜悦，又是那么值得珍惜！

今后，我要用心爱儿子，向儿子认错，和儿子好好沟通，尊重信任儿子，多多鼓励儿子树立自信，找到人生的价值。

2015 年 5 月 19 日

孩子的状态，照见我们最真实的自己

作为父母，我们一定要摒弃“不打不成才”的教育观念，从对生命最起码的尊重做起，不要再让自己的棍棒带给孩子身体的伤害和心灵的创伤。也许，**身体的疼痛会因为时间的流逝而不见了踪迹，可心灵的创伤却不会随着时间而消失，反而会形成影响孩子心智的种子，在遇到合适的环境时生根发芽，消耗孩子的能量，阻碍孩子日后的发展。**

在这个知识经济时代，人们的教育观念应该伴随着信息化的发展越来越快地更新，不应该再有摧残孩子身心健康的事情发生。然而，现实中的“鹰爸”“虎妈”却层出不穷。

孩子不是试验品，家庭也不是实验室，新的教育方式我们不是不可以尝试，但是突破极限程度，我们的孩子会欣然愉快地接受吗？他会拥有一个本该天真烂漫的童年吗？

无论父母如何为自己严苛的教育行为寻找借口，目的都是为了满足自己内心深处那个“打造一个了不起的孩子”的欲望。可是，这世间有多少人在年少时不是被父母寄予厚望的？而真正成为英雄的毕竟还是少数，大多数人都成为滚滚红尘里的平凡人。“当英雄路过的时候，总要有人坐在路边鼓掌。”如果我们的孩子健康、快乐、善良且没有违背自己的心意，又何妨做一个安静地坐在路边鼓掌的普通人？这何尝不是一件幸福的事情呢？世界原本就是由无数个平凡而快乐的人组成的。

要知道，孩子的成长是不可逆转的，他只有这一个童年，只要他健康、快乐，过着自己想要的生活，我们还能为他祈求怎样更好的未来呢？何苦为了遥不可知的未来而牺牲孩子本该快乐天真的童年呢？这样的代价太大了！其实，父母们拔苗助长的行为无非是为了满足自己的虚荣心，如果父母不懂得给予孩子生命的尊重与热爱，而是抱着急功近利的心态，霸道地让孩子完全服从自己的意志，想要通过极端的方式把孩子培养得出类拔萃，带给孩子的只能是无限痛苦，这也是为人父母者最大的失败。

父母应该像尊重大人一样尊重孩子本身。虽然孩子的生命是我们给予的，虽然孩子可能少不更事，但他一样拥有独立的人格与灵魂，一样是值得我们尊重的生命，他不是我们可以随意处置的私人财产。作为父母，我们没有权力强迫孩子按照你所制定或规划好的路线去完成本应该属于孩子自己的人生。我们应该用正确的爱，用对生命的尊重，帮助孩子勾画一幅色彩绚丽的人生画卷。

在如今这个被竞争熏染得白热化的时代，人们的生活节奏越来越快，每一个人都步履匆匆、焦虑无比，这也给我们为人父母者带来了巨大挑战。在奋勇前行的道路上，我们应该提醒自己：教育孩子要从对生命最起码的尊重做起，不得伤害生命，不得摧残心灵，不得把自己的意志强加给孩子。

其实，孩子的成长与大自然的发展是一样的，从出生到不断成长的每一个阶段，都有其必然的发展规律。为人父母者需要做的就是：放下自己强者的姿

一辈子，住进你的童话里

我好像习惯了被忽略，却忽略不了没有你的世界

态，认识并尊重自然规律；在与孩子平等相处的过程中，与孩子一起获得身心的同步发展；按照孩子成长的轨迹来引导孩子迈好人生的每一步，给予孩子内在的价值，使孩子成为他愿意成为的人。这才是为人父母的智慧。

让孩子做自己心灵的主人

尊重一个人就是尊重他的权利和义务，让他成为自己心灵的主人，拥有自己创造自己的权利。自己创造自己，也就意味着：不把创造自己的权利交给别人，不让他人强制性地闯入内在塑造自己，不成为任何人的复制品。

教育孩子的核心就是为了让孩子成为自己，这也是人成长的最核心目标。然而，在教育的过程中，我们又是怎样对待孩子的呢？大多数人经常对孩子说

给我一个支点，我能托起世界

的话，就是“你要做一个听话的乖宝宝”“听话的孩子才是好孩子”，**为什么我们非要把“好孩子”跟“听话”联系在一起呢？**

回想一下我们自己的成长经历，从一开始我们就在受着“听话”的教育，在家要听父母长辈的话，在学校要听老师的话，如果不听话就会被训斥，被惩罚，被强拉出“好孩子”的行列。在大人们警告我们不许这样不许那样的时候，我们不但很少反抗，反而会觉得父母是对的，因为他们是爱我们的。自始至终，我们根本就没有想过：这是我们自己的人生，我们应该有自己的主见，应该自己做主！

如今，我们已经为人父母，那么，我们是否还要延续父辈对我们的要求，让我们的孩子也做一个听话的好孩子？

当然，天下没有不爱孩子的父母。我们要求孩子听话也是希望帮他规避一些可能遇到的问题，可是**“经历就是恩典”，孩子的成长必须通过不断地探索才会获得真正的进步**。让孩子自己做主，也许在短时间内会出现一些问题，但从长远来看，对孩子是好的。

作为家长，我们恨不得将百分之一百二十的爱给予孩子，可有的时候，我们对孩子的好，只是我们自己的需要。这种需要在很大程度上是想让自己的缺失在孩子身上弥补，然而，孩子与父母有着本质的差距。一方面是来自时代的差距，比如父母工作的那个时代讲究的是工作专一、爱岗敬业，而在现在这个多选择的时代，工作已不仅是为了谋生，更多的是一种人生价值的体验，也是一种兴趣的选择。另一方面，孩子与父母的基因不可能完全相同，来到这个世界上要学的“功课”也有所不同。既然不同，那就应该让孩子多一些选择，将选择权交还给孩子。作为父母，可以给予孩子适当的提醒和建议，但听与不听要由孩子自己来决定。

所以，千万不要用孩子来满足我们自己的成就感，孩子不是我们成就感的来源。我们应该用尊重塑造孩子的内在价值，让孩子做自己心灵的主人，学会自己管理自己。

现实中，有的父母总是习惯性替孩子做出人生规划，要求孩子按照自己设定的人生之路来走。可从人性的角度来讲，没有人会喜欢时时处处被人管着，人都有对自由的渴望。人类对于自由的追求伴随着整个社会的发展历程，人类在被物质和心灵束缚的时代不断取得突破，更加尊重个体本身的诉求，为个体不断获得解放与进步而持之以恒地探索。人类社会的整个发展轨迹如此，具体到一个小的家庭中亦应如此。**只有给予孩子符合时代要求的自由、宽容、解放和尊重，才能期待孩子创造出不一样的未来**。

生活中，我们不难发现，那些最后拥有一番成就的人，在小时候，很多都是世人眼中“不听话”的孩子。而那些从小就特别听话，成绩也很好的孩子，最后却常在做着“朝九晚五”的普通工作。

父母都希望自己的孩子出类拔萃，可如果我们一味地要求孩子听话，就会压抑孩子的本性，使孩子渐渐成为一个没有主见和个性、缺乏自我意识和人生理想的人，这样的孩子又怎么可能会有幸福的人生呢？也许他能够按照父母安排好的路线一路走下去，按部就班地去工作和生活，可这是他想要的生活吗？是他真心的选择吗？他会快乐吗？

事实证明，当一个人将自己的意愿强加于别人时，就会使对方失去自由，同时也就阻碍了生命能量的正常流动。如此一来，失去能量流动的躯体也就成了一部可悲的机器。**失去灵魂的精神载体是不会鲜活与快乐的！**

这些年来，我在处理个案的过程中经常看到，当一方总是处于另一方的限制中时，也许当时可以忍受，可一经爆发就会势不可挡，常常会做出令人心痛的事情。

生命的存在需要获得能量，拥有更高的能量才能让一个人有面对挫折和困难的勇气。每个人在成长、受教育与社会化的进程中所产生的恐惧、失落、怨恨、内疚、害怕、自责、愤怒等情绪，如果得不到有效释放、清除和化解，就会产生细胞记忆，形成潜意识的“程序”。这些记忆及程序就像计算机病毒一样，只要条件满足，就会自动运行。由于这个原因，当现实生活中再次出现与以往经历有着相同感觉的情境时，潜意识就会自动启动“程序”，引导身体做出反应，导致人的烦恼与痛苦经历不断重现。这样，即使有着对美好生活的追求，人也会因为不自觉地受控于潜意识程序的影响和作用，很难改变自己的现状。

情绪是对心智能量最大的消耗。潜意识中存储的情绪越多，人再次遇到相同或相似境遇时所产生的反应就会越明显，情绪存储的时间越久对人的作用和影响也就越大。情绪会侵蚀人的身体细胞，破坏人的脏腑器官，影响并作用于人的心智，使人失去理智。

当我们努力压抑、控制这些情绪时，那些可以用于达成目标和创造物质生活的生命能量就会被大大消耗。随着时间的推移，甚至会导致人过早地失去原本短暂的生命，并在这个过程中将这种思维模式传递给自己的下一代，让他们再次经受这种痛苦，严重的还会造成对社会及他人的危害。

在利用思想创造物质的过程中，情绪容易被人忽略，但它是形成潜意识“程序”的重要部分。所以，要想改变生活现状，更多地实现人生梦想，就要采用科学有效的技术方法对早年经历中形成的不良情绪进行有效的释放、清除和化解，以改变潜意识的“程序”，提升生命的价值。

人们所受的心灵创伤，大多发生在幼年时期，而伤害者往往都是自己最亲近的人——父母或其他亲人。因为在我们的成长过程中，特别是在童年时期，由于缺少独立面对生活的能力，我们很依赖父母，希望得到父母的照顾和关爱。所以，这个阶段的人格培养，在很大程度上取决于父母、亲人当时所给予的帮助和支持。童年时期，孩子的意识层面往往很单纯，但潜意识却十分发达与活跃。因此，这个时期所经历的任何创伤都会在孩子幼小的心灵中形成负面能量，影响其一生的人格和健康。

这些年我在“为人父母”课程上所做的个案处理中，引导学员讲出压抑在心中多年，想要表达却没有机会或者当时不敢说出来的话。这些话大都是他们在小时候受到管制或约束时闷在心里的话，其中最多的就是“我很累，给我自由”。每每听到这样的声音，我在感到悲哀的同时，也在想：父母是父母，孩子是孩子，父母与孩子并不是一体的，又凭什么代替孩子做决定？凭什么包办孩子的一切？为什么孩子的人生要依从于父母的意愿？为什么孩子不能听从自己内心的想法？这不是本末倒置吗？

人只有获得了自由或者享有了自由才能更好地前进，也才能更好地完成来此一生的功课。决定孩子一生命运的不是外在的分数，而是内在的价值和信念。

然而，现实中的很多家长却总是想让自己的孩子“听话”，一点一滴地剥夺着孩子的自由。当孩子听从父母的安排时，父母会兴高采烈；当孩子不听话时，父母就会伤心愤怒，指责甚至打骂孩子。为了从父母那里获得持续的爱，孩子只能不断压抑自己的本性，不断迎合父母的要求。这个过程，就是孩子思想迷茫、埋没自己理想的过程，父母越要求孩子听话，孩子就会越来越远离真实的自我。

生命本应是一种自然成长的过程，我们应该尊重自然，守护孩子的天性。每一个孩子都是一个独立的个体，作为父母，我们可以给予孩子无私的爱，却不能代替孩子做决定。孩子有自己的思想、兴趣和爱好，我们应该尊重孩子的不同，让孩子成为他自己，在各种经历中寻找到属于自己的路。

当然，不让孩子听话并不是说允许孩子随便到马路上玩耍之类，这是一种极端主义的错误。“让孩子成为他自己”就是要给孩子完全的心灵自由和更多的思想和行为自由。**不要担心孩子会被放纵得没有分寸，孩子也是有思想的人，只要我们给予他持续的尊重和健康的教育，他会自己约束自己的。**作为父母，我们应该学会给孩子减压，努力使他成为一个有主见、有个性的人，而不是要求他事事听命于自己的安排。

不要再说“如果你不听话，我就不要你了”之类的话，作为父母，你肯定不会因为孩子不听话而不爱孩子，但孩子却根本无法分辨父母的话是真是假，这样的威胁会让孩子对社会、对他人充满不信任感，对未来充满恐惧，严重影响其内在价值的建立。

把决定权与选择权还给孩子吧！我们的尊重与支持会让孩子真正成为自己心灵的主人，成为一个有主见、有个性且拥有积极健康心态的人。如此，他自然就能够勇敢地面对成长经历中的一切坎坷，战胜人生中的一切苦难，历经艰险，获得自由，快乐成长。

尊重孩子的“隐私”

大多数家长在对孩子疼爱有加的同时，又常会觉得与孩子应该亲密无间，从而对孩子的生活事必躬亲、全权负责，安排和监护着孩子的一切。家长们只是一味地由着自己的意愿“爱”着孩子，却不曾想过，其实孩子也渴望有自己独立的空间。

也许你会感到惊讶，难道孩子也会有“隐私”吗？当然，不管是成人还是孩子，每个人都是独立的个体，都希望有自己的秘密和个人空间，这是人类正当的心理需求。

作为大人的我们经常会要求孩子不要随便乱翻长辈的东西，因为大人需要隐私和空间，却很少注意到孩子跟大人一样也需要有自己独立的空间，也有属于自己的小秘密。为了保护自己的隐私，他们不允许别人随意闯进自己的房间，哪怕是至亲至爱的父母也不行。

我们常常会碰到或听到这样的事情：一向乖巧的孩子，居然因为妈妈为他整理房间而与妈妈发生剧烈的冲突，“为什么不跟我说就动我的东西？”“我的玩具呢？你都给我藏哪里了？”“那是我的玩具，你凭什么扔掉？以后不许乱动我的东西！”……原本以为孩子会因为房间的整洁而开心的妈妈，面对孩子的质问也气坏了，“我帮你把房间收拾得那么干净，你还冲我发脾气，真是太不像话了！”“我那么疼你爱你，没想到你却这么不讲理！我就是要动你的东西，看你能怎么着！”……妈妈一气之下把孩子房间里的玩具一股脑全扔到了外面，孩子则一边大哭一边拼命地往回捡自己的玩具，嘴里还生气地喊叫着：“坏妈妈！坏妈妈！”也许妈妈会因此而感到困惑——小小年纪为什么就会如此烦躁？

其实，孩子之所以会对妈妈的行为反应那么强烈，是因为没有被尊重。妈妈乱动他物品的行为会让他产生被侵犯的感觉，失去了内心的安全感，所以才会大发雷霆。研究认为，父母和孩子之间也需要“有间”。孩子都有自己的意愿和他们独自的“空间”，作为父母，我们应该学会尊重孩子的“隐私”。

当孩子弄乱环境或弄坏物品时，父母最好不要替他收拾或处理，他既然可以弄乱或弄坏，自然也就可以收拾。孩子在成长期间会特别注意规则和秩序的建立，如果父母一味地替他做，就会反复打乱或强制干扰孩子内心的秩序。尽管从表面上看来似乎一切都被父母整理得井然有序，实际上却严重影响了孩子内心安全感的建构，使孩子的内心陷入一种无序和混乱的状态。另一方面也等于是在剥夺孩子的权力，贬低孩子的能力，为他种植不负责任的种子。

这也就提醒我们每一位为人父母者：如果您确实想要帮孩子合理地安排空间，可以事先与孩子协商，帮助他养成收拾玩具、合理摆放物品的习惯，切不可不与他们商量就直接去破坏他们对自己空间的所有权，剥夺他们应有的权利。当孩子为某件东西或某件事情与我们起争执时，尽量不要干涉或是用主观的方式解决，而是应该协助孩子建立沟通的观念，效仿法庭开庭审理的方式，讲求证据、证明，使孩子学会理性的沟通，而非无理的任性。这样一来，我们就可以在尊重孩子秘密和空间的同时，增强孩子的安全感和自主性，孩子也会从小学到尊重别人的沟通方式。

孩子都有属于自己的小秘密，也许这些秘密在我们大人的眼中显得很可笑、很幼稚，但在孩子心中是神圣而不可侵犯的。所以，切不可偷看孩子的日记和信件，不可偷听孩子的电话，不可强迫孩子说出自己不想公开的秘密，更不可嘲笑或轻视孩子的秘密，不能说“这么点小鬼，能有什么秘密啊？”“你那叫什么秘密啊！”之类的话。

父母的轻视与嘲笑会使孩子产生敌对情绪，不再愿意与父母交流。只有尊重孩子的秘密，愿意与他平等地沟通，孩子才会与你分享他的小秘密。另外，无论孩子的秘密多么奇怪或微不足道，父母都要给予尊重和鼓励。父母对孩子秘密的不尊重会让孩子的自尊心受到严重打击，等到孩子长大后，父母就不得不陪孩子玩一个“猫捉老鼠”的游戏，但那时候孩子的秘密绝对不会是小时候让你觉得可笑的秘密了。

拥有自己的秘密并能够自己处理是孩子走向独立的前提。如果父母不想与孩子玩捉迷藏的游戏，就要尊重孩子的隐私，给予孩子独立的权利，孩子才会愿意主动与我们分享他们内心的想法，才会找到符合自己内心选择的解决方式。

一些家长会打着担心孩子的旗号想要挖掘孩子的秘密，其实，只要家长多关心孩子的精神状态并及时地给予疏通，秘密就不会伤害到我们的孩子。

另外，家长还要时刻注意自己的言行，切不可随意泄露孩子的隐私。因为孩子和大人一样，都有很强的自尊心，也许在你看来完全是可以一笑而过的小事，在孩子看来却比天都大，是孩子心目中不容触碰的隐私。所以，当大人以开玩笑、恶作剧或强迫命令的方式来揭露孩子的“隐私”时，尽管家长的话有时完全出于无意，但都会使孩子的心灵受到很大的伤害。比如，以嘲笑的口吻说一个六岁孩子尿床的事可能会让他羞愧难当，同样，当着别人的面批评自己的孩子也会使他无地自容。

作为家长，我们一定要留给孩子足够的空间，尊重孩子的隐私，这是我们和孩子平等交流的第一步，是必须做到的。当然，出于爱孩子的本能，家长们在一起谈论最多的就是自己的孩子，这无可厚非，但在谈论中一定要注意：**不**

要当着孩子的面说出他认为不好的事，要多说他引以为豪的事；如果发现孩子有什么不好的表现或缺点，最好只跟孩子一个人说，这样他才不会产生抵触心理；不要把其他孩子的“隐私”告诉自己的孩子。

自尊心是影响孩子健康成长的重要心理因素，如果在成长的过程中，孩子的自尊受到了伤害，就可能会导致孩子产生严重的心理障碍，使孩子产生自卑心理或对抗心理……而尊重和保护孩子的“隐私”其实就是尊重和保护孩子的自尊心。所以，作为父母，我们一定要时时警示自己：必须时刻注意尊重和保护孩子的自尊心。

尊重孩子的“隐私”，不是一句空话，也不是一种姿态，而是为人父母者切实有效的行动！作为父母，只有真正地给予并尊重孩子的独立空间，才能够真正做到与孩子的“亲密有间”，才会与孩子一起成为一个亲密生活的共同体，构建一个个性自由发展的和谐美满的家。

“蹲下”的奥秘

每一位父母都希望自己的孩子能够出人头地，然而，在我们给予教育前所未有的关注的同时，很多父母都生出了一种“恨铁不成钢”的体会：为什么无论怎么提醒，孩子还是我行我素？为什么孩子总是要做出那些让大人生气的事？为什么对于大人的付出，孩子毫不领情？为什么与孩子沟通会那么难？……我们的孩子究竟怎么了？是孩子有问题还是我们大人有问题？

我想说的是，这个世上没有不好的孩子，只有不好的父母。如果父母能够改变自己，为孩子蹲下自己的身子，就会发现这其中的奥秘：孩子的世界真的和我们大人的世界不一样。

去年夏天的一个晚上，我去一位朋友家做客，这位朋友女儿滑滑板车的时候，滑板车的小轱辘不小心碰到了邻居儿子的脚，邻居儿子立刻痛得大哭大叫起来，邻居赶紧把孩子抱了起来。我的朋友马上过去询问情况，才知道是自己女儿闯的祸，而此时女儿已经跑开了，朋友安抚好受伤的孩子后，立刻就去找女儿了。

我随后到朋友家，一进门就看到朋友正在让女儿打电话给邻居的孩子道歉，女儿死活不肯，这让朋友很生气。于是，他就自己给邻居打电话道歉，又询问了一下孩子的情况，并表示如果需要去医院的话，就陪他们一起去。邻居说儿子已经不哭了，没什么事。朋友这才放心，之后把电话给女儿让女儿道歉，女儿只说了一声"对不起"便哇哇大哭起来，并且越哭越痛，根本没有停止的迹象。

这让朋友莫名其妙，不小心碰到了别人，道歉是基本的礼貌，这有什么？为何她会如此伤心呢？难道她有别的事情？可是，怎么问她也不说，只是不停地哭。我告诉朋友要在倾听孩子想法的时候为孩子蹲下，这是对孩子的一种尊重。

于是，朋友走到女儿面前，蹲下来把她抱到怀里，她却哭得更厉害了。他轻轻地抚摸着孩子的后背，在他的安抚下，女儿渐渐停止了哭泣，无比依赖地依偎在他的怀里。"宝贝，你怎么了？不就让你道个歉吗？你为什么会这么难过？"女儿看着她的父亲，委屈的泪水再一次止不住地掉了下来，她哽咽着对他说："你就总是关心别的孩子，不关心我……呜呜呜……"

他告诉女儿伤害了别人要道歉，这是起码的尊重和礼貌，女儿说："我当然要道歉，但看他哭得那么厉害，我吓坏了，不知道该怎么办才好，就跑了。我明天一定向他道歉！"

第二天，朋友女儿主动向受伤的孩子道了歉，两个孩子又开心地玩到一起了。

有位名人曾说过这样一句话："不要站着和孩子说话，这样会不平等。"孩子的世界与我们大人的心理是不同的，我们在教育孩子时，应该蹲下来和孩子说话，认真倾听孩子内心的想法，如此才能够深入孩子的内心世界。如果我们不问缘由就质问甚至打骂孩子，不但不会使孩子认识到自己的不对，还会增加孩子心里的委屈和抵触，会更深地伤害孩子的心灵。

然而，**大多数家长只有在为孩子整理衣服或系鞋带时才会蹲下**，在教育孩子时总是习惯居高临下地站着对孩子说："你怎么能这样！""知道错了吗？""做完作业了吗？"殊不知，父母这种质问式的语气只会徒增孩子的逆反心理，使孩子不愿意向父母说心里话，甚至会形成亲子关系中的隔阂，使孩子成为自己最亲近的陌生人。

当然，现实中也有家长反映说："我在与孩子交流时，也常为孩子蹲下，可却收效甚微啊！"这是怎么回事？当我们带着这个问题问他的孩子时，孩子却说："妈妈蹲下的目的是为了让我看着她的眼睛，她怕我没在听她的指责。"

为孩子蹲下的前提是尊重，如果我们抱着谴责孩子的目的，也就完全扭曲了我们蹲下的目的。蹲下来与孩子交流，并不仅是父母与孩子交往姿态的改变，更意味着父母与孩子平等地位的确立。家长要在内心深处，把孩子当作一个具有独立人格的人来对待，他与大人一样对很多事情拥有知情权、参与权、选择权与决定权。

再小的孩子也有被理解、被尊重的内在心理需要，他们渴望被大人们平等对待。作为父母，我们必须认识到"幼儿正在逐渐成长为一个独立的人，他有坚持自己主张的内驱力，并以此证明自己是独立的，他有时不按照成人的嘱咐行事以显示自己的独立性，他正在试探怎样才能成为一个独立自主的人、一个具备自我意识的人"。只有放下父母的高姿态，蹲下身子来跟孩子平等地交流，才能取得好的教育效果。

爱孩子就要关注细节，就要深入到孩子的内心。当父母能够蹲下身子去和孩子交流时，在眼神与眼神的对接中，孩子就会感受到父母渴望与他交流的想法，会与父母成为在人格上、感情上平等的朋友，会很愿意把自己内心世界的真实想法分享给父母。

对于父母而言，当你蹲下来的时候，你会发现自己比站着时更加温和与平静，更愿意去倾听孩子内心的想法。当父母不再急躁严厉，而是耐心听完孩子的述说时，往往会恍然大悟：“哦，原来是这样啊！”“你是这么想的啊！”在平等与温和的交流中，父母与孩子之间的关系会更加融洽与顺畅，相互之间会更加宽容与体谅，父母会更加欣赏自己的孩子，孩子也会更加信任爱戴自己的父母，亲子关系自然会越来越好。

其实，孩子任何的感情与行为都是有原因的，父母应该认识到孩子某些行为发生或情感发作都是正常现象。在看到孩子某些令你不快的行为时，请不要急着去责备他，甚至羞辱他，请你先蹲下身来，去倾听一下孩子真实的想法。当我们了解到孩子行为背后的原因，就会体会到孩子内心的纯净与善良，自然就会理解并接受他的情感。与此同时，孩子也会在感受到我们信任的同时，积极接受我们的建议，增强自己的自尊和自信。

孩子是未来，是希望。愿我们为人父母者的每一次蹲下，不再是为孩子整衣系带，而是给孩子一个同等的高度，与孩子一起去看世界。当我们能够从孩子的高度与角度来看世界时，我们就会发现很多成人世界里需要修正的地方，就会在洞悉孩子心理的同时，让孩子感受到我们的信任，让孩子在生动活泼的学习与生活中获得内心的充实与圆满，这才是真正的尊重。

给予孩子内在的价值

在人成长的过程中，对其性格影响最大的，莫过于幼年时期父母的态度和处事方式。当孩子长大后，他所经历的事情和所受到的伤害，皆由自己的性格造成。所以，父母对待孩子的态度和方式，会直接影响孩子今后的性格习惯和价值取向。

一位妈妈带着刚满三岁的女儿在外面逛街。走过雪糕店时，女儿拉着妈妈说：“妈妈我想吃雪糕。”于是，妈妈就给女儿买了一只雪糕，女儿很是开心，边走边吃。

当他们路过一家玩具店的时候，女儿一下子看到了自己特别喜欢的小公仔，于是，女儿又对妈妈说：“妈妈，我想要那个玩具。”妈妈不想给女儿买，就对女儿说：“宝贝乖，那个需要很多钱，妈妈今天没带那么多的钱，今天就不买了，我们下次买好吗？”女儿虽然不太情愿，但还是噘着小嘴跟妈妈一起走了。

过了一会儿妈妈带着女儿来到了一家时装店，妈妈一眼就看中了一件很漂亮的衣服，虽然衣服需要好几百元，远远超过了女儿喜欢的小公仔的价格，可妈妈却毫不犹豫地买下了衣服，然后带着女儿回家去了。

故事看似完了，可妈妈的行为对于女儿的影响却远远没有结束。一般来说，孩子在六七岁前的逻辑分析能力还没有发育成熟，所以，他们不会做出妈妈在撒谎的结论。而就是因为他们不会做出妈妈在撒谎的结论，所以才会变得更可怕。我们知道，孩子生来就是爱父母的，因而会对父母所说的话全部接收。但是，如果父母的话和行为前后不一致，就会让他们变得矛盾，当然这种矛盾是在潜意识层面进行的，因为他们认为妈妈说的和做的都是对的，他们就会认为是自己不对，自己有问题。在这个故事中，妈妈没有给女儿买玩具却给自己买了衣服，女儿在潜意识中就会认为：“**妈妈的衣服重要过我，妈妈可以买自己喜欢的东西而我却不可以，这表示我是没有价值的。**”据此，女儿就会产生对自己人生最具杀伤力的一个信念——我没有价值，我没有资格，我不值得。当然，这是潜意识给她的感觉，她是说不出来的。

作为父母，我们都希望自己的孩子能够成才，但对于任何人来说，获取“成功”最重要的前提就是要自信——拥有内在的价值感。在孩子与家长相处的过程中，家长的一言一行都在直接影响着孩子，对孩子内在价值观的形成有着非常重要的作用，直接决定着孩子将来的生活习惯、性格、人格、情感等。因此，为人父母者一定要在孩子生命初期就认识到尊重孩子对于孩子成长的重要意义，密切关注孩子内在的需求，从自身做起，通过正确的言行给予孩子积极的心理暗示。

当然，尊重孩子的内在需求并不就是要满足孩子一切的要求，而是希望家长言行一致，在约束限制孩子的时候，也要以身作则。不要像上文中的妈妈，以没带钱为借口来拒绝孩子的要求，而后却又花钱去为自己买东西，这对孩子价值感的伤害是巨大的。

值得提醒的是，当孩子向父母要一件东西时，家长不应该只是去看物质的外在价值，而是应该静下心来去透视一下孩子内在的感情动态，看一下这件东西是否会给予孩子更好的内在价值，这才是最重要的。

比如，现在的很多玩具因为提供了过多的刺激往往会限制孩子创造力的发展，当孩子因为无聊而想要个新玩具时，家长不妨鼓励他造个木偶剧场或画幅壁画来赋予孩子内在的成就感，这种有创意的活动往往会在给予孩子内心满足的同时，提升孩子的自信和自我能力，何乐而不为呢？

由于社会压力的日益增大，很多为人父母者常会因为工作、生活等原因，把自己的孩子交给老人去带，殊不知，这会让孩子有一种被遗弃的感觉，会觉得是因为自己不够好，所以父母才不要自己。人都是要找自己的亲生父母的，由别人带大的孩子会缺少与父母的亲近感，从而会产生很重的分离感。

轻微的自我价值感低会表现为不自信。比如，我们觉得某人在某一方面表现得很优秀，但当大家推举他出来做他平常很拿手的事情时，他会表现出一种很强烈的不敢担当。甚至有些人会在成功唾手可得（如加薪或升职）时，出现放弃或突然病倒等情况。

一位来上“为人父母”课程的学员，大家觉得她各方面外在条件都很好，但她的婚姻却很不幸。她先生什么都好，就是爱打老婆，每隔一段时间就会打她，所以她过得很辛苦。朋友劝她说：“你这么好的条件，干脆分开得了。”谁知她却说：“唉，有什么办法呢？也许我命中注定如此吧！以前读书时交往的男朋友就喜欢打人，谁知道现在嫁的人又是这样，也许真的是我命不好吧！”这位朋友就属于典型的自我认为“没有资格享受快乐美好婚姻生活”的人，类似的情况是非常多的。

比如，在很多公司里，会议室的主席位通常都只能是老板坐，每次开会，上面中间那个位置一定是老板的。即使某次开会，老板有事不能出席，大家也都知道老板不在公司，却也没有人会去坐那个位置。这也是很多公司里一种很普遍的现象，是受“我没有资格”信念限制的状况。

这种信念无时无刻不在破坏着人的自我价值，无时无刻不在影响着人的成长和提升。当一个人的自我价值感低时，他也就会感觉别人也同样没有价值；而一个自我价值感高的人，通常会觉得别人跟他一样有价值。这也就能够解释为什么有些人会去随便结束他人的生命、为什么有些人会虐待比自己更弱的人了，因为在他的潜意识中，会认为他人的生命与他的生命一样没有价值。

这种“我没有资格”的限制性信念的典型表现是：没有自我，需要看别人的眼光行事，不敢完全表达出自己的感受，当别人的意见和自己不一样的时候，无法很直接地拒绝别人。行为决定结果，这种自我价值感低的限制性信念在限制我们行为的同时，也间接决定了我们的结果，对于人的成长来说是只有坏处没有好处。并且，父母在教育孩子的过程中，如果立场不一致，如爸爸打孩子时妈妈袒护或妈妈教训孩子时爸爸袒护等，也会造成孩子的自我价值感低。

我们知道，对孩子一生都会产生影响的教育，是人格教育。人格教育，在于让孩子学会控制情绪，建立积极的价值观。那么，我们该如何做才能够不让无价值感的信念植入孩子的潜意识中，才能够让孩子的心灵充满安全感，为孩子培养正确的价值观呢?

首先，给予孩子应有的尊重。拒绝做孩子的权威，抛掉设计、指挥他们的观念，尊重孩子的内在需求。另外，孩子在六岁以前最好父母亲自带。事实证明，跟着自己父母生活的孩子在身体和心理方面通常都能够获得更加健康的成长。

其次，父母要为孩子树立良好的榜样。孩子最善于模仿自己的父母，孩子价值观的形成往往会受到父母价值观的影响和作用。

再次，给予孩子正确的引导。父母是孩子的第一任启蒙老师，可以对孩子价值观的形成起到引导作用。当孩子对于某事耿耿于怀时，要告诉他事情表面背后的真相，让孩子明白父母的苦衷。

最后，关注孩子的言行举止。一旦发现孩子有不正确的价值观时，要给予及时的更正，这是每一位为人父母者不可推卸的责任。

总之，父母的价值观以及父母对孩子价值观的教育，对孩子的成长来说异常重要。价值观不仅可以反映出一个人的行为趋向和心理倾向，甚至能够决定孩子将来会成为一个怎样的人，会走怎样的人生道路。

给予孩子外在的财富不如帮助孩子建立起正确的内在价值观。因为只有具备了积极的内在价值，我们的孩子才能够拥有更强大、更持久的成就感和满足感。希望我们每一位为人父母者都能够从自身做起，用尊重帮助孩子培养起正确的价值观，有效推动孩子的长远发展。

第四章
爱之甚足以害之

成长不是教育和灌输的过程，而是一个探索人生规律的过程，是一个不断破译生命密码的过程，是一个不断创造自我价值的过程。

爱孩子就是给予他生命的能量

可怜天下父母心，每一位为人父母者都深爱着自己的孩子，这是人之常情。可是，身为父母，你是否明白什么是爱？你可曾想过，孩子需要什么样的爱？你真的会爱孩子吗？

爱是人类永恒的主题，是一种发自内心的力量。从古至今，人类一直在不断演绎着爱的故事，讴歌着爱的伟大。这既是在激励人积极向上的精神，也是在唤醒人的良知与慈悲。在这个过程中，多少人为了爱不畏艰难、甘愿受苦，甚至还付出了自己宝贵的生命！生活中，我们也经常会说到爱。爱有很多种，有对国家的爱，有对父母的爱，也有对亲人朋友的爱……这其中让人体会最深、感悟最多的就是对孩子的爱。世上没有不爱孩子的父母！

那么，什么是爱？什么才是真正的爱？

人的成长离不开能量。父母给予孩子的关心使孩子开心喜悦的同时，是在使孩子的能量得到提升。父母的爱护、安全的食品、保暖的衣物等都是在提升孩子的能量。坏情绪会导致能量的下降，不开心、生病、遭到训斥等使人感到压抑、烦躁、痛苦的同时，也是在消耗人的能量。比如，一个好的环境会令人感到愉悦舒服，这种内心的宁静就是在提升人的能量。好吃的、好玩的、好商品、优美的环境……一切能够给人带来喜悦的人、事、物都能够提升人的能量。

人的成长离不开能量的保有和提升，所以人的潜意识具备趋利避害的机能，会本能地追求更多的能量。人的心灵会对可以提升能量的人、事、物产生强大的渴望。我们常将爱表示为支持、理解、帮助、尊重等，其实这都是在增加对方的能量，都是在通过自己的付出给予对方能量。当你能帮助到一个人的时候，就可以使对方节省能量消耗；你的理解在让对方感到释怀和平静的同时也在使对方保有和提升能量。

人一生中最大的需求就是提升能量。所以，爱一个人就是愿意为他付出而不是索取，爱一个人就是有能力和行动支持到对方！当我们懂得了这个道理时就会知道：**爱孩子就是保有并提升孩子的能量。**

如此说来，我们平时给予孩子的对待，并不一定就是真正的爱。比如，打孩子会给孩子带来身体和心灵的痛苦，也就是在消耗孩子的能量，对孩子的成长很不利。当然，作为家长，面对孩子的错误我们必须指出来，但绝不是用打骂的方式来解决。我们可以和孩子做个约定：在规定的时间内改正或做完，就可以得到奖赏或者鼓励。当孩子没有做到时就要按照当初的约定来对待，在给予孩子批评或适当惩罚的同时，更要让孩子在这次经历中有所认识，这样才能够真正提升孩子的能量。在处理的个案中，有一位 29 岁的张女士让我印象深刻。

张女士不但人长得漂亮，而且很有内涵。张女士在某大型集团公关部任职，工作勤劳努力，做事十分干练，很快得到了上级的重视。一年以后她被破格提拔，在总裁办从事助理工作。这份工作对于张女士来说得心应手，协助总裁办公可以接触到更多成功人士，可以更好地经营自己的人脉关系。然而，工作刚刚开始三个月，张女士发现自己常常走神，而且伴随着失眠症状，好像有一种无形的力量在牵绊和影响着她。

从张女士与总裁共事起，她就不禁对风趣幽默又博学多才的总裁深深折服。每天上班总裁与她打招呼，就会让她在心底涌起一股喜悦之情。随着时间的推移，这种感觉非但没有减弱，反而让她有了错觉，正可谓是剪不断，理还乱。这种朦胧的憧憬让她情不自禁，甚至有时会产生想依偎在总裁怀里的感觉，这让她很是不安。更让她纠结的是，眼看就要与交往四年的男友结婚了，这种感觉的到来让她不知所措。她常常疑惑，自己到底怎么了？

在好友的推荐下，张女士找到我，让我为其做了个案处理。她回忆到：小时候母亲因为工作压力大，脾气很不好。每次自己考试没有达到母亲的要求，母亲便会一阵责骂与乱打。这个时候，如果父亲在场就一定会抱起她，用身体挡住母亲的手。而且父亲性格温柔，常常会哄她睡觉，给她讲故事。在张女士心中，父亲是慈爱的，是包容的，是可以信任和倾述的。然而，在她 14 岁那年，父亲却因为肝癌早早离开了人世。这是张女士心中永远的痛。我又引导她看到，原来总裁的性格、气质、品德很像自己的父亲，自己对总裁产生的这份感情来自于对父亲的追溯与怀念，还有从小没有能力照顾父亲而留下的莫大遗憾。这些感觉，全都因为总裁和父亲在某种程度上的相似而转移到了总裁身上。

在我的引导下，张女士说出了这些年来对父亲深深的想念，使她得到内心的释怀。这一切结束后，当问到张女士现在对总裁是一种什么感觉时，她说：“他是我尊敬的领导，已经没有了来时那种焦虑、不安、依恋的感受了。”

每个人的心智中都存储着生命里所有的经历、情绪和结果，它就像计算机程序一样，条件满足时就会自动运行。张女士的心智中存储着父亲曾经给予自己的爱、关怀、包容，还有对于父亲离世的无能为力而造成的遗憾。父亲的品德、气质在张女士的心智中形成了一种记忆。每当遇到这种男士时，她就会表现出亲近、依恋和追随的现象，这种程序如果得不到化解，将伴随她的一生。这些深藏在心智中的程序不受空间的限制，如果得不到释放、清除、化解，就会造成生活中的许多烦恼，甚至是对婚姻的破坏。比如，第三者的出现，有些也是这方面的原因造成的。有些女士是在“追逐”过往父亲的爱，在心理上认同只有像父亲那样的人才是好男人，在恋爱与婚姻中不时拿自己的朋友或者丈夫与父亲做对比。如果这样的“种子”不能清除，就会阻碍爱情能量的流动。

父母都是爱孩子的，但是由于大多数父母没有学习过怎样才能够成为合格的父母以及人的成长规律，使自己的“爱”成为“碍”。

这些年我所经历的婚姻个案处理中，很多不是感情问题而是早年经历中所形成的思想意识造成的，而这个思想意识又是建立在很多父母给予的无意识的行为言语上。

在科技进步的同时，人的心灵也应得到相应的提升，应该勇于面对科学有效的心灵疗伤，使自己的生命不再滞留在过往的经历中。我们不应该也不能够片面地指责人在感情上的作为。每个人的经历不同，所形成的心智结构也不同，对事物的思想认识和价值观念也存在很大差异。物质的世界有着空间的距离，而在人的心灵层次，却没有任何的屏障。

这些年，每一次个案结束后，我都会问“你在这个过程中学到了什么”。当一个人能够从自己或者别人的经历中有所收获时，这个经历也就成为恩典。人的学习一方面要通过学校和老师的教授与传承，另一方面就是要通过自身的经历。面对同样一个经历，有的人会愤世嫉俗，有的人会明心见性。**经历相同，觉悟不同，结果就会不同。**不可否认，我们每一位为人父母者都是爱孩子的，但我们必须明白：真正对孩子有益处的爱要以提升孩子的能量为前提，而不是去论断事件的好坏善恶。

经常听到很多家长抱怨孩子每天放学后要学习到很晚，第二天在迷迷糊糊中又会被拉起匆匆去上学。其实这样的方式也是在消耗孩子的能量，不仅限制了孩子应有的自由，还阻碍了孩子纯洁天性的发展，对于孩子的生命成长极为不利。在教育孩子的过程中，你的方式对孩子是好是坏，是积极还是消极只有一个标准——能够提升孩子能量、有利于孩子生命成长的就是好的，就是在爱孩子，否则就是在害孩子，就是在限制孩子的成长与发展。

一对夫妻好不容易把儿子拉扯大，供儿子大学毕业后，儿子也顺利找到了工作。可是，儿子工作一个月后就辞职不干了，问起原因，儿子说：“工作太累，必须按时上班，却不见得能按时下班，工作任务也太过繁重，受不了！”结果儿子就这么心安理得地赋闲在家，要么上网玩游戏，要么用父母的血汗钱去外面消遣。一待就是两年，父母实在受不了，就不再给他钱花，并要求他交生活费。这下儿子不干了，反而振振有词地说：“既然你们不能养活我一辈子，为什么从小对我那么娇惯？”

一句话，让他的父母懊悔不已，也引起了很多为人父母者的深思。我们就是这样陷入了爱的危机，为何要等到事情无法挽回时才开始思考爱的真谛？

其实孩子的问题都是家长不正确的爱导致的。作为父母，我们一定要认识到自己对孩子的爱会带给孩子什么？是在提升还是在消耗孩子的生命能量？

在日常生活中，我们应该用我们的言行告诉孩子：要自尊、自信、自立、自强；要庄重、大方、知书达礼；要严于律己，宽以待人；吃亏是福、以和为贵；要勤劳、善良、充满爱心……只有这样才能真正给予孩子生命的能量。我们不应该告诉孩子：偷偷做就不会被看到；凭什么要吃亏；要精明一点；不要相信他，这个世道哪有什么好人……如此就会在不知不觉中消耗孩子的能量。

心理学中有一个皮格马利翁效应（Pygmalion Effect），指人们基于对某种情境的知觉而形成的期望或预言，会使该情境产生适应这一期望或预言的效应。也就是说，你期待得到什么，你就会得到什么。不论是正面的期待还是负面的期待，所形成的暗示或者推动作用都会把我们引向自己期待的方向。也就是说，**父母对孩子的期待如果是阳光明媚、积极向上、与人为善的，那么就会有一种无形和有形的力量引导孩子变得更为正面；如果父母总是期待孩子不吃亏、斤斤计较，就会使孩子走向自私自利、缺乏爱心的错误方向。**

爱孩子就要给予孩子正能量，培养孩子积极乐观的人生态度，让孩子拥有内心的宁静与豁达，平和自信地面对生活中的一切！注意自己平日里的言行，用一颗宽容、善良、充满关爱的心对待我们的孩子，如此，我们就能够在提升和保有孩子能量的同时，培养孩子内在的充实感与幸福感，陪伴我们的孩子健康快乐地成长！

爱需要用正确的方式来表达

每当面对天真无邪、活泼可爱的孩子时，父母的心中都会充满无限的欢喜，恨不得把全世界都给他。孩子的存在会在无形之中给予我们一种使命感：我要好好地照顾他，给予他最好的生活！为了孩子，再苦再累都是值得的！

可是，你爱孩子的方式正确吗？你爱孩子的行为到底会给予孩子能量还是会阻碍孩子的成长呢？面对这个问题，很多父母就会面露迟疑：也许有的时候我的方式不对，但我绝对是爱孩子的，我所做的一切都是为了孩子好！

一句“为了孩子好”似乎让我们所做的一切都成了理所当然。可是，想一下在自己的成长过程中，我们的父母说得最多的一句话是不是也是“我都是为了你好”？我们当时在面对这句话时又是怎样的感受呢？因为这句话我们失去了自由，在父母爱的捆绑下，我们活得很吃力，父母也爱得很辛苦。

如今，我们有了自己的孩子，却在不知不觉中延续了父母爱我们的方式。为了让孩子服从我们的意志，反复地对孩子说“我都是为了你好”。在这种爱的压力之下，孩子不得不无奈地接受，实际却渐渐升起了逆反心理。

我们在现实中经常会遇到这样的情况，父母不断地为自己不正确的爱披上“华丽”的外衣——“我都是为了你好，你不可以说不”，孩子备受压抑的心终会爆发，会冲着父母大喊：“不要再说为我好了，你考虑过我的感受吗？”是啊！我们考虑过孩子的感受吗？他在我们这种“爱”下都快要窒息了。

然而，很多父母却根本不觉得自己错了，反而会觉得孩子不懂事，觉得自己这样是对孩子负责，是在保护孩子不受伤害。殊不知，不恰当的爱就是一种最大的伤害，会直接摧残孩子的身心健康。

父母对孩子无条件的爱，是孩子成长中最大的礼物，也是父母修为自己的一个方向。那么，我们错在哪里了呢？我们在现实生活中经常会陷入哪些爱的误区呢？

（1）没有节制的爱

这种爱通常表现为：给予孩子高人一等的特殊待遇，如吃“独食”、只为孩子过生日等；过分关注孩子，要什么给什么；生活懒散，没有规律；祈求央告；包办代替，什么都不让孩子做；大惊小怪，不允许孩子受一点点委屈；剥夺独立权，形影不离；孩子一哭闹马上就妥协；孩子被教育时当面袒护……

在这样的溺爱下长大的孩子，已经从精神上“残废”，缺乏生活自理能力，没有同情心，不会关心他人，凡事以自我为中心，贪图享受，缺乏吃苦耐劳、努力奋斗的精神，做事有头无尾，缺乏独立性，没有担当和责任心，懦弱，自私自利，只知索取，不懂付出。

没有节制的爱会从根本上腐蚀孩子，造成孩子性格的缺陷与扭曲，会严重阻碍孩子的健康成长。真正的爱应该以孩子的健康成长为前提，给予孩子有尺度、有节制的爱。

(2) 要求回报的爱

生养孩子是每一位为人父母者的责任和义务，我们不能抱着“养儿防老”的目的来要求孩子回报。当然，孩子孝敬父母是应该的，不过我们不可以此为目的，要求孩子按照我们设定的路线来走；不可以让孩子觉得我们的爱是负担，因为觉得“父母很辛苦”而屈服于我们的安排。

生养孩子和孝敬父母都应该以爱为基础。真正的爱应该是让人备感轻松愉悦的。作为父母，我们之所以生养孩子并不是为了回报，而是因为我们想做父母，想付出自己的真爱，而在孩子成长的过程中，我们也获得了足够的快乐与幸福，我们还有什么不满足的呢?

我处理过这样一个个案，母亲为了孩子能够考上大学，先是放弃了自己心爱的事业，之后，慢慢几乎放弃了自己的所有，离婚后更是对孩子加倍“爱护”，整个人生都在以孩子能够考上大学为荣耀，每天陪着孩子，为孩子做自己能做的一切。这位母亲是爱孩子的，但是却不知道这样做给孩子带来了怎样大的精神压力。孩子成长过程中，一方面看到母亲为自己付出的辛苦，另一方面感到这样的爱使自己失去了自由，生活上得到母亲无微不至的关怀，脑子里除了考上大学几乎没有任何杂念，每天谈论得都是学习怎么样，如果考不上大学以后就会没有出路等。

孩子在压抑的情绪下努力考上大学，但是接到录取通知书的时候，服用了安眠药，还好邻居及时发现。孩子与母亲一起来找我处理这个自杀个案的时候，母亲在旁边听到孩子释放情绪时，身体颤抖地大声喊到：“你不要这样对待我，我不想这样生活。”母亲才发现自己这些年来给予孩子的爱错得是那样离谱，自己以为这是对孩子最好的方式：在物质上满足孩子，每天陪着孩子，不让她出门与同学交往，让她安心学习，让她多些时间复习功课，不让她交往男同学，总之自己做的一切都是为了孩子能够考上大学，但是现在目标达到了，换来的却是这样的结果。她实在没有想到这些约束会使孩子缺乏心灵空间从而造成压抑，自己和孩子父亲离婚但他们永远是父女关系，这样的感情永远也割舍不断，因为自己恨孩子的父亲，不让孩子去看他，割舍了孩子与父亲之间的亲情链接。个案结束我给这位母亲讲述了爱孩子就要给予孩子尊重、空间、自由和爱的道理。

（3）挑剔的爱

孩子考了 99 分，父母却觉得 100 分更好；儿子谦虚礼让，父母却觉得不像男子汉；孩子想要父母陪，父母却嫌孩子烦；孩子好不容易学会了独处，父母却怪孩子不知道多陪陪父母……无论孩子做什么，父母都不满意，总是觉得别人的孩子更好，总是要求孩子更加努力，可不管孩子怎么努力，却始终也不能让父母满意，父母永远处于失望当中。

我们这是怎么了？是否忘记了自己养育孩子的初衷？我们不就是希望孩子健康快乐吗？可是在这种挑剔的爱之下，孩子又怎么可能快乐得起来呢？我们总是要求孩子这样或那样，可我们是否也做得到呢？

（4）有条件的爱

“你不听话，妈妈就不喜欢你了”“你再不走，我就不要你了”“你再这样，妈妈就不爱你了”……我们总是认为这是管教孩子的一种手段，却不曾想到这些话会对孩子的心理产生怎样的伤害。

有一次，我到美丽的东方文化园去散心，走到一个拱形桥，看到一位母亲手里抱着一些孩子的生活用品，急急忙忙从桥上跑下来，然后躲在路边的一棵大树旁边，很快就看到一个 3 岁左右的孩子也哭哭啼啼地跑到桥上然后往下跑，边跑边喊：“妈妈，妈妈我听话了，你在哪里？”看到这一幕我明白了，一定是母亲带孩子来公园玩，孩子没有听母亲的话，母亲一气之下说，你再不听话就不要你了，孩子仍然开心地玩，母亲动怒之下就拿着孩子的东西跑开躲了起来。我回头看看那位母亲，仍然情绪未消，听着孩子的叫喊也没有出来的打算，企图用这样的方式来惩戒或者是教育孩子。我走过去，对那位母亲说，看得出来你是很爱孩子的，只是孩子没有按照你的想法做，孩子在哭的时候，你要过去蹲下身抱抱孩子并向孩子道歉，要不然这件事情会在他心里种下恐惧和不安全的“种子”，对母亲的信任度下降，当一个人不信任别人时也就容易产生焦虑不安的情绪。这位母亲听了似懂非懂，但刚才的怒火消了很多，走出去叫着孩子的小名，跑到孩子面前抱起孩子，那个孩子哭得更厉害，用尽力气抱着母亲的脖子，犹如多年失散的重逢。

当用条件来代替爱，孩子的心灵感受到的是父母的爱是有条件，是可以交换的，要这样才是乖孩子，要那样父母才会喜欢。在纯净的爱的表面蒙上一层世俗的条件，那还是爱吗？爱就要包容与支持，而不是在爱的前面加上一个条件。

看似很平常的一些话往往会让孩子幼小的心灵产生巨大的恐惧感，因为担心被父母抛弃而时时处于焦虑不安中。这会严重阻碍孩子自身的发展，让孩子的内心极度缺乏安全感，影响日后的自信与婚姻生活。

（5）把孩子视为一切的爱

我们很多父母都是在为孩子而活，甚至把孩子看得比自己的父母与配偶都重要。因此，我们总是以“爱”的名义把孩子控制得死死的，孩子成了我们完全的精神寄托，没有了孩子我们的生活也就失去了意义。

可是，孩子总会长大，总会有离开我们的那一天。所以，我们不仅要从小锻炼孩子的独立性，也要培养自己精神世界的独立，除了孩子，我们还有父母、爱人需要照顾，还有工作需要努力。爱孩子就是要给予孩子自由和发展的空间，切不可背离了爱的初衷。

（6）推卸责任的爱

为了孩子，有的母亲放弃了事业；还有很多父母明明没有感情了，为了孩子而不离婚……最后，父母表达对孩子的不满时就会把这些责任都推到孩子的身上。可是，孩子让你放弃工作了吗？孩子要求你不离婚了吗？

当然，更多父母会把问题归咎于自己工作太忙，可是，现实中也有很多父母不仅把孩子教育得很好，自己的事业也发展得很不错。

这些年，很多私立学校风生水起，不仅校园环境好，教学质量也很棒，父母每周还可以有更多时间用于繁忙的工作。一些父母给孩子找到条件很好的借宿学校，每周五天在学校和更多孩子一起学习和生活。这是社会繁忙的产物，也是可以让父母用钱换来的陪伴孩子、教育孩子的方式，但这也是父母推卸责任的借口。

在“为人父母”课程上有一对母女，母亲带着24岁的孩子来上课，孩子个子很高，但是胆子小，经常发脾气。在外面很好，回到家里有一点不如意就爆发很多情绪。在处理这个案例的时候，我引导孩子回忆，她从一年级开始就上寄宿学校，每天都是按照规律的时间学习、吃饭和睡觉，在学校与同学产生矛盾之后常常无人可讲。她最开心的时刻就是每周五的中午，因为那是父母来接孩子的时间。她当时最大的希望就是能够第一个被接走，如果父母来晚了她就会十分伤心。每到周日中午，她就开始看表，计算还能在家里待多少时间。几乎每次回到学校，她和母亲挥手告别后总是眼泪汪汪。时间一长，内在的分离让孩子在小时候处于他人的世界里，总是按照别人的眼光来改变自己，于是，小小年龄便学会了察言观色。

父母通常会以为孩子这样很聪明，谁曾想那是内心长期压抑的结果。孩子长大以后变得极为脆弱，有一点事情就会歇斯底里地大发脾气。在课堂上释放情绪的时候，母亲非常震惊，原来自己以为给孩子找到好的学校，可以少管孩子一些，这样推卸责任的方式却导致了孩子状况频出。

不要推卸责任，每一个人都应该为自己的人生负责，而不是把这些责任算在孩子的身上。爱是一种付出，是一种无怨无悔、心甘情愿的付出！

以上几种爱的误区是很值得我们警惕的。作为父母，我们必须明白，爱不是简简单单的付出，也不是毫无节制的给予。爱只有用正确的方式来演绎，才能够真正地呵护孩子健康成长。

让孩子因为你的改变而改变

现实生活中，我们大部分父母因为判断性很强，都在固执地坚持着自己的主见，这就成为教育界最难突破的难题。其实，很多人并不懂得教育，包括爱的教育。各宗各派的教育理论及最终目标都是在帮助每一位父母找到一种最好的方式对待孩子。事实上，又有哪位父母不希望找到最好的方法来教育孩子呢？

古语有云："养不教，父之过。"每一个孩子的成长都与他的父母有着巨大的关系，而孩子的教育主要取决于父母在教育子女方面的认识。小时候父母的不当教育以及父母自身的很多情绪影响着孩子，结果就会造成"代代相传"。所以，如果父母不改变，孩子也就很难有所改变。

真正了解、真正懂得教育的人会明白：只有把自己的观念放下来，愿意跟孩子站在一起，了解孩子的想法和动机，结果才会不同。当我们愿意了解孩子的世界时，就会知道该如何去修正与孩子的关系。一个爱孩子且有觉悟的父母不会去要求孩子怎么样，而是会从改变和提升自己的境界和能量做起。

当父母没有改变时，让孩子有所改变是很难的。这就像种下的种子决定了会收获怎样的果实。父母就好比是原材料和工艺技术，而孩子就好比是产品。试想，如果你看到土地上长出了桃树，那种子也一定是桃树种。如果你看到的产品不是你想要的，那一定是在工艺或原材料方面出现了问题。

人的性格与习惯来自于情绪。情绪的产生又会形成自然的接受情绪和对抗的接受情绪。有效地面对这些情绪需要智慧的父母拥有敏锐的觉察能力，如：孩子不如我们之意时，首先应该想到，孩子与我们是不同的个体，他在性格、兴趣、习惯上都与我们有很大的不同。

一个人的个性发展，没有什么比爱和善良更为重要，这是孩子将来乐于参与社会活动的基础和前提，是孩子求知、求美的动力和源泉。有些家长在教育孩子的过程中，却往往从自我出发，从自己的情绪出发，很少或根本没有考虑到孩子的心理感受而责骂孩子，这种状况很容易造成孩子缺乏责任感，不懂得感恩。

孩子有自己的天地，也有自己的感受。我们不应该把自己的喜好强加于孩子，希望孩子和自己一样。否则，最终只会导致孩子产生逆反心理，或者经常压抑自己不愿意的情绪。

所以，**当我们对孩子的一些行为感到不解或者试图改变孩子时，我们首先要回到原点。**作为父母，我们是孩子在性格和品质上最直接的老师，你希望自己的孩子将来成为什么样的人，那么，你自己就应该是什么样的人。也就是说，对于孩子的培养和教育，重要的是作为父母的我们要有愿望和责任，要能够“用自己的行动来引导和改变孩子”。在教育孩子方面，我们必须形成一种“要求孩子做到的，家长首先要做到”的教育理念。

因为意识到了自身对孩子的影响，有一位妈妈在生下宝宝的第一天就立志要做一个好妈妈，成为孩子心目中最亲密的伙伴、最完美的母亲。因为她知道自己的一言一行时刻都影响着孩子的成长，所以，她决定要将自身的缺点克服掉，通过不断学习与改进提升自己，以做好孩子的领路人。

然而，说起来容易做起来难！在教育孩子的过程中，这位有爱心、有决心的母亲还是渐渐淡忘了自己要为了孩子改变的诺言，直到有一天……

那天，孩子因为喜欢的玩具被妈妈丢掉了而冲着妈妈大发雷霆，甚至抓起自己身边的东西使劲往地上砸。看着孩子无比暴躁地发泄着自己的不满，妈妈瞬间看到了自己——“这不就是我平时发火的样子吗？”猛然间，妈妈醒悟了，她意识到了问题的严重性，并下定决心——为了孩子，一定要改变自己。

从此以后，每当孩子惹妈妈生气时，妈妈都强压住自己心里的怒火做几下深呼吸，然后尽可能平和地去与宝宝沟通。虽然刚开始时，妈妈感到了极大的不适应，但一想到这样才是正确的表达爱的方式，妈妈还是坚持了下来。

当妈妈改变了自己之后，孩子的改变就变得自然而然了。一开始，孩子对于妈妈的改变颇感意外，甚至觉得妈妈有些陌生。但孩子并没有因为这种陌生而疏远妈妈，反而与妈妈更亲密了。就这样，孩子再也不对妈妈大吼大叫了。

孩子是父母的一面镜子，父母教育孩子的过程，其实是一次自身蜕变的过程。不是想办法改变孩子，而是需要为人父母者改变自己，这一点是规律，也是真理。所以，作为父母，我们一定要及时调整自己对待孩子的方式，与孩子一起学习、共同成长，这样才是真正对孩子好。这就是为人父母的智慧被开启的过程，放下自己的自以为是，放下自己的道理，以自身的改变来影响孩子。

孩子良好的个性，需要我们用爱去塑造。如果我们鼓励、赞扬、肯定、支持孩子，就会让孩子充满自信；如果我们批评、指责、打骂、否定孩子，孩子就会变得无所适从。父母的心态决定着孩子的明天！作为父母，我们应该从自我的成长做起，在学习中了解自己，学会如何爱孩子，学会面对自己的过往经历，建立良好的亲子关系，在关注孩子心智成长的同时提升自己，让孩子因为你的改变而改变，因为你内心的富足而更具能量。

第五章

用信任帮孩子找到生命的出路

只有信任孩子的品性，密切关注孩子当下的内在感受，才能够帮助孩子成为他们真正想要成为的样子，使他们充分体验到当下的快乐，为未来积累良好的心理状态。

孩子的心灵高于父母

伴随着年龄的增长，我们也在面对着一个又一个人生困惑。特别是孩子的教育问题，更是让家长手足无措，甚至想不明白：明明对孩子照顾有加，孩子为什么还总是生病？为什么给孩子提供了那么好的条件，他还是不满足，甚至不想上学，拒绝做作业？……我们的孩子到底怎么了？

不是孩子的问题，一切问题都出在父母身上。从心灵的角度来看，作为我们的下一代，孩子的心灵中有着足够的能量来应对未来世界的挑战。也就是说，孩子的灵魂是高于父母的，他们在以自己所能表现的状况来让父母发现自己、成就自己。

孩子的到来是为了成就和拯救父母。父母要懂得从孩子的状况中看到自己的缺失。然而，现实中父母教育孩子的观念及心态，却在不断消耗着孩子本有的能量，阻碍着孩子的发展，使孩子呈现这样或那样的问题。

比如，家长们总是想当然地认为“一代不如一代”：我们如此努力还活得这么辛苦，孩子不奋斗怎么办？家长们狭隘的观念、对现实的恐惧和焦虑，遮盖了孩子的优秀和贴心，表现出对孩子及孩子的未来缺乏信心：“孩子不懂事，不会关心自己的未来”“孩子缺乏自制力，管不住自己”“孩子还小，不知道怎样才会对将来有利”……于是，家长们开始以爱的名义为孩子张罗未来，用控制代替了尊重，用命令代替了启发，用怀疑代替了信任，完全忽略了孩子的灵魂，将孩子囚禁于自己爱的牢笼中，让孩子的生命找不到出口，自己却浑然不觉。

这样的例子我们在现实生活中能够碰到很多。走进课堂的32岁的张女士，穿着讲究，工作体面，却不好好工作，生活过得一团糟，甚至抽烟酗酒。在处理个案的过程中，我了解到，她的父母都是知识分子，对她要求严格但缺乏信任。

张女士上中学时的一天，一个女同学打电话找她聊天，但由于那个女同学的嗓音很像男生，又是个大嗓门，所以她接电话的时候，她妈妈依稀听见了电话里的“男声”。结果，她刚挂掉电话，就被妈妈审问了一番，一定要她交代那个“男生”的姓名班级住址等，还要追查“他”为什么给她打电话……这让她真是哭笑不得！她赶紧跟妈妈解释说打电话的是自己班里的女同学，不是什么男生，可是妈妈就是不信。为此，她气得泪流满面，妈妈却还说：“哭什么哭？是不是理亏啊？”第二天，就在她以为事情已经过去时，没想到妈妈居然直接到学校里调查，向她的班主任询问：“你们班是不是真的有个女生嗓音很粗，有点像男生？”

妈妈的不信任严重伤害了她的自尊心，她与妈妈的距离也越来越远。然而，更让她意想不到的是，在她遇到自己的真爱时，妈妈却以怕她上当受骗为由，生生把他们给拆散了。最终，她在父母的安排下嫁给了一个自己不爱却让父母很满意的人。她无比愤恨地对我说："我也是有感觉、有思想的人啊！我知道妈妈很爱我，可爱我就应该对我有信心啊！为什么不相信我的感觉，非要逼我嫁给一个自己不喜欢的人呢？"因为对母亲的怨恨，她开始自暴自弃，她想用摧毁自己的方式来报复妈妈，让妈妈后悔。

妈妈也因为她现在的状况非常痛苦："我是那么爱她，把最好的东西都给了她，好不容易把她培养得那么优秀，可她为什么要浪费生命？为什么不好好生活呢？"

我让妈妈跟女儿互换位置，妈妈终于理解了女儿不被信任、不能决定自己命运的痛苦感受，妈妈向女儿道歉，在获得妈妈理解与信任的同时，女儿最终原谅了妈妈。在与妈妈做了彻底的沟通之后，女儿身上拥堵的能量得到了疏通，她决定戒烟戒酒，过好今后的每一天！

孩子一生下来就拥有属于自己的心灵，具备足够滋养自己的能量，孩子会自己找到生命的出路，**既不要因为孩子出现问题而焦虑，也不要轻言放弃，而是要给予孩子足够的爱与信任，让孩子自由地发展自己的天赋，绘制一张属于自己的生命蓝图。**

我们知道，信任的力量是不可估量的！你相信什么就会拥有什么。对于孩子也是一样，父母信任的能量是非常强大的。你相信你的孩子是善良的，你的孩子通常就不会做坏事；你相信你的孩子是坚强的，你的孩子通常就会远离挫败、抑郁的情绪；你相信你的孩子是某个领域的天才，你的孩子通常就会在这个领域创造广阔的未来。

孩子生来就有自己的天赋与基础。我们不可以也不应该把自己的意志强加给孩子，而是应该在尊重孩子的基础之上，给予孩子足够的信任，让孩子依自己的兴趣爱好来发展。比如，我们可以通过观察孩子的兴趣了解孩子的喜好，通过孩子的表现知道孩子的特长，然后据此来培养孩子。

然而，大多数父母不懂得“孩子的心灵高于父母”的道理，总是认为孩子什么也不懂，不能够做出正确的决定，也不能为自己负责。所以，他们总是不能信任自己的孩子。

其实这都是父母对孩子不信任的思想导致的。如果我们信任孩子，不对他大吼大叫，而是温和地对他说：“孩子，妈妈知道你想玩。可不写作业就完不成老师交给的任务，你如果作业完不成玩得也不安心。不如先认真把作业做完，然后再开心地玩，那样不是很好吗？来，先把作业做完吧，妈妈相信你一定可以的！”

因为对孩子的不信任，很多家长在发现孩子不想去幼儿园或不想上学时就会很生气：“反了你了”“越来越不懂事了，竟然不想上学”“看来不打不行了”……却根本不曾想一想：我们的孩子为什么不肯去幼儿园？为什么不想去上学？父母要相信自己的孩子：不想去，一定是有原因的。**你可以试着问一问孩子：“是不是和小朋友闹别扭了？”“是不是老师批评你了？”“是不是遇到了什么困难？”……**

如果父母能够站在孩子的角度替孩子着想，耐心且温和地对待孩子，孩子也会因为父母的信任而努力做得更好。即使孩子偶尔辜负了父母的信任，父母也不应该急着责备，而是应该去弄明白原因。要相信我们的孩子，他们不是故意捣乱，也不是故意不想上学，更不是坏孩子。记住：**父母的任务不是训斥或打骂孩子，而是找出现象背后的原因，然后与孩子一起努力解决掉它。**

一天，美国著名心理学家罗森塔尔来到一所学校。他在对学生进行语言和能力测试后，在学生名单上打了几个钩，认真地说：“打钩的学生将来一定会大有出息。”时隔多年，他的预言成真了，那几位被打了钩的学生果真大有出息。

这时，罗森塔尔却告诉他们："我并没有看学生的测试结果，打钩是随意的。但确实使那些学生受到了激励，这说明心理暗示这种力量是无穷的……"这就是著名的"罗森塔尔效应"。

罗森塔尔巧妙地运用了心理暗示，让老师们相信那些孩子比其他孩子更聪明，更有前途，并对他们寄予更高的期望，更加信任和鼓励他们。那些孩子感受到老师的期望，心理潜能得以激发活化，自信心增强，极大地提高了学习效率，所以才会比别的孩子进步快。

那么，何谓心理暗示？心理学家认为，心理暗示是指人或环境以不明显的方式向人体发出某种信息，个体无意中受到影响，并做出相应行动的心理现象。心理暗示是一种被主观意愿肯定了的假设，不一定有根据，但由于主观上已经肯定了它的存在，心理上便竭力趋于结果的内容。

在生活中，每个人总会接受这样或那样的心理暗示，而一些比较敏感、脆弱，独立性不强的人，特别是未成年孩子，就更容易接受心理暗示。那些积极的心理暗示，如赞许、鼓励、肯定等，能让孩子正确地认识自己，形成正确的自我观念和恰当的自我认知，利于他们成年后在社会上找到正确的位置；反之，消极的心理暗示，如指责、嘲讽、羞辱等，会使孩子情绪波动，影响其思维认知过程，形成不良的心理反应和行为模式，严重的会影响心理健康。不良心理反应一旦形成和固定下来，甚至能影响孩子一生的发展。

苏霍姆林斯基说："任何一种教育现象，孩子在其中越少感觉到教育的意图，他的教育效果就越大。"暗示教育就是这样的教育方法，它没有命令和强制，通过生活中形象直观的心理暗示，避免了受教育者理性和感性的矛盾，意识和无意识的失调，使二者和谐统一起来。有一位心理学家研究和概括了孩子与成长环境的 14 种关系，认为对孩子的态度（即心理暗示）将会影响孩子成长为什么样的人，他做了如下的论述：

1. 指责中长大的孩子，将来容易怨天尤人；

2. 嘲讽中长大的孩子，将来容易消极退缩；

3. 羞辱中长大的孩子，将来容易心存内疚；

4. 宽容中长大的孩子，将来容易极富耐心；

5. 鼓励中长大的孩子，将来容易充满自信；

6. 赞许中长大的孩子，将来容易爱人爱己；

……

在很大程度上，教育的效果取决于受教育者所处的环境，我们的态度将会决定孩子成长为什么样的人。大人就是这样用语言和态度来塑造孩子的。成人的评价对孩子的成长有至关重要的影响。对孩子实行积极的暗示教育，让他们在肯定、认可和赞许中长大，我们可以从下面三个方面努力：

一、肯定孩子，鼓励进步

经常听到有父母对孩子喊："你瞧人家考 100 分，你才考 80 分；人家当大队长，你才当小队长；人家比赛得第 1 名，你才第 10 名，你怎么这样不争气？""你看某某多好，你有他一半，我就知足了。""你怎么搞的，又闯祸了！"……从中我们可以看出，有的家长**不能正确评价孩子的关键是评价标准有问题**。他们理所当然地觉得所有孩子都应该出类拔萃，而没有意识到孩子是存在差异的。殊不知，提醒孩子看别人的成绩，一味拿他与别人比较，并不能激发孩子的上进心，反而可能让他产生"破罐子破摔"的想法。

肯定就是认可孩子取得的点滴进步，宽容孩子做的错事，关注孩子的以后而不对他以前的行为耿耿于怀。想想看，我们平时对孩子肯定得多还是否定得多？我们虽然明白"责骂孩子不好，肯定和认可才会使孩子变得更好"的道理，可是我们往往是重批评和教育，轻肯定和引导。眼看孩子不用功学习，甚至捣乱，不骂他反而肯定他，这的确很难做到。此刻最重要的是，充分地理解孩子、相信孩子，不吝啬自己的肯定之辞。

有个学习不太好的学生，上课特别爱举手。有时老师的问题还没说完，他的手就举起来了，可让他回答，他又答不上来。老师课后跟这个同学聊天，问他原因。“同学们总笑我成绩不好，说我笨，我不服气。所以老师提问我总举手，想让大家看看，我不笨，可实际上我不会。”学生对老师实话实说。老师了解了真相，表扬了他的积极性，并且跟他订下“君子协议”：“以后老师再提问的时候，如果真会回答，你举左手；如果不会，你举右手。”老师心里有了底，以后上课时抓住这名学生举左手的机会，让他回答问题，并经常表扬他。从此以后，这个学生在学习上很有起色，天天在进步。

故事里的老师像哥伦布发现新大陆一样去发现孩子，特别善于肯定这个后进学生的每一个小进步。我们从这个故事中读懂了“肯定”的价值，明白了期望孩子成人、成才、成功，最佳的办法就是：**永远做孩子的欣赏者，肯定孩子的点滴进步。**

二、尊重孩子，沟通心灵

心理学家威廉·杰姆士说过：在人的所有情绪中，最强烈的莫过于渴望被人尊重。尊重是指用关注和体贴的态度对待，考虑到别人或结果，避免产生干涉和伤害行为。尊重应该包括对人格的尊重以及对自尊心的保护。

很多父母会想，孩子还不懂事，对给孩子造成的伤害不以为然，更多是没有这样的观念，也没有人或课程给予指导，也就不能在学习中提高进步。

“为人父母”课堂上有一位 40 岁的企业家徐先生，事业做得非常好，人也善良厚道，平时说话滔滔不绝，可是一站起来或到台上，就完全像变了一个人似的，紧张、局促还伴有恐惧。

小学三年级的时候，徐先生作文写得很好，老师让他代表全班到学校操场的主席台上读作文。那天中午他没有休息，一直在认真朗读作文为下午做准备。

到了下午两点，学校所有班级集合到主席台前，每班的代表上台朗读作文。到徐先生上台时，本是可以拿着作文进行朗读的，但他中午努力背诵过，就没带作文本上去，也是想给本班级争得一个荣誉，可不巧的是，在台下背诵流利的他，因为紧张，一上台就头脑一片空白，全忘了。

这个时候班主任非常生气地从下面跑上来，拿着话筒大声训斥到："你是木鸡啊，傻了吗？给我下去，换个人上来！"我问徐先生当时想说什么？他非常伤心地说："再给我一个机会吧，我会做好的。"几遍重复下来，这个高度威猛的企业家失声痛哭了很久，压抑多年的情绪终于得到了释放。我让他到讲台上为大家演讲，他很流畅也很激动，带着抑制不住的喜悦为大家讲述了自己的经历。看到一个人因为一件没有得到尊重的事而压抑了30年，却在这样短的时间内得到了释放，大家都为他鼓掌喝彩！

这些年处理的个案中类似的案例有很多，都是因为一个人失去他人对自己的尊重，感受到尊严缺失，最终影响了自己的一生。记得一次开车经过一所学校门口，看到一位母亲一边训斥，一边用手推搡一个大概三四年级孩子的头，孩子的手臂上戴着两道杠的中队长标志。孩子眼泪汪汪地往前走，旁边是同出校门的同学。到了僻静处，我马上停下车，告诉那位母亲：你这样对孩子日后会有很大影响，希望你能尊重孩子。

常言说，"人有脸，树有皮"，每个人都有来到这个世界的使命和应享有的尊严。伤害孩子的大多都是父母，这些伤害更多是心理上的，必然会影响到孩子的思想，进而左右孩子的生活和命运。所以，爱孩子请你尊重孩子！

三、赏识孩子，挖掘潜能

美国有一个家庭，母亲是俄罗斯人，她不懂英语，根本看不懂儿子的作业，可是每次儿子把作业拿回来让她看，她都说："棒极了！"然后小心翼翼地挂在客厅的墙壁上。客人来了，她总要很自豪地炫耀：“瞧，我儿子写得多棒！”其实儿子写得并不好，可客人见主人这么说，便连连点头：“不错，不错，真是不错！”儿子受到鼓励，心想：“我明天还要比今天写得更好！”于是，他的作业一天比一天写得好，学习成绩一天比一天提高，后来终于成为一名优秀学生，成长为一个杰出人物。

有人说，赏识好似一道阳光，能给人带来温暖和希望。所谓赏识，就是充分赞许孩子，通过语言的积极暗示，不断培养孩子的自尊心和自信心，从而使其有勇于进取的决心和动力。

每一个孩子天生都是可爱的、健康的，都是充满能量的！父母最大的成就不是给予孩子财富，也不是给予孩子多好的教育资源，而是塑造孩子强大的自信心！要想做到这一切，我们就必须记住：孩子的灵魂高于父母，我们应该给予孩子足够的爱与信任。

不要再把自己的孩子当成没有灵魂的木偶了，让我们尊重孩子的独立，信任孩子的灵魂，让孩子在我们的尊重与信任中找到最好的生命出路。

父母要关注孩子的内在感受

父母的智慧在于懂得关注孩子的内在感受，理解孩子的心理，信任孩子的选择，让孩子感受到家庭的温暖，有效促进亲子关系的和谐。

比如，孩子回到家后对母亲说：“妈妈，我今天好累，不想弹琴了。”很多家长一听到孩子的话，就会很不耐烦地对孩子说：“不行！别找借口了，有多累啊？赶紧去弹吧。”这样的回答，因为没有体会孩子内心的感受，往往会让孩子产生逆反心理，导致愤怒和怨恨，亲子关系会越来越差。

如果我们的家长能够体谅孩子的心情，温和地对孩子说：“妈妈知道你因为太累而不想弹琴了，但这是我们的约定。妈妈相信你一定能够遵守约定——在8点之前弹完。不过，在弹琴之前你可以先吃点东西，稍作休息。好吗？”如果父母能够给予孩子这样的信任，承认他因为太累而不想弹琴的内在期望，但依然坚持让他遵守约定，就能够创建一个相互信任的氛围，孩子自然也就愿意去执行，因为妈妈理解了他内心的感受。

我们与孩子沟通的目的不是为了辨清真假对错，而是为了让孩子的生命得以成长。这也就提醒父母：**面对孩子时，如果情感和道理发生冲突，请你选择情感；如果情感和成绩发生冲突，请你选择情感。**当我们通过这一简单而有力的策略成功地将温和重新带回亲子关系中时，自然就会同时规范孩子的行为并带动孩子的成长。

感觉是将我们古往今来所有人连在一起的一种延伸。它在主观和客观之间搭起了桥梁，在个人的灵魂与众多相关事物之间搭起了桥梁，将个人与地球上的一切生命连在了一起。孩子所有的智力都经历了从感觉到概念的过程。通过眼、耳、鼻、舌、身来认识事物，形成概念，然后产生这些概念与概念之间的联系。作为家长，应该以对孩子的信任为基础，将孩子的行为与感觉直接联系起来，深入孩子的内心去理解孩子的感受。

妈妈带晨晨跟妹妹一起外出游玩时，给他们一人买了一把水枪。不巧的是，在回家的路上，晨晨的水枪丢了。于是，第二天，晨晨对妈妈说：“妈妈，我要买个水枪。”妈妈听了之后，认真地对他说：“好，妈妈知道了，晨晨要买水枪。可是，家里不是有一把水枪吗？”（妹妹几乎不玩自己的水枪，妈妈告诉过晨晨可以玩妹妹的。）

晨晨感受到了妈妈的重视，对妈妈说：“昨天买水枪时，我挑了一个我喜欢的颜色。”

妈妈：“哦，晨晨想要一个自己喜欢的颜色，对吗？”

晨晨:“是的，并且，我选的水枪装的水也比他们的多。”

妈妈：“嗯，晨晨要买一个自己喜欢的颜色并且能够装足够多的水的水枪，是吧？”

“嗯，不能跟别人的一样，要不别人会拿错，等我玩的时候就是空的了……”说着说着，晨晨的情绪开始激动起来。

妈妈说:“好的，妈妈知道了。如果跟别人的一样，别人会拿错，晨晨做了很多准备却不能进入游戏，要是发生这样的事会让人很生气的！”

看着晨晨的情绪开始放松，妈妈温柔地问晨晨说：“以前发生过这样的事吗？”

晨晨说:“有，是胖子。”胖子是晨晨幼儿园的小朋友。

妈妈说:“哦，胖子拿走了晨晨装满水的水枪是吗？”

晨晨:“不是，是油画棒。”

原来，晨晨在幼儿园画画时，刚把油画棒放到桌上就被胖子抢走了。为了要回自己的油画棒，晨晨就告诉了老师，老师知道后却并没有批评胖子，只是让胖子把油画棒还给了晨晨，而胖子也没有为此向晨晨道歉，这让晨晨很是沮丧和难过。从此以后，晨晨开始变得谨慎和被动，还会增设一些条件来保护自己。

同时，妈妈也了解到，晨晨的妹妹在幼儿园也遇到过类似的事情，但老师往往会狠狠地批评抢妹妹东西的同学并让她向妹妹道歉，所以妹妹依然保持着自己天生的开放与主动，也不会有什么附加条件。

妈妈终于明白晨晨这段时间为什么会变得这么“麻烦”了，因为他在该受到保护的时候没有完全被保护，他的内心受到了伤害。他之所以会变得爱提条件，是出于保护自己的本能，而不是要故意设置障碍、给别人添麻烦。

想想这段时间自己总是批评晨晨，妈妈懊悔不已，这对晨晨来说是不公平的！妈妈主动向晨晨道了歉，并感谢晨晨告诉了她这一切，她夸晨晨是一个既有勇气又有智慧的好孩子，作为鼓励、奖赏又作为补偿，妈妈按晨晨的要求给他买了一支水枪。

在妈妈的信任与支持中，晨晨也慢慢恢复了往日的活泼与开朗。

作为家长，当你**在面对孩子情绪发作或者提出额外要求时，请先不要武断地做出判断或决定，而是要静下心来想想：孩子这些表面行为的背后隐藏着怎样的内在原因？**其实，所有表相背后都是有内在原因的，我们要关注的是孩子内在的感受。如果我们没能够注意到孩子的内在需求，而是粗暴地训斥或拒绝孩子的要求，孩子就会通过压抑自己的情绪和封闭自己的内心来保护自己，慢慢地就会形成内在的心智程序，持续地影响孩子今后的生活与命运。

信任孩子并不是说相信我们的孩子做的都是对的，而是说父母要坚信：孩子的行为背后都是有原因的！这也就意味着，在多数情况下，孩子的行为都是内在心灵的反映。孩子之所以会不遵守承诺去做作业、弹琴或洗碗，会提出这样或那样的条件，都是因为这些现象背后有着深层的内在原因。孩子的行为会和其内在感受相符，我们应该走进孩子的内在去寻找原因，并通过适当的方法激励孩子，减轻孩子内心的负担。

感恩一千次，忏悔一万次，不如行动一次。父母能够讲出很多大道理，但不一定能影响孩子的内心。只有当父母用信任与支持的态度对待孩子，呵护孩子的内在，关注孩子的内在需求时，才会增强孩子的安全感，使孩子生命原本的天性得到充分发展。

当然，关注孩子内心的感受并不是由着孩子随心所欲，而是要在信任的基础上，用父母的爱、支持与帮助，陪伴孩子去学习并掌握生存的智慧与技能。因为有了我们的信任，孩子也就不需要我们去控制或者惩罚他们了。信任不仅会给予我们足够的耐心，还会赋予我们的孩子很高的自觉性。

让我们把目光放长远一些，即使我们的孩子现在出现了一些不好的行为，我们也要坚信：我们的孩子不会永远这样！想想我们自己是怎么长大的？我们小时候不也经常会犯错误吗？我们不也照样长大成人了吗？不也成为一个有担当、有爱心的人了吗？

只要我们信任孩子，密切关注孩子的内在感受，在表相面前多问一些为什么，我们就能够通过一些行之有效的办法，用我们的关爱和支持，帮助孩子在错误中提升能力，在经历中增长智慧，成为一个有勇气向外探索、有能力掌控自己人生的人！

孩子成长是创造自我的过程

儿童与成人一样，需要一个完整的成长过程。所谓完整，并不是完美，世上不会有十全十美的人。完整是指人性的丰满、立体和多层面，所以，成长不是教育和灌输的过程，而是一个探索人生规律的过程，是一个不断破译生命密码的过程，是一个不断创造自我价值的过程。

那么，作为家长，我们该如何做才能够使孩子成长为自己身体、情绪、感觉、心理、认知和精神的主人？如何使我们的关爱成为有助于孩子自我成长的力量？如何使孩子在我们为其创造的外在世界中成长为一个完整的人？只有理解并尊重生命的发展规律及发展过程，相信孩子的能力与判断，才能够帮助孩子更好地创造自我。

在现实生活中，身为父母的我们对自己孩子的信任度又有多高呢？

每一期关于教育孩子的讲座结束后，都会有一些父母围着我很急切地提问：“老师，我的孩子有 ××× 的问题怎么办？”“我家 ××× 在学校不爱学习怎么办？”……每次面对这样的问题我都很无奈，因为一方面孩子的问题是父母的问题，另一方面这样的定义会导致孩子走向这个结果。父母的急切可以理解，但是孩子的问题要从自己身上找到原因和改变。扪心自问，作为家长，你是不是在无意识中就已经这样不信任孩子了呢？

处在这个时代中的孩子是幸福的，也是不幸的。长辈们过度的关注将他们淹没在了爱的海洋，而这种爱的环绕却往往透露出家长的怀疑与不放心。

比如，孩子向父母要钱说学校要交费或有他用，很多父母都会不自觉地产生“孩子是不是在骗我”的疑问，他们担心孩子用作其他用途，担心孩子弄丢，担心孩子的钱被别人抢……最终他们往往不会把钱交给孩子，而是会在向老师确认后，亲手把钱交给老师。

试想，在这种不被信任的情况下，我们的孩子会创造一个怎样的自我呢？

一位英国母亲带着自己10岁的女儿蒂莉加入了一个去南亚的旅游团。聪明伶俐的她对世界地理有着特殊的爱好，圣诞节的两个星期前还在学校里专门研究了“巨浪”，堪称一个小专家。在海边玩耍时，穿着泳装的蒂莉发现大海的远处突然涌现出了一波白色的巨浪，将蓝天和大海明显地隔成了两半。观察力敏锐的蒂莉凭借自己在学校里掌握的地理知识，意识到这绝对不是一般的惊涛骇浪，很有可能会在顷刻之间把整个海滩吞没。于是她告诉母亲海啸马上就会来临。这位伟大的母亲相信了女儿的话，立刻就把这个信息告诉了导游和队友们。大家听了之后赶紧做好了相关准备，最终，蒂莉拯救了整个旅游团。

也许你会认为这很不可思议，这位母亲还有旅游团里的成人们居然会相信一个孩子的话。反向思考，警讯出自孩子之口，如果父母马上制止孩子“乱说话”，同时还会向团友们道歉说孩子“不懂事”，请大家不必介意一个孩子的话。如果真是这样的话，结果可想而知。

这位母亲对孩子的信任真的很令人钦佩。我们每一位为人父母者都应该向她学习，学习她对孩子的信任，学习她用心倾听孩子的心声。

其实，从内心来讲，我们每一位为人父母者都愿意相信自己的孩子，只是往往会因为担心孩子的独立性与自制能力，而在不经意间误解或冤枉孩子。这样的事情其实常常会在我们的生活中上演。

一位母亲带着一个孩子在麦当劳玩，大概孩子玩累了，跑过来对母亲说："妈妈，我想吃冰淇淋。"天气炎热，孩子想吃冰淇淋可以理解，不过好像那位母亲没有带钱，就对孩子说："宝贝，妈妈没带钱，改天给你买好吗？"孩子虽然有点不太高兴，但还是点点头同意了，一转身又去玩了。当我找到座位坐下来的时候，看到那个孩子又跑过来撅着嘴对着母亲说："妈妈，我受不了了……"没等孩子说完，母亲就火冒三丈："怎么就受不了了？不吃冰淇淋能死啊？不是告诉你没带钱吗？这孩子怎么这么不懂事……"看着母亲怒气冲冲的样子，孩子委屈地哭了起来。

我意识到了这样会对孩子的心灵造成伤害，就走过去对这位母亲说："你应该先仔细听一下孩子说的话，再处理这件事情。"那位母亲不好意思地压低了声音问孩子刚才怎么了。孩子说："妈妈，我并不是要吃冰淇淋。只是在里面，我看到大家都在吃，又能闻到麦当劳的香味，就控制不住地特别想吃，而你又没带钱，这让我非常难受……"说着说着，孩子的眼泪又掉了下来，"妈妈，我说受不了了是想让你带我离开那里，并不是要吃冰淇淋，你以后能不能先听我把话说完？"

那位母亲听了孩子的话有些后悔地向孩子道歉，并承诺今后一定先听孩子把话说完自己再说话。孩子脸上终于露出了满意的笑容，对母亲说："妈妈，你知道吗？被人冤枉的滋味真是很难受、很痛苦。你对我的不信任真的让我很伤心……"

我想，很多家长都曾经像这位母亲一样因为对孩子不信任而冤枉过孩子。记得一个孩子曾经对我抱怨说："我妈妈总是怀疑我。有一次我下了很大功夫才取得了不错的成绩，可她居然不相信我能考出这么高的分数，真是太让人伤心了，从那以后，我就不太努力了。”

每个孩子都是不一样的，他们表达自己内在想法的方式自然也不一样，也许有的比较恰当，也许有的不太合适。作为家长，我们首先应当在信任孩子的基础之上认真倾听孩子的心声，并及时给予正确的引导和明确的告知。要知道，父母的理解、信任和鼓励对于孩子自信心的塑造是非常重要的！所以，作为父母，一定要多与孩子进行心灵的沟通，多聆听孩子的心声，走进他们的心灵世界，才能真正成为他们可以信赖的朋友。

可以说，孩子的很多问题都是由家长的不信任引发的。现在，你不妨仔细回想一下：**当你不信任孩子的时候，你尝试过让孩子表达完整吗？你是不是曾经在他支支吾吾地尝试表达自己的时候，就不耐烦地打断了他？**

孩子从出生开始，就无比信任自己的父母，父母的怀抱与信任会给予他们强烈的安全感。然而，我们又是怎样对待孩子的呢？我们总是不相信孩子，总是担心孩子撒谎，总会怀疑孩子是不是真的具有了这样或那样的能力。我们在不断质疑着孩子这样或那样的想法，不断地否定和批评着自己的孩子。殊不知，在孩子不断创造自我的过程中，让他们最痛苦、最无法忍受的就是父母的质疑与批评，这是对他们最深、最大的伤害。

其实，孩子是有能力做好很多事情的，只是家长习惯了怀疑，习惯了从孩子身上找问题，不肯放手让孩子去做，不给孩子锻炼的机会。作为家长，我们一定要警醒：**在教育孩子之前，先信任孩子，学会对孩子放手，孩子才会朝着我们信任的方向积极良性地发展！**

我国教育家陶行知先生曾经说过：“教育孩子的全部秘密在于相信孩子和解放孩子。”请多给孩子一些信任，请放手让孩子自己去成长。让我们顺应孩子成长的自然规律，从现在开始，无条件地信任孩子，努力欣赏他、赞美他、鼓励他，挖掘他身上所有的亮点。他会在我们的信任与关爱中重新树立起自信，在不断的成长中创造出一个自信自强的自我！

用信任强大孩子的内心

为什么有的人生活灿烂多彩，而有的人人生却暗淡无光？为什么本是同一起跑线上的人，最后的生活与命运却迥然不同？那是因为我们的外在生活取决于我们的内在心境，正是内在的一点点差别，导致了外在的巨大不同。

积极的内在可以让我们看到希望，可以帮助我们克服困难；而消极的内在会让人自我封闭、沮丧不已，甚至会限制和扼杀人的潜能。这也就提醒我们每一位家长：在孩子的成长过程中，不仅要让孩子多多学习科学文化知识，更要注重培养孩子内在的积极与富足，让孩子拥有一个强大的内心世界。

“暗含期待效应”是教育史上一个著名的以信任为原理的实验，如今，这种效应已经被广泛运用于对孩子的教育中。当教育者时时处处都对孩子充满无比的信任时，就会在很大程度上提升孩子的积极性，让孩子在鼓励和信任中不断进取，获得内心的充实与幸福。

爱是一门艺术

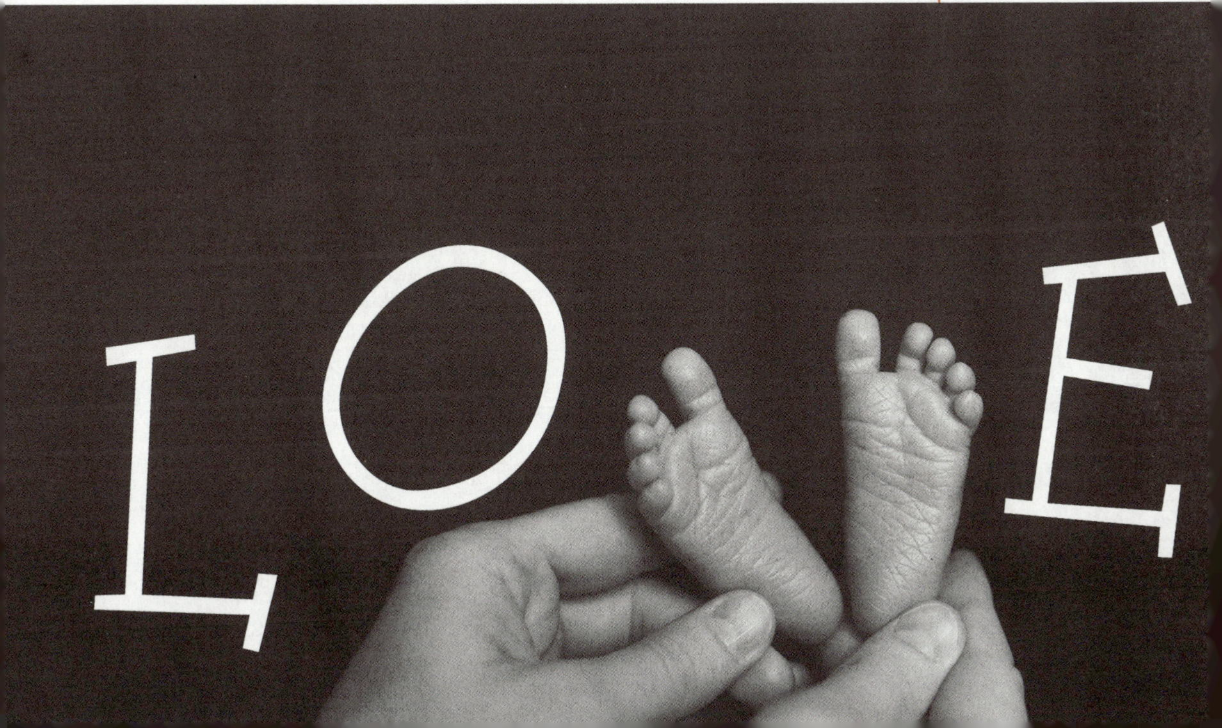

“为人父母”课后分享

刘晓虹：放手去飞

过去我有着很深的紧张和恐惧感，8 岁的女儿被我视若珍宝，从小到大，我一直像是她的影子一样陪伴在她左右，从不敢让她独自外出，甚至下楼与小朋友玩我都寸步不离。交通安全问题以及新闻上的儿童走失、遇害案件让我心有余悸，生怕孩子独自出去会出什么问题或者遇到什么突发事情不会处理。所以，虽然学校离家很近，我还是坚持把她送到校门口，并每天到校门口接她放学。

通过课程的个案处理，包老师帮我找到了造成恐惧的“种子”，我就不再像以前那样总是将自己的内在感受强加于孩子。以前孩子曾经跟我提过几次想自己上下学，不要我再接送她，但都被我严厉地回绝了，每次孩子的眼中都写满了委屈。其实，说到底还是我对孩子的能力缺乏信任，我不相信孩子能够自己处理好这些事情，这明显是对孩子自尊心的一种打击。

一天，我在家里正准备出门去接孩子，却听到了门铃声，开门一看，原来是孩子提前放学回来了。过去我会担心与后怕，现在看到孩子的兴奋和自豪感，我很感动，我的成长才能帮助孩子更快地成长。女儿一本正经地对我说："妈妈，你就相信我吧！我可以的！"从那以后，我开始逐渐地放手让孩子自己处理问题。她去找小朋友玩时我不再陪着了，也尝试着慢慢让她自己上下学，甚至我还会安排她去帮我买一些东西，她都完成得不错。我还惊奇地发现，**在我越来越信任孩子的同时，孩子也越来越懂事、越来越懂得感恩了，她常常会给我一些意外的惊喜，还把我当成她的好朋友，跟我说很多知心的话。**

每一个孩子的潜力都是巨大的，来自父母的信任往往能够有效地激发其内在潜能，增强其处事的信心和能力。父母无条件的信任会使孩子更愿意展现出自己的美好之处，从而塑造良好的品质。

孩子再小也是一个独立的个体，也跟成人一样，有自己的思想、有独立的意识，他们深深渴望得到来自父母的理解、尊重和信任。然而，现实中很多父母往往会忽略这一点。据情商专家分析：信任孩子能够最大程度激发孩子的内在力量，可以使孩子真正体验到内心的自在和快乐。因此，从小生活在充分信任中的孩子，往往能够展现出优秀的能力和品质。

在现实生活中，当我们被某人充分信任时，就会感觉浑身上下都充满着力量，在我们的内心深处，会有很强的动力支持着我们去主动付出努力，对于达成目标，我们也会相当自信。殊不知，孩子的感受比我们更强、更深刻。孩子通常都是通过父母的对待来认识自己和了解自己的。如果孩子在父母那里得到的反馈是自己是值得信任且有能力的，孩子就会在潜意识中唤醒自己内在的资源去发展这样的能力，使自己在越发自信的同时，也越来越具备解决问题的能力。

来自父母的充分信任，能够激发孩子内心的源源动力；在父母充满信任的目光和言语中，孩子往往能够从自己摔倒的地方重新站起来——为了实现自己心中的理想，为了不辜负父母的信任，他们会一步一个脚印地去付出努力，并最终走向成功。

一位家庭教育专家曾经说过："教育的奥秘在于坚信孩子'行'。"跟成人一样，在每一个孩子的内心深处，都渴望受到赏识和肯定，这是人最强烈的内在需求。作为父母，我们要坚持不懈地用自己的信任去强大孩子的内心，给予孩子前进的信心和力量。

信任孩子，要像相信只要给予一颗桃树种子充足的水分与光照，就一定会长出桃树、开出桃花、结出桃子一样。

孩子的成长是一种生命状态，有其自然规律。孩子其实就是一颗种子，只要我们给予孩子充分的信任与鼓励，我们的孩子就一定会按照自然的机制去发展自己。

外在世界其实只是我们内心状态的一面镜子。我们用什么样的态度对待自己和他人，用什么样的方法面对周围的人和事物，自然也就会产生什么样的结果。教育孩子同样如此，不同的对待，造就不同的人和人生。

所以，作为父母，我们不可以把自己的焦虑及消极情绪传导给孩子，而是应该用充分的信任让孩子去发展自己。如果我们不相信孩子能够发展好自己，就会用自己所能想到的方法去扭曲孩子，最终破坏他们发展的自然规律，给他们带来身心的伤害和一生的痛苦。

相信孩子，就是要不断向孩子传递信任的信息，告诉孩子"我相信你没问题""你一定行"，等等，通过表情、眼神等身体语言表达对孩子的信任；相信孩子，就是要赋予孩子决定的权力，并支持孩子按照自己的想法去做事；相信孩子，就是要让孩子体会到成功的快乐和失败的教训，无论结果好坏，都要认可孩子的能力，及时给予鼓励，巧妙提出改进意见，切忌粗暴的批评与阻止。

父母要成为孩子的拉拉队，在孩子成长的道路上不停地为孩子鼓掌欢呼、加油喝彩。有时候，来自父母的一句肯定话语，一次不经意的信任和鼓励，都能够使孩子激动好长时间，甚至会改变整个面貌。

信任能带来放松和坚定的感觉。只有给予孩子充分的理解和信任，才能真正读懂孩子，走进孩子的内心，使孩子在将来的人生道路上，积极勇敢地面对一切困难和挑战，从容自在地活出精彩人生。

让孩子成为真正的自己

在教育孩子的过程中，为人父母者不同的对待会对孩子产生不同的影响。如果父母无意间将自己的情绪传达给了孩子，孩子的内在就会复制我们的情绪，从而重复我们的不幸或挫折。如果我们不能提升自己的智慧，只是想当然地用我们的认识来教育孩子，必将在孩子的心智中种下情绪的种子，严重影响孩子的成长。

有时候，我们往往会因为孩子表现出的某些劣势，或者孩子在挫折面前的软弱而认为自己的孩子不如别的孩子聪明，或天资不够好。这样的情绪种子通常会在无意中表现出来，进而影响孩子的自信，自然也就在无形中使孩子失去了很多原本可以成功的机会。如果我们在内心中总是把自己的孩子当作天资聪慧的人培育，那将会是一种完全不同的结果。

然而，现实生活中的很多父母都不太懂得教育孩子的正确方式，每当他们对孩子的表现不满意时，总是会习惯性地对孩子说："就你这样，长大了能有什么出息！"有些父母还把说孩子"笨"当成了自己的口头禅，虽然有时说的时候带着爱意，却没想到孩子在潜意识中接收到的就是自己"笨"的信息；还有一些父母总是有意无意地拿孩子与其他孩子对比，"你看人家 ×× 多棒啊！”“×× 钢琴都过六级了，她可比你还小两岁呢！”；还有些时候，为了表示谦虚，家长往往会在外人面前说：“我家孩子很笨的，真不行。”“这孩子就这样，没脑子。”……**我们的孩子被淹没在大量的负面暗示中，又怎么会不觉得自己笨呢？在这些外在因素的不断刺激下，孩子往往会对自己的“笨”深信不疑，逐渐丧失自信心。特别是当他们真的没有做好某些事情时，就会产生严重的自卑和自我怀疑情绪。此时孩子的潜意识为了保护自己，就会拒绝接收新的信息。结果，我们的孩子就真的成为“什么都学不会”的“笨”孩子了。**

孩子天生就具有很多美好的品质，如天真、善良、纯洁、友爱、诚实等。如果家长相信自己的孩子拥有这些美好的品质，并时常给予孩子肯定和鼓励，就可以将孩子身上的这些美好品质充分激发出来，使孩子成为一个真正拥有诸多美好品质的人。但是，**由于经历的不同、情绪的产生以及现实的压力，有时候，我们的孩子往往会在不得已的情况下采取一些不良的应对方式，如说谎话等。**其实，这只是孩子保护自己的本能应对方式，因为他们感受到了危险，我们应该给予充分的理解和及时的疏导。

洛伊·马提纳博士在《学会情绪平衡的方法》前言中说的第一句话就是：“连接身体与心灵的自然愈合能力，最强而有力的途径就是情绪。”情绪是一种能量，是我们思想的能量，很多时候，强烈或泛滥的情绪能量会挟持和控制我们的思想和行动。所以，为了提升我们和孩子的能量，我们不仅要有积极向上的态度，更要充分信任孩子的品质。这也就提醒我们每一位为人父母者，一定要及时调整对待孩子的方式，用信任的态度平和地对待孩子，不要强迫孩子做那些违背他们本性的事情。

比如，**当孩子说谎或打人时，切不可不假思索地将这些表现与孩子的品性联系在一起，其实这可能只是孩子在压力下的应对方式而已。**如果家长能够信任孩子，弄清楚事情发生的原因，了解到孩子的情绪压力并给予适当的调整对待，孩子的情绪就会得到释放，之前的不良表现自然就会消失。如果家长因为孩子的某些不良表现，不问青红皂白地一味贬损孩子的人格，就真的会造就一个“坏孩子”。

要信任孩子，学会带着爱去对待我们的孩子。其实，每一位家长都希望自己的孩子能够幸福，但**他人眼中的优秀与成功并不一定意味着幸福**。由于社会竞争的日益激烈，家长总是会担心孩子的未来。为了让孩子将来生活得更好，家长精心为孩子挑选着知名学校，为孩子选择着有前途的特长班，为孩子寻找着各种各样的发展锻炼机会，却没想到这些看似善意的安排却往往会限制孩子，使孩子不能自由地发展自己。

孩子的成长需要父母的扶持与帮助，这种帮助是为了让孩子今后能独立面对生活，拥有独自生活的能力，但不需要家长一直的限制与控制。比如教孩子学走路，最开始一定需要父母在旁边辅助，但这并不意味着父母自始至终都要在旁边搀扶。当孩子能够自己站立并迈开步子的时候，哪怕站得不稳，哪怕只是迈了一小步，我们也应该学会适时放手。

过多关注孩子的未来，只会让孩子被焦虑包围。我们应该意识到，**对孩子的成长而言，内心的健康快乐才是最重要的**。孩子天生就具有很强的学习意愿与能力，只要我们让孩子自由地选择与决定，孩子会很愿意学习自己感兴趣的东西。这也就告诉我们，立足当下才是根本的解决之道，**我们应该从关注孩子未来的成功转向关注孩子当下的快乐**。人的能量提升在于喜悦，而情绪是消耗，当一个人做一件事情能够得到喜悦快乐时，他就会做得非常好，并且愿意做，反之做这件事情会带给自己负面情绪，就会降低效率影响结果。未来从每一个当下出发和延展，所以关注孩子的快乐就是关注孩子的未来。

儿童情商发展学研究表明，相对于认知学习而言，人在孩童时期通过真实游戏所学到的东西对自身的帮助更大。因此，作为家长，我们要给孩子留出充足的游戏时间，要尽力给孩子提供自由成长的空间。

2011年7月2日上午，中考结束后的第20天，南京市第一中学初中部的电化教室里，特级教师黄侃用自己女儿远远自杀的血淋淋的事实给广大学生和家长上了一堂特殊的生命课程。

2009年2月8日，在众人眼中学习优秀、兴趣广泛、性格开朗、处事冷静、自理能力超强的远远在写下三封分别给爸爸、妈妈和亲朋好友的遗书后，自尽于自己在荷兰阿姆斯特丹大学的宿舍中。

面对女儿在花季时期的突然凋谢，黄侃号啕大哭，她简直不敢相信，平时看似活泼乐观、不用自己操心的女儿，居然已经受强迫症困扰长达8年之久，在痛苦不堪中，作为学校优等生的女儿最终选择了自杀。

知道了这一切后，黄侃才想到女儿上初中后曾一度变得沉默寡言，她还以为女儿变文静了呢，却未曾想到女儿是患上了强迫症。一想起事事要强、追求完美的女儿的最后时光是在异国他乡度过的，黄侃的眼泪就像断了线的珠子一样，止不住地往下流。

把女儿的骨灰背回国之后，黄侃不敢回家，她怕看到女儿的房间，怕接触到跟女儿有关的一切……但是，黄侃最终还是坚强地从悲痛中走了出来。在努力工作的同时，为了满足女儿的遗愿，她拿出十万元设立了“健心奖”，奖励那些从事心理工作的老师。她说：“不能改变的事情我必须接受，能改变的我就要去努力。”

与此同时，作为一名教师，黄侃开始反思自己对女儿的教育。因为夫妻工作繁忙，女儿从幼儿园开始就被送去了寄宿学校。“如今来看，当时对她太残忍了，那么小的年纪，正是在父母身边撒娇淘气的时候，却一个人孤单地住在学校。”黄侃很是后悔地说，“另外，**我对女儿的关心过于物质化，在精神上交流得太少，我对她的精神世界缺少了解，这也是中国大多数父母的问题所在。**”虽然远远也曾和黄侃交流过感情上的问题，“但我是个粗线条的人，有时候大大咧咧，对这种事不太敏感”。并且，远远在学习上也承受着一定的压力。“她学习成绩一直不错，我没有对她有太高的要求，但是一旦考试没考好，我也会旁敲侧击地鞭策一下她。”仔细想想，其实远远心理上的问题早已隐约出现了。“只要碰上大考，她就考不了好成绩，这就是心理压力过大造成的。”

黄侃希望通过自己的亲身经历向家长传递正确的教育理念，并提醒学生们珍惜生命。她对学生说：“希望你们能够学会面对生命中的痛苦、挫折、不幸，无论遇到什么事情，都要珍惜生命，生命只有一次，只要活着，就有希望。”

她对家长们说：“请学会欣赏子女，看到他们的独特之处，给孩子充分的信任和鼓励，尽可能地陪伴孩子成长的每一步。”

并且，她还说，如果远远还健在，她一定会让远远按自己的兴趣去生活，绝不会给她施加任何压力。“只要她能自食其力，做一个对社会没有危害的人，我就满足了。只可惜，生命不能从头再来。”

作为精神障碍性疾病的一种，近年来，强迫症在青少年中发病率极高，如不及时治疗，会导致孩子因精神抑郁而自杀。这也提醒我们每一位家长：一定要更多地关注孩子的身心健康，而不是只顾自己忙碌。

对孩子的教育，首先要接纳孩子本来的样子，给予孩子足够的信任、鼓励和赏识，用你的尊重与温和去了解他、理解他，并细心倾听他的想法。切不可生搬硬套，用一些所谓的标准塑造孩子，那样不仅不利于孩子的成长，甚至会适得其反——毁掉孩子一生。

法国伟大的启蒙思想家、教育家卢梭说：“**教育错了的儿童比未受教育的儿童离智慧更远。**”作为父母，我们一定要信任自己的孩子，把盯在孩子身上的目光拉回来，反观言行，只有及时改变自己的观念、态度及局限，给予孩子足够的信任，才能够让孩子得到天性的发展。只有信任孩子的品性，密切关注孩子当下的内在感受，才能够帮助孩子成为他们真正想要成为的样子，充分体验当下的快乐，为未来积累良好的心态。

第六章

父母勇于担当孩子才会承担

如果我们都能从小事做起，承担责任，从平常做起，对行为负责，就会在潜移默化中成就孩子的责任心，使孩子逐步成长为一个对家庭、对他人、对集体、对社会负责的人。

让孩子懂得承担

某集团公司要招聘一名部门经理，经过一番激烈的竞争之后，参加复试的只剩下三个人。这天，三人来到总经理办公室复试。总经理并没有问他们业务方面的专业问题，只是带着他们参观了一下自己的办公室。后来，总经理指着茶几上的一个花盆对他们说，这个花盆是自己刚从拍卖会上买来的，花了几万元。

不久后，秘书进来对总经理说外面有点事需要他处理一下。总经理点头同意，出去前还特意对三人说："麻烦你们帮我把这个茶几挪到那个位置，我马上就回来。"

有了总经理的吩咐，大家都想趁机表现一下自己。所以，总经理一走，三人便连忙行动起来。茶几很沉，须三人合力才能抬动。然而，就在三人刚把茶几小心翼翼地抬到总经理指定的位置时，茶几却折断了一只脚，突然的倾斜导致茶几上的花盆摔在地上四分五裂。

三人一下子愣在了原地，他们不知道总经理会如何看待他们的办事能力，弄坏了价值不菲的花盆，该如何向总经理交代？

恰在此时，总经理回来了。面对眼前的一切，总经理非常生气，对他们咆哮道："你们怎么搞的？这么贵的花盆你们赔得起吗？！"

第一个应聘者不以为然地对总经理说："这不关我们的事，是你叫我们搬茶几的。"

第二个应聘者讨好似地对总经理说："是茶几的质量有问题，应该找茶几的生产商去，让他们赔花盆！"

看着总经理气恼的样子，第三个应聘者先是俯身捡起了花盆的碎片，听完前两个人的话后，把碎片放在了一旁，对总经理说："这确实是我们的错。如果我们把花盆拿下来后再移动茶几，或者移动茶几的时候小心一点，就不会发生这样的事了。"

听了他的话，总经理的脸由阴转晴，上前握住他的手说："一个能为自己过失负责的人，肯定是一个有出息的人，公司欢迎你的加入。"

不同的选择会创造不同的结果，在一个小小的责任测试面前，前两个应聘者败下阵来。

第三个应聘者之所以会被录用，并不是他幸运，而是因为他敢于承担责任。能够坦然地承担起自己该承担的责任，是做好工作的第一要素，比其他任何能力都重要。这样的人不管到哪个公司都会得到重用。

社会学家戴维斯说："放弃了自己对社会的责任，就意味着放弃了自身在这个社会中更好的生存机会。"由于能力的欠缺或者某些问题的存在，我们在工作和生活中不可避免地会发生一些失误。失误并不可怕，关键在于我们能否清醒地意识到自己的责任，并勇敢地担起责任。只有承担了责任，我们才能得到他人的谅解与尊重，才能获得他人的信任和宽恕，才能让自己问心无愧。做人可以不富有，可以不威武，可以不崇高，但不可以没有责任感。无论何时何地，我们都不可以忘记自己的责任，只有扛着责任前进，才能够创造有价值的人生。

孩子的责任感是从小通过环境和经历不断培养出来的。让孩子学会为自己的行为负责，这将比千万次竭尽所能推辞责任更具有震撼力。一个人只有懂得了承担责任，才有可能成就大事业。那么，我们该如何培养孩子的责任感呢？

1920 年的一天，一位 12 岁的美国小男孩在与小伙伴们踢足球时，不小心将足球踢到了邻居的窗户上，击碎了一块窗玻璃。

让我们设想一下，家长在碰到这样的事情时会怎么做呢？我想，会有如下两种可能：

一、家长袒护孩子，或教孩子说谎，或拒不承认是自己的过错。这样可能会导致与邻居的一番争吵，在帮助孩子推卸责任的同时，家长更是手把手地教会了孩子说谎。

二、家长让孩子主动向邻居承认错误，然后由家长出钱，亲自买好玻璃，带着孩子登门道歉。如此，既让孩子懂得了诚实，又不影响邻里关系。

大多数父母可能会选择第二种方式来解决问题。可是，你知道这位父亲是怎么做的吗？他让小男孩独自去向邻居认错，并请求邻居的宽恕。看着泪流满面的小男孩，固执的邻居最终同意他回家拿 15 美元作为赔偿。在当时，15 美元并不是一个小数目，它可以买 125 只母鸡！这对于每天只有几美分零花钱的小男孩来说，简直就是个想都不敢想的天文数字。

在这样的情况下，家长通常会直接给孩子钱让孩子赔给邻居。但这位父亲却让小男孩对自己的过失负责，自己负担这 15 美元。小男孩委屈地说：“可是我没有钱赔。”于是，父亲拿给小男孩 15 美元，并对他说：“这 15 美元是我借给你的，先拿去赔给人家，一年后还给我。”从此以后，每逢周末或节假日，小男孩就会外出打工，经过半年的努力，他终于挣足15美元还给了父亲。这个男孩就是后来成为美国总统的里根。

父亲的做法成功地告诉孩子一个道理：要为自己的过失付出代价。

那么，作为家长，你在面对这样的事情时又会选择哪种方式呢？是第一种？第二种？还是男孩父亲的那种？

从教育心理学上讲，**代替孩子承担责任是不可取的，这会让孩子觉得犯错没什么大不了，反正有家长呢！**而如果我们让孩子为自己的行为负责，他们就会从中学到一种观念——人要对自己的言行负责，从而也就能够培养孩子控制自己行为的能力。

需要提醒的是，当我们选择让孩子为自己的行为负责时，切不可使用气恼的言语来训斥孩子或对孩子进行人身攻击。因为结果本身已经对孩子的错误行为起到了惩处作用，孩子已经认识到每个行为都会产生相应的结果或后果，可能是正面的，也可能是负面的，或二者兼而有之。当孩子已经从这个过程中得到提升并学会负责时，我们又何必给孩子增加心灵负担呢？

事情亲身经历过才会真正懂得，孩子也一样，只有他了解之后才知道如何选择。其实，孩子的成长过程就是一个从经历中不断提升的过程，孩子的行为只是探索并认识世界的一种方式，不论孩子的行为造成了怎样的结果，都与品行无关。训斥孩子或对孩子进行人身攻击往往会严重损害孩子的自尊心，这对孩子的人格形成是有害无益的。

从小培养孩子的责任心，是每位家长的责任，只有家长尽责，孩子才会懂得承担。所以，身为父母，我们一定要担当起自己的责任，切不可随意剥夺孩子履行责任的机会，要教育孩子为自己的过失承担责任，这才是真正爱孩子的表现。

事实上，孩子出现过失时通常就是教育孩子最有利的时机。当孩子出现过失或失误时，父母不同的对待会塑造孩子不同的品格——袒护孩子其实是在害孩子；替孩子负责是一种纵容；只有让孩子独立承担责任，才会为孩子未来的人生积累财富。

人只能够做出思想范围以内的选择，而不会有超越思想范围以外的行为。每个人所面对的外在境遇都是相似的，只是由于个人思想的不同，才导致了行为与结果的差异，从而形成了不同的人生。不同的选择会创造不同的结果，身为父母，你会如何抉择呢？

让孩子在责任中成长

责任感是形成健全人格的基础，缺乏责任感的孩子是很难健康成长的，更不必说成就大事业。古往今来，凡成就事业者，又有哪一位不是有着高度责任感的人呢？

“先天下之忧而忧，后天下之乐而乐”是范仲淹对国家强盛的责任；“苟利国家生死以，岂因祸福避趋之”是林则徐对民族危难的责任；“天下兴亡，匹夫有责”是仁人志士保家卫国的责任……责任感是做事的基础，更是孩子在未来取得成功的前提。

可是，在现实中我们却发现：很多年轻人的身上都有懒散和不负责任的不良习惯，他们在学习和工作中总是敷衍了事，而一旦出了问题，却不会从自己身上找原因，总是不自觉地将责任推给别人。很多家长也在埋怨自家孩子的霸道和不肯承认错误。面对这种种状况，作为家长，我们在感叹和抱怨的同时，是不是应该反省一下自己？

是谁抢过了孩子肩上的书包和水壶，剥夺了孩子为学习承担基本责任的机会？是谁拉着孩子的手护送孩子过马路，导致孩子没有机会学习承担社会责任？是谁常对孩子说：“你只要专心学习就行了，其他的你什么都不用做”……

在孩子本应承担责任的时候，作为家长，我们又扮演了什么样的角色呢？家长对孩子“呵护有加”的包办和替代其实就是在害孩子！一个人责任感的缺乏，大多数都源自小时候父母过度的保护和照顾以及父母有意无意推卸责任的教育。

一位心理学家到一个朋友家去做客。主人家的宝宝在客厅里不停地跑动时，不小心被椅子绊倒了。听到孩子的哭声后，妈妈急忙跑过来抱起了孩子，然后一边用手拍打着椅子一边对孩子说：“宝宝不哭，妈妈打这个坏椅子，谁让它绊倒宝宝的。”

这位母亲的做法让心理学家感到很奇怪，他郑重地告诉这位母亲说：“这跟椅子没有关系，是他自己不小心才造成了这个结果，不是椅子的错。”

这位母亲的做法在我们日常生活中可谓司空见惯，不足为奇，也正是由于这些不当的做法才造成了孩子责任感的缺失。正如这位心理学家所说：“我不能理解父母为什么要教育他们的孩子推卸责任。一个不懂得承担责任的人是不会有任何发展和作为的！”没有了责任感，我们的孩子又怎么可能会取得成功呢？

在同一件事情面前，有些妈妈却有着截然不同的做法。她们通常会要求孩子重新绕着椅子走一次，然后会启发式地对孩子说：“你之所以撞上椅子，一般有三种情况：一是你跑得太快，刹不住脚；二是你没注意看路；三是你心里在想别的事情。那么，你刚才是属于哪种情况呢？”

椅子是物体，家长不可以把孩子撞到椅子的责任归咎于椅子，这等于是在教孩子遇到事情先推卸责任，为自己寻找开脱的理由，这是不可取的。后者的做法则告诉孩子遇事要主动承担自己的责任，而不是去指责别人。在这样的教育下长大的孩子，凡事总能够从对自身的检讨做起，在不断提升责任感的同时，孩子也在无形中踏上了成功的阶梯。

责任感是克服难题的金钥匙。有责任感才能以一种认真、负责的态度来对待自己周围的人和事，才能在面对任何困难、接受任何挑战时不断思考、探索，发现问题，寻找出路，从而解决问题。一个人不可能什么都会做，但是，只要他对任何事情都抱着认真、负责的态度，他就能够凭借这种态度战胜困难，发挥出自己最大的潜能。

责任感能够开启孩子智慧的天窗。有责任感的人才会有进取精神、科学态度和创新能力。离开了责任感，这些都会成为无源之水、无本之木。孩子的聪明才智，只有建立在强烈的责任感基础之上，才可能迸发出耀眼的火花，否则只能是徒有其表。

责任感教会孩子如何做人。有责任感才能做一个诚实的人。判断一个人是否诚实，关键是看他的豪言壮语能否成真，他许下的诺言能否兑现。所谓"言必行，行必果"。一个有责任感的人必定是一个诚实守信的人，这是一个人被别人尊敬和信赖的基础。

责任感让孩子懂得报答。有责任感的孩子绝对不会把父母的疼爱看作理所当然，更不会肆意践踏或有意逃避，而是会怀着一颗感恩的心体谅父母的辛勤劳动，尊敬父母，倾其所能来报答父母的养育之恩。

责任感教会孩子战胜困难。有责任感才能让孩子在布满荆棘的道路上不畏艰难、勇于向前，在困境中挑战极限，发挥自己的最大潜能。

中国画院院士黄永玉曾经讲过一个寓言：螃蟹、猫头鹰和蝙蝠去上恶习改正补习班。数年后，它们都顺利毕业获得博士学位。不过，螃蟹依然横行，猫头鹰仍旧白天睡觉晚上活动，蝙蝠还是倒悬。这个故事的寓意非常简单，就是行动比知识更重要。再多的知识也不能自动帮助一个人变得身心更健康、品格更完美，只有付诸行动，在一言一行中对孩子进行适当的教育与引导，让孩子能够自发地承担起应有的责任，才是真正的父母之爱。

责任感是一种必须从小培养的品质。作为家长，我们应该从日常生活中的点滴小事做起，随时随地教育孩子承担自己本应承担的责任，让孩子在责任中成长。

培养孩子的责任感，父母需要注意的是：

该孩子自己做的事就一定不要包办和代替。让孩子学会自己的事情自己负责。从小培养孩子独立生活、独立思考、独立解决问题、独立处理自己事情的能力。

让孩子明白不同的行为会产生不同的结果，学会对自己的行为负责，学会承担责任。比如，在外游玩时，要告诉孩子环保是每一个社会人的责任，让孩子把垃圾分类扔进垃圾桶，不向河里乱扔东西等；在家里，我们可以通过让孩子做力所能及的家务来承担责任；当孩子因一时冲动伤害了别人时，要让孩子主动道歉并承担损失……当孩子学会对自己的行为负责后，他们就会知道什么事应该做，什么事不应该做，就会养成凡事慎重、冷静、认真对待的好习惯，这将对孩子的人生产生很大影响。

让孩子学会承受磨难和挫折。很多孩子做事往往凭兴趣，当孩子选择做某事的时候就一定要让孩子负责到底，清楚地告诉他要求，并要有相应的处罚。比如，如果孩子特别想学某件乐器，家长就需要提前约法三章，告诉孩子不可以半途而废，如果不好好学就要处罚。这样，孩子为了对自己的行为负责，就会承受住学习中偶尔的枯燥无味并坚持下去。

当然，要使孩子成为一个有责任感的人，家长首先要以身作则承担起自己的责任，这是最重要的！如果我们都能从小事做起承担责任，从平常做起对行为负责，就会在潜移默化中成就孩子的责任心，使孩子逐步成长为一个对家庭、对他人、对集体、对社会负责的人。

寻找缺失的责任感

在孩子成长的过程中，家长总习惯于为孩子安排好一切：督促他学习、催促他练琴、提醒他画画……殊不知，我们的行为给孩子创造了一个饭来张口、衣来伸手的生活状态。在重学习、轻劳动的过程中，他们也失去了承担应有责任的机会。就这样日复一日，我们一而再，再而三地剥夺着孩子承担责任的权利，一次又一次错失了对孩子进行责任教育的机会。久而久之，孩子就会形成这样的看法：**所有的人都应该为我着想，所有的责任都应该由别人来承担**。

孩子的责任感究竟缺失在了哪里？究其根源，还是父母的不是，是我们一直以来忽视了对孩子责任感的教育。正如一位儿童教育学家所说："孩子都是好孩子，就看你怎样引导他。没有不称职的孩子，只有不称职的父母。"从某种意义上来说，**没有培养出一个大学生来并不代表父母失职，而教养出一个没有责任感的孩子才是父母在教育上最大的失败**。所以，要想找回孩子身上缺失的责任感，父母首先要认识到自己所担负的在品质和人格方面的教育责任，时刻注意对孩子进行责任感培养。这不仅是家庭教育中至关重要的一课，更是目前社会教育迫在眉睫的任务。

从某种意义上讲，孩子发生过失时是培养其责任感的关键时刻，孩子能否勇敢面对并妥善处理过失对其责任感的形成有着极为关键的作用。家长的纵容，往往会导致孩子对自己的行为缺乏应有的责任心；苛责，又会导致孩子对犯错产生紧张情绪和恐惧心理，只有处理得当，孩子才能够吃一堑长一智，从错误中获得经验，在过失中提炼责任感，并由此走向成熟，成为一个富有责任感的人。

在承担责任的同时，孩子可以从自己行为所产生的后果中学到很多生存原则，如：**无礼会激起别人的愤怒，甚至失去朋友；考试前不好好复习功课，就**

得不到好成绩；没有付出就不会有收获……

然而，现在很多家长却似乎忘记了“不经一事，不长一智”的道理，过多地干预孩子的事，自然也就造就了孩子责任感的缺失。如果孩子弄丢（坏）了东西，就赶紧买个新的；孩子做错了事就护着；触犯了法律就请律师帮忙收场……孩子又怎能在成长的过程中体验到人类生活中最基本的关系？

人的思想来自于意识和潜意识，意识是我们学习的知识以及对世界和社会的认知程度，而潜意识的形成大多是小时候所受到亲人给予的情绪影响。人的情绪往往会潜移默化地影响一个人，它不但决定着我们心智结构的形成，影响着我们的身体健康、心理健康，还严重影响和阻碍着我们的事业发展。这也就是人们常常说的潜意识对人的影响。潜意识中存储着我们在传承中形成的全部认知、思想、经验和情绪，对于人日后的生活与命运有着很大影响，对于人取得事业上的成功有着重要作用。

一个做古玩生意的朋友找到我，说自己很困扰。他年过半百，积累了殷实的家业，总想把自己的经验和家业传给唯一的孩子，于是他以孩子的名义投资了一家公司。谁曾想，公司开张两年来却总是亏损，几单生意下来，损失一半有余。照这样下去，再有两年他积攒的家业就会全部付之东流。

他看得很清楚，自己的孩子很有孝心和责任心，非常努力，只是胆子小了一些。对自己的孩子他是又爱又无奈，他自己的身体状况也一年不如一年，孩子却频频失误，这让他很是为难。我从他的话语中察觉到他的孩子总是重复着同一件事情，这是一种情绪的重复，来自人的潜意识。我想，他的孩子可能是在小时候遭遇过什么事情，从而产生了情绪的“种子”，存储在潜意识中，孩子现在的表现只不过是那个种子不断开花生长的结果。于是，我告诉朋友：“不必烦恼，安排时间让孩子来找我。”这天下午，孩子如约来见我。通过交流，我唤醒了他儿时的记忆。

7 岁那年，父亲收到了一个瓷瓶，对那个瓷瓶爱不释手。家里来了客人，瓷瓶恰巧被放在了客厅的桌上，孩子在屋子里玩耍时差一点碰到，父亲见状大声呵斥："你再跑，撞到瓶子看我不打死你。"

父亲担忧的话语反而对孩子形成了强烈的心理暗示，结果孩子在跑动中将瓶子撞到地上摔碎了。父亲很是气愤，全然不顾有客人在场，立即抡起手就狠命地打起孩子来，一边打还一边骂道："我赚钱养活这个家这样不容易，你还不听话，你这个败家子。"

当孩子回忆到这次经历时，情绪异常激动。我问他当时有什么样的情绪，他说："很难受，很委屈。"接着我让他一遍遍地重复着当时被父亲责骂时自己想说却没有说出的话："不要打了，不要打了。"几十遍的重复之后，孩子的情绪才慢慢平稳下来。这次经历中，孩子看到了父亲因痛失自己心爱的瓷瓶而产生的愤怒，耳朵听到了父亲的责骂声，身体感受到了被打的痛楚，通过眼、耳、身的感受，孩子形成了对"赚钱恐惧"和"自己是败家子"的细胞记忆。

当他长大后经营企业时，每当他意识层面想赚钱时就会受到潜意识中心智结构的影响，使他的意识与潜意识无法达成一致，产生分离，同时又会将他 7 岁时经历的情绪调取出来，产生"赚钱不容易"和"自己是个败家子"的感觉，影响他去获得成功。

之后我与他的父亲进行了谈话，好友恍然大悟，自己当时只是在气头上说出的话竟然对儿子的影响是如此之大。父子两人促膝长谈了一番，彻底打开了心结。

因此，一个孩子看似缺乏责任心、做事不努力，其实都是思想的问题，而思想问题就要从两个方面解决，一是给予正确的观念引导，二是找到产生这个行为的"种子"。

相同的自己不可能创造不同的未来，当一个人的细胞记忆还在，外在的环境满足条件就会重现，并在重现中烦恼、痛苦，不能自拔。父母的思想直接影响着孩子的思想，孩子的思想和价值观就会成为今后的命运，所以，要让孩子有所不同，首先要改变的是父母的思想，更重要的是改变父母在生活经历中所存储的细胞记忆，也就是潜意识。

接受与面对是对家族责任的承担

孩子必须拥有足够的能量才能正常成长，而一个人的能量在很大程度上都来自于家族的传承和对家族责任的承担。纵览古今中外，我们不难发现，很多有成就的人都来自大家族，并且他们的家族关系非常和谐。

经过多年积累，我深切体会到了家族能量对于一个人成长的巨大影响，也看到：**对父母不好或有怨气的人，通常人生也会很坎坷**。因为当一个人怨恨父母的时候，其实就是在阻断自己与父母的链接，在放弃对家族责任的承担，如此一来，由祖先传承下来的能量流动就会被阻断，没有了承担，还能有什么发展？

我们常笑言："这是一个'拼爹'的年代。"越来越多的年轻人因为缺乏责任感而把自己的不如意都怪在了父母身上。每每看到别人升了职、买了房、买了车时，他不知道从自身查找不足，反而会责怪父母没有给自己打好基础，甚至有人居然因为嫌弃父母"无能"而做了很多叛逆之事。现实中，我也碰到过这样的人，一个同事的哥哥，只是因为买房时父母没有出钱，居然不理会父母了，自从买房之后就再也没有回家看过父母。这是一种怎样的心态啊！他完全没有了对家族责任的承担。

然而，孩子的不承担又是父母造成的。不是吗？因为那种血脉相连的感觉，我们很多父母根本见不得孩子有一点不开心，即使明明知道孩子的要求有点过分，也无条件地去满足。父母们总是觉得：**只要孩子高兴，自己再苦再累也值得。**可是，这样的想法与行为往往会导致我们的孩子不懂得珍惜，因为**我们没**

有教会他们来之不易和承担责任。

孩子还小的时候，他想吃冰棍或要个玩具，我们可以满足；孩子稍大一点的时候，他想要台电脑、买个手机，我们也能让他如愿；孩子长大了，他想要辆汽车，我们咬咬牙也可以买……**可当有一天我们无法满足孩子提出的要求时，孩子不干了。**这个时候，我们是该感叹孩子的不懂事，还是怪自己能力不够呢？父母会觉得是自己亏欠了孩子，甚至向孩子忏悔："对不起，爸爸太忙了，不能经常陪你。""都怪我们没本事，我们要是赚得多，再贵的车也给你买。""是我们没能力，没钱给你买婚房。"……可是，这样的对待会产生怎样的结果呢？

这样的不辞辛劳与愧疚只会换来孩子对父母的怨恨与心安理得的享受。要知道，孩子的自私与不懂事并不是天生的，而是父母宠的。孩子原本是对父母充满感恩的，因为父母把他带到了这个世界上，给了他宝贵的生命，这已经足够了！孩子并不会觉得父母有什么对不起自己的。可是，**当父母常常向孩子忏悔自己没本事、没能够给孩子提供足够好的物质条件时，就会灌输给孩子父母没能力、父母有错的思想。**思想决定行为，孩子自然就会觉得父母亏欠了自己，所以才会不懂得知恩图报，才会怨恨父母。如此，孩子自然也就不会懂得去承担家族责任，也就切断了家族能量的传承。

要知道，孩子的成长是受制于家族能量的，只有拥有并不断提升家族能量，让孩子在承担中得到家族能量的传承，孩子才能够在能量滋润中茁壮成长。**只有让孩子面对并接受自己的责任和义务，在履行责任和义务中成长，孩子才会懂得珍惜，才会善于承担。**

曾经，有个孩子问他的父亲："我们很有钱吗？"父亲回答他说："我有钱，你没有。"孩子从小就懂得靠自己去努力，所以他们父辈的事业通常都能够在承担中持续传承下去，几代之后就会成就百年企业。

而另外一些孩子问父亲同样的问题时，可能会得到这样的回答："我们家有很多钱，等我百年之后，这些就都是你的了。"这也就是很多富人的孩子从小就被娇惯，不懂得承担责任，整日无所事事、大把花钱的原因所在。等到他们真正接手了父辈的产业之后，结果可想而知。所以，古语有云：“富不过三代。”

我相信：每一位父母都深爱着自己的孩子，都希望自己的孩子能够无忧无虑、开开心心地生活。但是，爱孩子就要从长远来考虑，要考虑到孩子的终身成长问题。不管家里是贫穷还是富有，都要让孩子学会珍惜，懂得尊重父母的劳动。要让孩子认识到自己的责任和义务，学会承受痛苦和承担责任，这是他人生的必修课。

比如，如果孩子想要买一件名牌衣服，妈妈觉得价格太贵，就可以对孩子说：“我知道你喜欢这件衣服，但它价格不菲。妈妈觉得刚刚那家店里的衣服质量也不错，价格却很实惠。你要是选择买这件，妈妈只能给你出一半的钱，另外一半需要从你每月的零花钱里扣。而如果选那件，妈妈现在就可以给你买。”

也许孩子会因此而经历一段艰难的心灵抉择，或者忍受几个月没有零用钱的痛苦滋味，但这才会让孩子体会到来之不易，这才是真正对孩子好！

所以，请不要在孩子面前扮演万能的角色，不要让他认为无论制造了多大麻烦都有人替他解决，这样会让他变得有恃无恐，对他的成长有害无益。作为父母，我们要让孩子学会面对和接受现状，学会承担痛苦，学会对自己的行为负责，如此才能够为孩子塑造一个强大的内心，在承担家族责任的同时使家族能量得到真正传承。

克劳德与唐森德博士说过：“生活的意义并非逃避吃苦，而是在于学习怎样有益地吃苦。从小学会逃避痛苦的孩子，长大后会经历加倍的痛苦……如果我们学会失去即时所需的东西，对于不能马上实现的愿望感到难过，而后适应困境对我们提出的现实要求，欢乐和成功会接踵而至。”

父母的责任不是为孩子提供优越的名利和地位，不是给孩子充足的物质享受，而是让孩子接受和面对自己的责任和义务，通过承受痛苦与挫折获得成长的机会，真正承担起将家族精神发扬光大的责任，从而满怀兴致地走向成功！

从遵守社会规则做起

无论任何社会都有一定的规矩或者规则，正是有了这样的约束才有了在这个环境中生活的美好。你宠着孩子、惯着孩子、溺爱着孩子，这样做看似对孩子好，实际上是在害孩子。这样的孩子到了社会上之后，会产生很大的失落和不适应，因为没有人会再像父母那样无条件地迁就他。孩子之所以会受到大家的责难和排斥，并不是他不懂道理，而是家长没有教会他承担责任，没有让他学会遵守规则。

承担是每一个人都应当具备的重要品格，是激发人内在力量的宝藏。作为父母，要想使自己的孩子拥有一个真正美好的未来，就必须特别注重发展和保护孩子的责任心，让孩子从小懂得遵守规则，学会约束自己。然而，很多家长却亲手把孩子这种赖以立身的美好品格给毁坏了，在“心疼”孩子、替孩子解脱的同时，也丢弃了孩子的责任心。这不仅会使孩子在生活中经受很多失落和挫败，甚至会造成更大的灾难。

生活是一位伟大的老师，只有经过生活的历练，才能够得到真正的成长，成为生活的强者。作为父母，一定要约束好自己，不要动不动就充当孩子的保护伞，要从遵守各种规则开始塑造孩子的责任心，这才是真正对孩子负责。

对门邻居的孩子很能闹腾，楼下邻居几经投诉却收效甚微。这天晚上九点多，对门邻居家孩子却在家里打起了篮球，吵得楼下邻居无法休息，就又上楼来找他。没想到，面对邻居的提醒，孩子爸爸反而埋怨邻居太挑剔，不耐烦地对邻居说：“我又不能把孩子的手脚绑住，有本事你住我楼上去！”孩子爸爸的态度激怒了楼下的邻居，自然免不了一场争吵。我好不容易把楼下邻居劝走之后，问对门邻居说：“这么晚了，孩子制造出那么大的动静，你为什么不制止他呢？”他反而不解地问我说：“不是要给孩子自由吗？约束多了会不会妨碍小孩子的自由发挥？”

这不是天大的误解吗？让孩子自由发挥并不等于纵容他的任性随便，这完全是两个概念。孩子的道德发展是一个从无纪律，到他律，再到自律的过程，如果父母不懂得约束孩子和给孩子定规矩，就会使孩子成为一个任性随便的人，自然也就无法很好地控制自己。

所以，作为父母，一定要先学会约束自己，克服“心疼”孩子、替孩子解脱的冲动，使孩子在生活的历练中认识并学会遵守各种规则，如用餐规则、交通规则、学校规则、家庭规则、与他人交往的规则以及在公共场所应该遵守的规则……当孩子触犯规则的时候，要好好给孩子解释，使孩子能够从中获得警示：“为什么别人不喜欢跟我玩？原来是我太过霸道”“为什么邻居不喜欢我？原来是我太闹”“为什么我没有朋友？原来是我不懂得分享”……要让孩子对这些日常规则有一个明确的认知。如此，孩子在学习与生活中想要做什么时，会用心中的规则事先进行衡量，就知道自己到底该如何做了。

要让孩子明白：自由的前提是不冒犯和不妨碍他人；尊重是相互的，在别人尊重自己的同时也必须学会尊重别人，懂得体恤别人的感受。如此，孩子就会渐渐发展出同理心。在懂得照顾别人的感受、约束自己、遵守规则、平等对待他人的同时，成长为一个被他人接受和喜欢的人。

家庭是培养孩子责任心的第一课堂，父母是培养孩子责任心最好的老师。当我们从一点一滴的小事开始培养孩子的责任意识时，在养育孩子过程中遇到的很多难题就会迎刃而解，我们的孩子就会在生活的历练中成长为一个有责任、有担当且能自律的人。

“为人父母”课后分享

郭咏华：创造美好的未来

三天的“为人父母”第十六期课程，我感觉时间过得太快了，包老师的课还没听够。包老师在课堂上讲了育儿四要素：教育，爱，修和智慧。回想自己育儿十年的经验，我深深地被触动了。

关于教育，不得不说孝顺。过去我对孝顺，总有很多的分析判断。我不明白，父母做错了，为什么还要顺？我并不明白孝顺的意义何在，更愿意去跟父母理论、争论，去分个对错黑白。人生坎坎坷坷走过，我也并不懂得，是因为自己抱持这种信念，才有了这样不顺利的生活。我的生活里没有这样的教育给到我，让我去看到更高层面的东西，所以等养育孩子的时候，我对中国文化的一知半解，导致我更愿意接受西方倡导的爱和自由的理念。

当时我并不清楚，一个连孝顺都不懂的人，怎么会懂得什么叫作无条件的爱。当孩子们不断地长大，接受爱和自由的孩子们，表现却各不相同。有的孩子被严重宠溺，目无尊长；有的孩子看似独立，实被忽视，关键时期得不到帮助。有的父母脱离了这种教育，觉得无法驾驭，情况不妙，回归了“传统文化”；有的家长呕心沥血地探究教育，结果是自己正确的知识和方法想传给孩子的时候，孩子又紧张抗拒，总带着无奈和纠结。

坚持爱和自由的我们，走到一个死胡同时，再看坚持传统教育的父母，孩子们一张张蜡黄的小脸，一个个沉重的书包，一副副死气沉沉的样子，大多数都失去了对科学探究、钻研的兴趣，失去了对理想的追求，没有方向，没有目标，没有生活的激情和兴趣。我很茫然，这方面是我要逃离的，那一面，又是我不可驾驭的，这让我何去何从？

我不知道经过自己的手，孩子会被捏成什么样子。面对那样的一个他，在未来十年后，二十年后，甚至三十年后，我能否问心无愧地对自己说：“我尽力了，我做到我能做到的最好了！”我是否能心安地认为，我现在给予孩子的一切，是孩子真正需要的？我这样做能否确定他会拥有一个光明的未来？我是爱孩子的吗？我到底是“爱”他，还是“碍”他？

包老师讲，教育是：上行下效，始之为善。这何尝不是每一个家庭的梦想？只是这样美好的家庭氛围早成了这世界上真正的奢侈品，甚至还不如追求奔驰宝马容易些。家长一次次地想去改变，一次次地碰壁，最后选择了妥协和放弃。我们不想看真相，看到孩子的问题是父母的问题，因为觉得自己改不了，但我们又是多么希望孩子身上不会有我们不喜欢的地方。我们不但和孩子沟通不良，夫妻之间也多有无奈，我们不懂得沟通背后需要怎样的链接。

包老师讲到“修”，我深刻认识到，**比做好父母更重要的是做好别人的子女。**但是，若不曾听过包老师的教诲，我不会相信我会成为一个好女儿。对于修自己，我们何尝不是很多的痛苦和艰辛，很多的无助和期盼？

包老师在处理个案之后，在让我们看到许多真相之后，振聋发聩地说：如果教育孩子还需要用方法（技巧）的话，你的爱心在哪里？我们的孩子为什么越来越像我们？其实我们对自己是非常不满意，我们都不爱自己，怎么能去爱一个跟自己一样的人呢？孩子从我们不接纳我们自己的时候，已经失去了来自父母的爱了。我们的爱心到底哪儿去了？

包老师讲**爱的四个层面，第一层，牺牲的父母，为了孩子牺牲了自己，父母是战士；第二层，努力的父母，努力的背后是欲望；第三层，付出的父母，一个人去付出的时候，是需要回报的；第四层，喜舍的父母，只有充满喜悦的舍，才会有真正的得。**能做到这一点，需要修，需要提升自己的能量。真爱就是提升自己的能量，并提升对方的能量。否则我们借着爱的名义，做的却是掠夺别人能量、榨取别人能量的事。孩子的能量都要被无知的父母榨干了。

在上包老师课程之前，很多时候我无法克制自己的行为。明知道不能打孩子，明知道不能对孩子言语刻薄，明知道应该充满爱地去陪伴孩子，明知道不能给孩子的心灵留下伤痕，可是，明知道却做不到。每次做错之后，锥心之痛，无法排解。

上包老师的课后，有些被卡住的关卡，打开了。有些深深的绝望，过去了。特别是第三天，讲到对父母要孝顺，要喜舍，要喜受的时候，我有生以来第一次发自内心地对妈妈充满了感恩之心：感恩妈妈给我二十年的磨练，让我懂得去选择一个什么样的男人做老公。看到父母的哪些方法无法支持自己孩子成长时，我觉悟到避免犯类似的错误。这一程“修自己”的路，我第一次有信心走下去。

西方教育讲让孩子成为他自己，而包老师讲对孩子未来的“设计”。我再一次被深深地震撼了。这种对教育高度的驾驭，是在洞察了孩子本身的特性、特长和潜能之后，在跟孩子有足够的链接时，在父母和孩子建立了足够的尊重和信任基础上，才能够操作的一件事。原来让孩子成为他自己，是父母首先要知道孩子本来的“样子”，才有希望去实施的。

包老师画的链接与平衡的十字轴中的四个象限，我们每一个人，每一个孩子，只有生命中实现了这四件事，才能感受到活着的精彩，生命的意义：价值，自由，财富，能量。我自身严重缺乏这四样东西，即便我竭尽全力，如何能够真正给予孩子？但是，当我跟随课堂走下去，我的孩子开始不同，我的家庭开始不同，我和长辈的关系开始不同。

不知道从什么时候开始，我的孩子开始敢于竞争，敢于争取第一；开始感受到他自己内在的力量和突破自己的喜悦。我和老公从左手右手，柴米夫妻，开始走上灵魂伴侣之途。我和父母公婆的关系，也从相互刻意去令对方满意，而变成了真正的感动和感恩，幸福的链接就在无形中，不经意中，建立起来了。

多年之前，我经历过内心的挣扎和揪扯后，对朋友们说过，我只想做一个真正的人。

多年之后，包老师在课堂上对学员们说：“不以为人，何以为父母！我做的是教育！”那一刻我泪如雨下。父母生了我的肉身，书本给了我许多人生的哲理，而真正让我能够去做到并感悟到一个人的尊贵和幸福的，是包老师。每每想到他用生命去做教育，我都无法不泪崩，无法不感动。

人们存在的价值，不是以拥有多少去衡量，而是以付出多少去体现。我不断突破自己的局限去领悟包老师的慈悲和大爱，每一次都令我为自己的狭隘而汗颜。每次听包老师讲东方智慧，我心里的感动都如大海涌动。

“为人父母”第十六期课程之后，我接受了我的样子，我不在乎所有经历中留下的种子，因为我知道我跟着这个家园，我会做到我来此生该做到的事情。我看到自己的价值，不断地给予自己自由，我会活出我的精彩。我相信我的家庭会收获这四象限里的每一个需求，生命因此而美丽。

2014年8月19日

第七章
养育孩子重在滋养心灵

在孩子纯真且敏感的感情世界里，浸透着的是一颗颗无比诚挚、晶莹剔透的心，他们渴望大人的理解与支持。

病是内心的语言

医学研究证明，如果人的心灵长期处于消极状态或被某种强烈的精神刺激，就会使中枢神经系统受到抑制，降低人体免疫力，进而诱发各种疾病。

在现实生活中，我们经常会发现，某人得知自己患了癌症，其身体状况就会急转直下。原因在于，巨大的心理压力和对死亡的恐惧强化了疾病对身体的损害，外在的表现就是食不知味、寝不安席，身体上自然就会出现健康方面的问题。可见，人内在心灵的变化随时影响着外在的健康状况。

身体的疾病是内心所要表达的语言。疾病产生的部位，会跟人的心灵世界有一定的关联性，不同的器官有着不同的象征。譬如某个人常常头痛，可能有很多的事情困扰着这个人，他对很多事情有困惑，想不开，才导致了头痛。平常我们可以观测到，头痛可能是因为有很重的工作压力，或是有很多烦心的事一拥而上，让你想不开而已。当然，如果是头撞墙产生了疼痛，那是肉体的痛，另当别论。

孩子具有独立的人格和独特的天赋，他们天资聪慧且感情细腻，能够敏锐察觉到父母情绪的变化，当家庭能量场中产生负面能量时，他们就会受到影响，并有可能将负面能量转化为自身疾病。现实中这样的例子有很多，比如，有的孩子因为家庭暴力而患了抑郁症等。

虽然有些疾病与遗传等因素有关，但不可否认，仍有不少疾病根源于父母对待家庭、对待孩子的方式。所以，请不要忽视孩子的感受，**请不要在孩子面前装作若无其事，背后争吵不休，循着蛛丝马迹，孩子什么都能感受到。**

孩子往往会透过家里的氛围来觉察父母，并产生相应的情绪反映，他们在用自己的方式让父母看到需要提升和改变的地方。如果父母没能及时意识到问题的严重性，那么存储在孩子心里的焦虑、担忧、愤怒等情绪就会反映到孩子的身体上，使孩子产生不同症状。如果夫妻关系长期不合，孩子周围就会充斥太多的负面能量，身体可能就会不间断地出现问题。用平衡理念衡量，孩子是在用生病的方式平衡父母缺失的思想与行为。

作为父母，我们一定要对孩子的心灵有所认知和解读，要明白孩子的病是一种内心的语言，孩子是在通过身体的疾病来提醒我们该如何去做。当我们读懂了孩子的身体语言后，就能够通过这种心灵上的释放来化解，带给家庭更多的正面能量，使孩子的身心健康成长。

每一个具有血缘关系的家庭成员都有着属于这个家族的特性和精神密码。孩子与父母的心灵有一种割舍不断的链接关系。父母看到孩子出现一些特殊状况后，应及时找到自己身上的错误链接，果断地将其断开，重新链接上正向的部分。这样，解开孩子的心结，孩子就更容易保持健康。

当我们懂得人与人之间相链接的过程以及这个规律时，我们与孩子之间的很多问题就能够得到很好的解决。

养育孩子就是管理情绪

父母是孩子成长过程中最亲密的伙伴，也是与孩子朝夕相处、接触时间和机会最多的人。研究表明：父母在家庭生活中的行为，尤其是情绪，是影响孩子身心健康的直接因素。父母是孩子最早的模仿对象。孩子通常会把父母的行为作为自己的标杆。世间没有不爱孩子的父母，可为什么孩子还总会出现这样或那样的问题呢？情绪，是父母的情绪影响了孩子。家庭是孩子来到这个世界上开始学习和成长的第一个地方，也是孩子形成个性、品质最关键的环节。在家庭中，父母的情绪对孩子的成长起着至关重要的作用。尤其是在怀孕期，母亲对孩子的影响是最大的。怀孕期间妈妈的情绪、负面想法都是影响孩子的最直接因素。

每个人在成长、受教育与社会化的进程中产生的恐惧、失落、怨恨、内疚、害怕、自责、愤怒等情绪，如果得不到有效释放、清除和化解，就会产生细胞记忆形成潜意识的“程序”。这些“程序”就像计算机病毒一样，只要条件满足，就会自动运行。由于这个原因，当现实生活中再次出现与以往经历有着相同感觉的情境时，潜意识就会自动启动“程序”，引导身体做出反应，导致人的烦恼与痛苦经历不断重现。这样，即使有着对美好生活的追求，人也会因为不自觉地受控于潜意识程序而很难改变自己的现状。

情绪是对心智能量的最大消耗。潜意识中存储的情绪越多，人再次遇到相同或相似境遇时产生的反应就会越明显。情绪存储的时间越久，对人的作用和影响也就越大。情绪会侵蚀人的身体细胞，破坏人的脏腑器官，影响并作用于人的心智，使人常常因此失去理智。

当我们努力压抑、控制这些情绪时，那些可以用于达成目标和创造物质生活的生命能量就会被大大地消耗。随着时间的推移，甚至会导致人失去生命，并在这个过程中将这种思维模式传递给下一代，严重的还会对社会及他人造成危害。

在利用思想创造物质的过程中，情绪容易被人忽略，但它是形成潜意识“程序”的重要部分。所以，要想改变生活现状，实现人生梦想，就要采用科学有效的技术方法对早年经历中影响和作用于现实生活的情绪进行有效的释放、清除和化解，改变潜意识“程序”，提升生命价值。

这些年的个案处理中，我深切地感受到情绪对人的作用和影响。很多父母在无意识的状况下给孩子种下了一个个情绪“种子”。这个情绪“种子”会随着日后的生活状况生根发芽，随着环境产生效力。很多人在没有走进课堂以前，不懂得这样的规律，对给孩子带来的情绪不以为然，看到个案和对个案的解读后才恍然大悟，甚至很多人震惊和悔恨，震惊的是看到一些微不足道的小事居然产生了如此巨大的影响，多少年来一直在为当时的过程“埋单”；悔恨的是因为无知也曾经用自己受到伤害的方式来对待孩子，给孩子带来痛苦。

在“为人父母”课堂上，有位学员的问题是自己十岁的孩子很怕黑，晚上从不敢一个人上卫生间和一个人睡。通过个案处理，我看到这位学员从小很乖、很听父母的话，母亲是老师，从小就带着孩子上课，一旦自己的孩子和别的孩子发生冲突，无论对错，母亲都会将孩子推到教室外面进行惩罚。

有一次同学欺负她，拿了她的铅笔，她在教室中追着要，这时候母亲走进教室，看到这个情景不由分说，就呵斥着将她推出教室。站在走廊上，没有一个人，天黑了下来，很快雷声滚滚，她双手抱头，非常害怕。我问她当时有着什么样的情绪？她回答：“很恐惧，很害怕。”我让她重复多次，将当时压抑的情绪释放出来，她双手抱头蜷缩起来，正是当时因为害怕所形成的细胞记忆的样子。

情绪释放后她明白了，当时的记忆导致后来自己怕黑和听到轰隆隆的雷声就紧张担心，也是这样的心情在生活中不断传递给孩子，当孩子犯错误时，就将孩子推到阳台外面并关上阳台的门，用自己曾经受到惩罚的方式来继续惩罚孩子。想到一次将孩子推到阳台上时，天气很晚，孩子在外面哀声求饶的情景，这位母亲泪如雨下。她感受到了孩子的痛苦，课程结束后回到家里和孩子做了一次深谈，用课堂学习到的释放情绪技术帮助孩子走出了心灵的阴霾。

外在源于内在，孩子在现实生活中的各种“症状”都是心灵创化的现象。在孩子成长的过程中，父母的不良情绪会严重影响孩子的身心健康，消耗孩子的能量，形成孩子内心的“挂碍”，导致孩子出现各种所谓的“疑难杂症”。

其实，我们每一个人的心里都隐藏着巨大的能量，这些能量通常都以情绪的方式表现出来。能量本身是没有好坏之分的，但当能量以情绪的方式出现时，就有了差别。通常，**正面情绪表现为：爱、感恩、好奇、兴奋、快乐、平静、幸福和感激；负面情绪表现为：害怕、沮丧、失望、无聊、伤心、愤怒和内疚。**心理研究表明：当孩子的情绪处于积极状态时，就会在快乐与放松中极具想象力和创造力，而当孩子处于消极情绪中时，就会多疑、易怒，极具破坏性。

孩子是父母的影子，其人生和价值取向直接受父母影响。为了让孩子拥有积极阳光的心态，作为父母，我们一定要学会控制自己的情绪。家庭治疗大师贝特森对家庭动力学中的矛盾情景有过一项经典描述——双重束缚，即父母之间或父母与子女之间交流时在关系水平与内容水平之间有明显的矛盾，使家庭交流发展出一种矛盾的不确定性，家庭成员不知道对方是关心自己还是抱怨自己，比如说**“我这都是为了你好！”，孩子感觉到的不是关爱，反而是巨大的压力**。父母只有用正确的方式表达正面的情绪，才能够传递给孩子正向的能量，让孩子获得鼓励和温暖。

现代社会竞争日趋激烈，大多数父母都有很大的心理压力。当家长被外在压力和内在情绪控制的时候，不但看不到孩子的天真可爱与阳光灿烂，反而会在一些无足轻重的小事上放大孩子的缺点。所以，当上班快迟到了，孩子却还在磨蹭着不肯起床时；当拖着疲惫的身躯回到家，却看到孩子把家里弄得一团糟时；当辛勤地付出后，却看到孩子糟糕的成绩时……家长往往会气不打一处来，对孩子发一顿火，甚至狠揍孩子一顿。可是，这样就能解决问题吗？孩子该怎样还怎样，甚至还会因为我们的不良情绪而产生自闭、多动等症状，岂不是得不偿失？

养育孩子就是管理情绪。我们不能以成人的标准要求孩子。孩子还小，还不具备自律、分清轻重缓急、体谅大人等能力，所以，他们的表现往往无法令大人满意，甚至会违背我们的期望，这是再正常不过的。如果我们希望孩子懂事，想要孩子具备这些能力，就必须克制住自己的脾气，在管理情绪中耐心培养孩子的能力。

贝多芬曾经说过："把美德、善行推介给你的孩子，能给他们带来幸福的只有它们，而不是财富。"身为父母，请你把压力和烦恼抛在外面，把快乐与微笑给予孩子，要尽可能地控制自己的坏情绪，把积极正面的情绪传输给孩子。记住：**孩子不是坏情绪的回收站。**

“为人父母”课后分享

常蔚华：爱孩子就是提升孩子的能量

三天两夜的“为人父母”第十五期课程，带给我很多的思考与感悟。这次课程是夫妻一起上的，感觉很不一样，我们之间的链接好了许多，相互探讨的共同话题也更多了，回家后我们与孩子好好地谈了心。

去上课的这几天，孩子在家里发高烧。上课前一天晚上，我给孩子作了浅层的情绪释放，了解了孩子内心的拉扯。当时以为是孩子对作业的恐惧导致情绪压抑，其实都是假相。周日晚到家，孩子已经退烧了，当与孩子再次坦诚相见时，听到孩子说：“你们周末总是不在家，很久没有陪我了。”那一刻才恍然大悟，其实孩子是用发烧这个事件来让我看见对他的疏忽。他需要关注，需要跟爸爸妈妈在一起。

包老师在课堂中说的教育、关爱孩子的事例，让我很感动，不禁赞叹老师的智慧。想起自己也看过许多育儿书籍，但离真正做到差太远了。罪魁祸首就是自己的情绪，控制不住的时候就会打骂孩子，给孩子的心灵造成了极大的伤害。每个人来到这个世界上都带着各自的使命和成长需要。孩子就是映照在我心灵里面明亮的镜子，是来修我们父母的。他只属于他自己，他是自由的天使。我们父母只是一个通道，只有孩子的抚养权，没有孩子的拥有权。我们拥有孩子的身体，却观想不了他的灵魂，他总是高于我们，在提示、引领着我们成长。父母要尊重孩子，给予孩子充分的自由，让他有所价值，给予生生不息的能量，在家族系统内建立正确的序位观。

每个孩子都有着特别的天性和禀赋，都是一个独特、独立的个体。我们教育、抚养的过程，就是让孩子在成长的路上发现自己、做自己的主人、成为他自己，这是一个人成长的关键。作为生命原件的我们，只有不断修好自己，才能使这份家族的能量得以传承，将这份善与爱播种在孩子的心灵深处，为他成为参天大树源源不断地输送养分。

不以为人，何以为父母？！就从当下出发，做好一个人，再成为真正合格的父母吧！

2014 年 5 月 28 日

爱抚胜过任何说教

调查表明，大多数家长在教育孩子的过程中往往过多地采用了“说教”的方式，忽视了与孩子之间的非语言沟通手段。比如，当孩子向我们讲述某件事情时，我们很多人往往会边干手里的事情边听孩子说，几乎从未去注视过孩子的眼睛，甚至有时还会不耐烦地对孩子喊：“你没看见我正忙着吗？不能有时间再说吗？烦人！”当孩子受了委屈哭泣时，我们常常会觉得孩子不够坚强而训斥说：“哭什么哭？就不能坚强点啊！”……从何时起，我们与孩子之间的沟通，只剩下了干巴巴的说教？

语言学家艾伯特·梅瑞宾研究认为：**人与人之间的沟通93%是通过非语言进行的，只有7%是通过语言进行的。**在非语言沟通中，有55%是通过面部表情、形体姿态和手势等进行的，只有38%是通过音调的高低进行的。单纯的说教并不能成就良好的沟通，孩子的健康成长需要感受到爱与支持。

某福利院为孩子提供着很好且充足的食物、衣服和玩具，但工作人员却发现，孩子们的发育很慢，体质也不怎么好，有些孩子常会郁郁寡欢，甚至眼神呆滞。这让他们很是困惑：为什么有着这么好的物质条件，孩子们还是无法健康快乐地成长呢？为了解决这个问题，福利院请来了科研人员查找原因，经过一系列研究后，科研人员终于找到了原因——因为这些孩子太缺乏拥抱和爱抚了。

心理学研究证明：拥抱是人类心理和精神发展的重要因素，是慰藉心灵的需要。美国著名心理学家赫洛德·傅斯博士研究发现，拥抱能让父母和孩子之间的关系更加亲密，而且经常与父母拥抱的孩子心理素质明显高于其他孩子。

可见，拥抱和爱抚胜过说教。

孩子因为缺少独立面对生活的能力，常常会很依赖父母，希望得到父母的照顾和爱抚。如果父母没能够注意到孩子的心灵需求与感受，只是简单地给予孩子粗暴的说教，就会造成孩子心灵的压抑，甚至会在孩子幼小的心灵中存储下负面的情绪种子，影响孩子人格的形成与健康发展。

徐女士虽然已经年近四十，却依然很怕黑，每天晚上睡觉时必须开灯。这种情况在家还好，一旦出差，很多时候都没办法自己单独一个房间，开灯睡觉必然会影响同屋伙伴；但如果不开灯自己就很难入睡，第二天会感到很疲倦，注意力也不能很好地集中，这自然就会影响工作和学习。在“为人父母”课堂上，徐女士回忆起了自己5岁时的一次经历。

那天晚上外面刮着很大很大的风，吹得窗户都噼噼啪啪地响。徐女士一个人住在自己的房间里，隔壁是父母的房间。午夜时分，听着呼啸的风声和窗户的响声，徐女士很害怕，一动不动地缩在被窝里。可没想到窗户却突然间被吹开了，无奈之下徐女士只好起身去关窗户，可当她瘦小的身躯用力拉着窗户时，却突然看到对面墙上有个“人头”在晃动，她当即被吓得“哇哇”大哭，急忙跑向了父母的房间，用小拳头拼命地捶打着父母的房门，哭喊着：“有人头，快开门啊！”

过了一会儿，睡意朦胧的父亲打开了房门，问明情况后，父亲到她的房间里看了一下，就把窗户关上了，并教训她说：“哪里有人头啊？别疑神疑鬼的！赶紧睡觉吧。”年幼的她已经被刚才的情景吓坏了，她哭着央求父亲：今晚不回自己的房间，她想和父母一起睡。父亲却没有同意她的请求，她只好回到了自己的房间。然而刚才那令人毛骨悚然的情景却在她面前不停地闪现，她害怕极了，为了减少恐惧，她只好整晚开着灯。一连几天，徐女士都因为此事无法入睡，每晚都开着灯缩在被子里，生怕再看到那个可怕的“人头”。从那天开始，徐女士睡觉时就有了这个习惯：必须开灯。

课堂上，我让徐女士重新回忆起当时的情景，再去经历一次。这次徐女士清晰地感受到：原来对面墙上所谓的“人头”只不过是个挂在树上的风筝，在那里随风摇曳。徐女士多年揪着的心终于放了下来。

试想，如果当时徐女士的父母用拥抱和爱抚代替说教，耐心地为她揭开“人头”之谜，并允许她在他们的房间里睡一晚，徐女士怎么可能会被一个风筝折腾这么多年？

人在过往经历中，特别是在幼年时期形成的心灵创伤，会极大地影响现在的生活与工作。作为父母，一定要及时给予孩子足够的拥抱与爱抚，才能够始终与孩子保持亲密关系，才能够强大孩子的内心能量！

处于幼年时期的孩子，更需要家长的拥抱与爱抚，他们希望家长能够主动与自己沟通，主动关心自己并能够理解自己。然而，在现在的家庭中，很多家长往往会因为各种各样的原因忽视孩子的心理需求，不经意间就会造成孩子的心灵创伤。家长对孩子的很多伤害都是在不自觉，甚至不自知的情况下造成的，**很多心灵创伤并非源于虐待和打骂，不问青红皂白的说教和忽视却会在孩子的心灵中留下比虐待和打骂更深的烙印**。孩子如果在幼年时期没有感受到来自父母的爱抚，不管将来取得多么大的成就，拥有多么大的能力，多么高高在上，都不会真正喜欢自己。就像俄罗斯套娃一样，在一层层华丽且强大的外表下，包裹的始终是他内心深处那个小小的自我。

对孩子来说，情绪的疏导和宣泄是很重要的。当孩子情绪不佳时，简单的说教只会加重孩子心灵的创伤，而如果能够及时给予孩子爱抚，就会使孩子的情绪得到宣泄与释放。可是，又有多少家长真正明白这个道理呢？

到了期末考试公布成绩的日子，我看见一个母亲在训斥自己的孩子：“你到底是怎么考的？这些题老师明明都在课堂上讲过，我也给你讲过很多次，你怎么还是做不对呢？真是够笨的！”面对妈妈的训斥，孩子一边不停地抹着眼泪，一边对妈妈说：“妈妈，对不起！我错了……”

看着孩子可怜巴巴的样子，我很是心疼，对孩子妈妈说：“其实孩子也想考好，没能考好他已经很难过了。如果你能够好好地安慰他，他以后肯定能考好！”

简单粗暴的说教只会打击孩子的信心，甚至会给孩子带来影响深远的伤害，而**拥抱和爱抚却具有一种无言的力量，给孩子带来强大的安全感，让孩子在遭受挫折时重新振作起来，让孩子释放压力，放松身心。**

在陪伴孩子的过程中，如果我们能有效地运用目光、声调、动作等来与孩子沟通，就会收到远比“唠叨”更好的教育效果。有时候，你亲昵地拍打几下孩子，甚至是给予一个鼓励的眼神，都会给孩子带来极大的信心！

走进孩子的内心世界

很多父母在与孩子沟通或者教育孩子时，经常会说“你犯了 ×× 错”，特别是被老师谈话后，父母回到家都会怒火中烧地打孩子，边打边说：“你居然会这样，真是反了你了！”“叫你贪玩！”……作为父母，你一定是希望孩子能够从中得到领悟并激励他进步，可是你的方式却传达了错误的信息。这样的行为只能让孩子误以为你是对他个人的行为感到不满，他没有办法理解到底怎样做才会进步。特别是针对孩子功课的教育，你在言行中并没有告诉他如何做才会更好，你的行为只是让他知道，因为我的功课不好、我爱玩就是坏孩子。

这会造成孩子以后产生两套不同的价值标准，他不会去想什么才是让自己人格好或不好的问题，他总觉得只要对你有所交代，只要功课或任何事都能够

我只看到你的眼睛，却没有看到你眼睛里的那个我

达到你的标准，就是好孩子，慢慢地就会造成有些孩子长大后不负责任。

父母对孩子的方式会影响到他今后对待社会与团体的模式。比如，孩子之间的纷争，有一些口角、争执，没办法决定的时候，通常会邀请父母来做裁决。很多父母没什么耐心，会要求年龄大的让着年龄小的。如果年长的不让年幼的，父母就会用生气或处罚打骂的方式处理。

可是，父母有没有想过，你这样的行为是在告诉孩子，“**以后只要碰到什么摆不平的事，用暴力就可以解决**”。他以后遇到事情也不会去想该怎么协调，总觉得找一个公证人来协调，最后的结果还是以大吃小，用暴力就可以解决这一切，这是很可怕的。

孩子在人生旅途中会发展成什么样子，与父母有着很大关系。很多父母一旦发现孩子犯错，就不问青红皂白地非打即骂，这不但会影响孩子心理的健康

做孩子最好的造梦师

发育，还会导致孩子思想偏激，甚至会让孩子对父母产生仇恨。现实中有很多这样的例子：

黄静，一个16岁的女孩，悄无声息地离家出走了。就在大家纷纷揣测孩子失踪原因的时候，女孩的父亲道出了其中的原委。原来，黄静的父母为了让孩子考上一所好的高中，对她的管教十分严厉，当出现摩擦和问题时也没有能够好好倾听孩子的心声。

父母只想着孩子考上好的高中能给家里增光添彩，却根本没有顾及女儿的感受。直到女儿离家出走后，他们才意识到自己的错误。这位后悔不已的父亲站在媒体镜头前近乎哀求地说道："女儿，你回来吧！爸爸今后再也不说你了。你看到电视后，一定要尽快给我们打个电话报平安。自从你出走后，你妈就病倒了。现在咱们的家每天都笼罩在一片悲伤之中，你回来吧！回来吧……"

给予孩子心灵的关怀远比给予孩子物质的享受更为重要！这些犯了错，甚至犯了罪的孩子既可恨又可悲，他们在现实生活中找不到自己的位置，他们的心中压抑着太多的情绪，因为缺乏父母的关注与倾听，在心与心之间筑起了厚厚的屏障，有了隔阂。**他们想要倾诉，却不得不紧闭双唇；他们需要慰藉，却无人给他们温暖的怀抱。**在无法释怀的情况下，他们只有选择偏激的举动来摆脱目前的困境。于是，便上演了一幕又一幕的家庭悲剧。这一切的一切，难道不值得为人父母者深刻反省和觉悟吗？

父母对待孩子的方式直接影响着孩子的心灵成长。作为父母，我们必须懂得，“自己的言行会在孩子的潜意识里随时播撒下情绪的种子”，如果我们在孩子最需要理解和倾听的时候，不能给予孩子心灵慰藉的话，孩子的情绪就会因不能够得到有效的释放而形成种子。时间长了，这个种子就会不断地发芽、生长，消耗孩子内在的能量，使孩子做出过激的行为。

记住：与孩子的沟通不是质问，更不是责骂，而是心与心的交流，是理解与宽容；一味地打骂孩子是极不科学的管教方式，只有准确地指出孩子的错误、适时表扬赞美孩子、给予孩子坚定的支持与鼓励才是正确的管教之道。作为父母，一定要从改变自己的言行举止做起，时刻关注孩子心灵的成长，在与孩子的共同经历中获得共同的成长，在密切关注孩子心理的同时真正走进孩子的内心世界。我们要通过倾听孩子的心声，及时疏通孩子内在情绪的郁结，使孩子获得心灵的慰藉，让孩子的心灵获得健康的成长与发展。

“世上没有不爱孩子的父母”，我们该如何做才能够真正走进孩子的内心世界呢？这就需要父母在倾听孩子的心声之前先忘掉自己。通常，人与人讲话时，表面上是你一句我一句，好像是在认真倾听，但总会分心于下一句我要怎么说。

我看见天空很蓝，就像你在我身边的温暖

爱的路上，最大的过错是错过

如果我们不能够忘掉自己，我们的心就没有在孩子身上，孩子也就体会不到我们的爱。

生命的成长没有固定的形态，孩子不一定非要考上好的高中、大学，不一定非要考研、读博才能够创造生命的完整。每个孩子来到世间都有他自己要走的路，都有他自己的功课要完成，只有顺应规律地成长才是最好的！

记得哈佛大学校长曾在一次毕业典礼上讲过一段发人深省的话，他对台上领奖的学生说："你们不用太骄傲，因为你们都要回学校当教授，向学校领钱。"却安慰坐在台下没有领奖的学生说："以后哈佛的发展，都要靠你们的捐献。"**不要用世俗的标准去评判孩子的好坏，把心放宽一点，忘掉自己去倾听孩子的心声，去接纳孩子的全部。**

在孩子们纯真且敏感的感情世界里，浸透着的是一颗颗无比诚挚、晶莹剔透的心，他们渴望大人的理解与支持。只有学会心理换位，在体察与理解的基础上认真倾听孩子内在的心声，他们才不会产生紧张和恐惧的情绪，才会感受到父母深切的爱，才会在放松与愉悦中对父母敞开心扉，不再抵触与父母的真诚沟通，把自己的心里话与成长心得分享给父母听。唯有如此，父母才能够及时有效地了解孩子的内心世界，从而更好地担当孩子的启蒙老师，更好地引导和教育孩子，培养孩子各方面的良好品德和习惯，从小塑造孩子的高尚情操。

用心呵护孩子美丽的心灵

我们的孩子就像天使，他们美丽的心灵像透明的水晶一样，不存在任何瑕疵。可是，身为家长，当你在努力想要使自己的孩子拥有更多知识和技能时，你可曾问过自己：**是否遗忘了孩子美丽的心灵？**

孩子美丽的心灵是这个世界上最为宝贵的财富，可是，如果没有了家长的呵护，美丽的蓓蕾就会因为失去滋养而凋谢。正如苏霍姆林斯基所言："如果善

夕阳下的奔跑

良的情感没有在童年形成，那么，无论什么时候你也培养不出这种情感来。”

孩子幼小的心灵很纯洁也很脆弱，需要父母从小精心地呵护。可有些父母会认为孩子还小，分不清是非，就常用一些哄骗的手段来对待孩子。**孩子是天真的，也是认真的。**他们往往会对父母所说的话深信不疑。当父母许下诺言总不兑现时，孩子就会在感到失落的同时，失去对父母的信任，甚至学会骗人。

不是吗？生活中有很多家长在面对孩子的哭闹束手无策时，都会采用吓唬孩子的方法，比如：“宝宝，不哭，再哭老妖怪就来了！”“再不听话，你最害怕的大灰狼就要来抓你了！”此时，幼小的孩子往往会被吓住而停止哭泣，家长只是发现这种方法有效，却很少有人会考虑这样做带来的恶劣后果。**童心是**

幼稚且很容易受伤的，当你把“老妖怪”“大灰狼”等这些连大人都觉得可怕的东西施加给孩子时，就会抹杀孩子的天性并压制孩子探索的胆量！我的一位朋友曾经告诉我，她就是这样被父母吓大的。她小时候，因为父母很忙，没有时间照看她，又怕她乱跑不安全，所以经常用妖魔鬼怪吓唬她或者告诫她社会上有很多坏人，吓得她在家里不敢出去。长大后，虽然她已经知道父母说的都是假的了，但小时候的恐惧感仍然挥之不去，让她对陌生人有很强的戒备心理，在陌生的环境里也很胆小，不敢探索。

家长还经常用这样的哄骗手段：“宝贝你乖乖的，我就给你买小火车玩……”其实，**孩子小小的愿望也许一个童话故事就可以满足**，不见得非用小火车。这样做既教会了孩子说谎，又打击了孩子的自尊。所以，不要欺骗孩子或者吓唬孩子，更不要向孩子许下不能兑现的诺言。

孩子的问题都来源于父母。**当母亲看到老鼠突然惊叫时，孩子学会了惧怕；当父亲看到穿戴漂亮的人投以羡慕的目光或称赞几句，而对肮脏的人嫌恶蔑视时，孩子学会了辨别美丑。**虽说我们并没有特意向孩子讲述这些，但在言传身教中，孩子都看在了眼里，记在了心里。所以，当我们发现孩子有什么不良行为时，一定要首先反省自己的教育方式，尽早发现问题并解决，以呵护孩子纯真的本性，避免让孩子养成坏的行为习惯。

一天，亮亮放学后在客厅玩篮球时，不小心打到了书架上的一个古董花瓶，随着“咚”的一声，花瓶落到地板上摔碎了一大块。亮亮慌忙把碎片捡起来，用胶水把瓶子黏合在了一起，小心翼翼地放回了原处。

晚上，亮亮妈妈在做清洁时发现了花瓶的问题，却并没有立即发作，而是等到吃过晚饭后才问亮亮说：“亮亮，是不是你把花瓶打碎的？”

面对妈妈的问话，亮亮眨了眨眼睛说：“有一只野猫从窗外跳了进来，我怎么赶也赶不走它，结果它在上蹿下跳的时候碰倒了架子上的花瓶。”

听了亮亮的话，妈妈确定亮亮在撒谎。她们家住一楼，她每天上班前都会把窗户关好，下班后才会再打开。

她并没有揭穿亮亮的谎言，而是不动声色地说："哦，是我的错，忘记关窗户了。你先去洗漱吧，睡觉前来书房一趟。"

洗漱完毕后，亮亮怀着忐忑不安的心情走进了书房。看到亮亮来了，妈妈放下正在看的书，从一个抽屉里拿出了三块巧克力，把其中一块递给亮亮说："这块巧克力奖给你，因为你用自己神奇的想象力杜撰出了一只会开窗户的猫，以后，你一定可以写出好看的侦探小说。"

接着，她又把第二块巧克力放在了亮亮手中："这块也是奖给你的。因为你用自己杰出的修复能力把裂缝黏合得几乎完美无缺。不过，家里的胶水是修复纸质物品的，修复花瓶不仅需要黏合力更强的胶水，还需要更高的专业技术。明天，我们把花瓶拿到艺术家那里，看看他们怎样把一件工艺品修整得完好如初。"

最后，母亲把第三块巧克力递给了亮亮，说："最后这块巧克力代表妈妈深深的歉意，作为你的母亲，我不应该把花瓶放在容易摔落的地方，尤其是当家里有一个热衷体育的男孩子时，希望你没有被砸到或者吓到。"

"妈妈，我……"亮亮诚恳地向妈妈承认了自己的错误。从此以后，亮亮再也没有撒过谎，每当他想撒谎时，三块巧克力就会浮现在他的眼前。

多么睿智的妈妈呀！明知道是孩子打碎了花瓶，还撒了谎，她却用自己特别的方式给了孩子最好的教育。

每一块巧克力，每一句话语都蕴涵着妈妈对孩子浓浓的爱意和教育的艺术，尤其是第三块巧克力，以诚恳地向孩子检讨自己把花瓶放错地方的名义奖励孩子，让孩子感受到妈妈对他无私的爱。这三块巧克力不仅保护了孩子的自尊心，还呵护了孩子纯真的内在本性，使诚实做人成为伴随他一生的优秀品质。

“我的孩子很叛逆”“我的孩子很磨蹭”“我的孩子特别闹”“我的孩子爱骗人”……好像我们的孩子天生就“问题多多”。其实，如果我们能够向亮亮妈妈学习，凡事都能从自身查找原因，认为一切都是自己的问题，你就会发现孩子很多美丽的品质。

然而，现实中有多少父母能真正做到这点呢？很多父母一看到孩子做错了事，就会满腔怒火地训斥孩子，批评、惩罚、体罚几乎成了我们教育孩子的家常便饭。在一味指责孩子的同时，我们也在带给孩子内心的创伤。因为**惩罚只会告诉孩子做错了什么，孩子却并不清楚到底该怎样做。赞赏与奖励才会告诉孩子做对了什么，孩子会朝着父母赞美的方向不断地努力。**

可见，比起外在身体的营养，孩子更需要精神上的滋养。孩子纯真美丽的心灵可谓弥足珍贵，它需要我们每一位家长用恰当的行为与适度的关爱来悉心呵护！作为父母，我们应该从提升自身做起，多从自身查找原因，用心呵护孩子美丽的心灵，时刻关注孩子心灵的变化与成长，以同理心来看待孩子，思考孩子的想法，用精神上的关爱与孩子一起经历，共同成长。如此，我们才能够真正走进孩子的内心世界，切身了解孩子的思想，在给予孩子情绪疏导的同时，有效地抚慰孩子的心灵，让我们的孩子一生健康喜乐。

第八章 为人父母就是修自己

真正的爱不是创造亲情的对立，而是对孩子人格的培养，是对父母自身的一种修正。

放下期许，修正自己

有一天，一位在大学里教授禅学的教授来请教南隐禅师，什么是禅。

南隐禅师以茶相待。他将水注入来宾的杯中。杯子满了，南隐禅师好像没有发觉，继续往杯子里注水。

望着茶水溢出杯来，满桌都是，教授忙用纸巾拭水，并对南隐禅师说："杯子满了，茶水已经漫出来了，禅师不要再倒了。"

南隐禅师停下来，微笑着对他说："你就像这杯子，头脑里装满了对禅的看法和想法，却来问我。如果你想让我说什么是禅，你得先把自己的杯子空出来啊。"

放下我们的所知所悟，放下我们的期许，才会获得真正的进步与提升。这对于我们的人生来讲很重要！很多人却并不懂得这个道理，总是好为人师，不论与人交往，还是处理事务，都习惯于用自己的经验和意志。这样貌似无私助人，实际效果却是：剥夺了他人学习的机会，阻碍了他人前进的步伐。

很多家长常常对孩子进行“计划教育”，告诉孩子遇到人或事时不能这样而要那样。最终，**孩子只能按照家长所编写的人生说明书面对一切。**这种“无论孩子做什么都有指导方向”的做法，其实并不是真正意义上的严格要求。因为有多少期许就会有多少失望。我们对孩子的“计划教育”只会让孩子缺乏开拓的勇气和创新的灵感，只会让孩子在面对新的问题、新的困难时表现得胆怯、不知所措，甚至做出让人觉得不可思议的事情。

高考之前，众人眼中善解人意、成绩优异的徐力却把自己的母亲杀死了。这样一个好孩子，为什么会做出这样残忍的事情呢？

为了让儿子能够考上自己期许已久的清华大学，母亲会随时放下工作去学校看儿子。如果她看到儿子在打篮球，就会冲到操场上对跟儿子一起打篮球的同学说：“你们不许跟他打篮球，他是要考清华的，你们干扰他，让他分心，是什么动机啊？我警告你们，以后不许跟他打篮球！”

只要徐力在家，电视是不会开的，电话也从来不会让徐力接，一旦妈妈接到徐力同学的电话，就是不问来由地训斥对方：“你找徐力干什么？你作业做完了吗？你知不知道你打电话过来会影响徐力学习……”

妈妈的做法让徐力在同学面前很没面子，他曾多次听到同学说：“不能跟他玩，他妈妈会找我们麻烦。”在同学们异样的眼光中，徐力越来越孤独，越来越不爱说话。

这天中午，妈妈做好午饭后，在自己的房间里边看电视边等徐力回家吃饭。听到开门声，她知道徐力回来了，正准备关电视，徐力走了进来对她说：“妈，我回来吃饭了。”

一看到徐力进到了自己的房间，妈妈立刻怒火中烧，关了电源后就对徐力开始了劈头盖脸地指责：“吃饭就吃饭，冲进我房间干什么？是不是想偷看电视啊？你看看，就你这样怎么考清华啊？我看你是没希望了，我这辈子也指望不上你了！你要是有出息了，全世界的人就都有出息了……”

面对妈妈一连串的数落，徐力根本插不上话，妈妈的每一句话都刺激着徐力的神经，他被彻底地激怒了。原本压抑在心中的来自于高考的压力、学校和老师的期待，以及他已无法忍受的同学的鄙视与疏远，都在妈妈的训斥中演变成一股强大的怒火，徐力如一头咆哮的狮子般爆发了。

他冲出家门，拿起邻居放在家门口的榔头，不由分说地冲进家中，砸死了妈妈。之后又慌乱地用一个澡盆把妈妈放在了床底下，惊慌失措地跑到附近的一个小旅馆中。魂不守舍的他一遍遍问着自己：“我杀害了妈妈？是真的，还是在做梦？”

爱有时也会是一种伤害。有的人嘴上说爱孩子，但是做的事情却是在害孩子，消耗孩子的能量。徐力的妈妈就是这样，她对徐力过多的期许不仅害自己失去了宝贵的生命，也彻底毁了徐力原本充满希望的人生。

这个深刻的教训时刻提醒着我们每一位为人父母者：**我们要做的不是越俎代庖，替孩子判断选择，而是放下期许，把经历的机会留给孩子，让孩子在经历中实证所知，自行判断对错、甄别真伪，也只有如此，孩子才会真正学到面对世界的技巧，才会看到自身的不足并加以修正。**

很多时候，原本只是一件很简单的事情，但当被我们赋予特殊的意义之后，我们的期许就会增大，而当事情失败的时候，我们也就会承受巨大的失望。比如，孩子考试考了 100 分，我们就会想下次也考 100 分，再下次也考 100 分，这样孩子将来肯定会考上好大学，会取得好的成就。**孩子如果是一个气球，期**

许就是一个充气筒，我们不断向气球中充气，孩子也在承受着不断变大的压力。伴随着期许的不断变大，我们渐渐失去最开始的那份清醒，变得不理智。不理智的行为肯定会带来令人无比失望的结果，最终，在气球爆破的那一刻，我们才发现是我们不正确的爱害了孩子。

人其实很简单，孩子的成长本应是一个顺应自然规律的过程。然而，父母的期许却带给孩子过大的心理压力，使孩子出现这样或那样的问题。也就是说，孩子问题的根源不在孩子而在父母，孩子是在用他自己的方式来让父母看到需要提升和改变的地方。所以说，真正的爱孩子是一种修行，是父母愿意为了孩子的幸福而修正自己、改变自己。如果我们能够放下期许，多些思考，能够从孩子的表现中发现自己的问题，最大程度地修正自我，就能够真正提升我们和孩子的能量。这才是我们来到这个世界上应该完成的真正的学习。

给孩子无条件的爱

通常，大多数父母对待孩子的方式会有以下两种：自己不曾做到的，希望孩子能够做到；自己不曾拥有的，希望子女能够拥有。我们总希望“青出于蓝而胜于蓝”，总盼望自己的孩子能够“长江后浪推前浪，世上新人赶旧人”，这就是父母的执着。正因为我们有这样的执着，才会觉得孩子不能让自己完全满意。为此，我们会觉得教育孩子成了一件吃力不讨好的事情，总是在为如何教育孩子发愁。在众多的教育理论与庞杂的教育方法面前，家长往往叫苦不迭，不知所措。其实，教育根本不需要那么多的理论与方法，我们只要秉承一个原则，就能教育好自己的孩子，这个原则就是无条件的爱！

每一位父母都深爱着自己的孩子，爱到最后却发现：孩子现在跟我们说话，都是只言片语；和朋友说话时，却会关起房门，热聊很久。为此，我们很嫉妒，我们很不解，我们不知道为什么自己的孩子会变成现在这个样子。殊不知，原因都在我们自己身上，因为我们对孩子很难做到无条件的爱，我们的爱都是有条件的！

不是吗？当孩子出现你所不能容忍的状况或行为时，你是怎么做的？你是不是总是生气地向孩子咆哮？是不是会怒火中烧地打骂孩子？……可是，你有没有想过，这其实是孩子对我们爱的考验：如果我不够好，爸妈还会爱我吗？如果我成绩不好，爸妈还会爱我吗？如果我任性不听话，爸妈还会爱我吗？如果我犯了错误，爸妈还会爱我吗？……

孩子刚生下来的时候，我们会说："只要健康就好！"稍大一些的时候，我们会说："快乐就好！"可是，孩子开始学习的时候，我们似乎就忘记了自己的初衷，会把一大堆要求突然放在他面前："你必须听话，必须专心听讲，必须按时完成作业，必须取得好成绩……"如果孩子达不到我们的要求，我们就会开始喋喋不休地指责与训斥，全然不见了曾经的满足与爱意。

我们爱的方式会告诉孩子：必须考第一才是我们的好孩子。当然，每一次考试都会有最后一名，可最后一名绝不能是我们的孩子。**别人的孩子可以垫底，我们的孩子不可以。**我们对孩子的爱是有条件的，我们希望孩子听我们的话，希望孩子的所作所为令我们满意，认为这才是孝顺的孩子。

每每孩子让我们感到不满意的时候，我们就会生气地训斥孩子，"你再哭，再哭妈妈就不要你了""你怎么把家里弄得这么乱啊？赶紧收拾一下，要不妈妈不爱你了""好好吃饭，不准乱说话，否则明天就不带你去游乐园""乖乖写作业去，不听话妈妈就不疼你了"……你是否知道，这样的训话在孩子看来就是：**爸爸妈妈并不会无缘无故地爱我，哪怕我本身并不乐意，都必须让他们满意，我的行为必须合乎他们的要求，他们才会爱我！**

然然最近总是隔三差五地肚子疼，妈妈带她去医院几次总也查不出毛病，真不知道孩子到底是怎么了。这天，妈妈在整理然然房间的时候偶然看到了写在本子上的一段话："我不想去上学，所以就假装肚子疼，这样就不用去上学了。"然然为什么要假装肚子疼呢？这不是害妈妈担心吗？

把然然从学校接回来之后，妈妈并没有对她发火，而是温和地说出了自己的发现，并道歉说自己不是故意的，只是想帮她收拾一下房间。然然接受了妈妈的道歉，之后，妈妈问然然："然然，能不能告诉妈妈，你为什么不想上学，还假装肚子疼呢？"

然然咬了咬嘴唇，抬起眼睛望着妈妈说："因为自从我上学后，妈妈就变了，我发现是每天的功课害得妈妈不再爱我了。不过，那次我突然间肚子疼时，又感受到了妈妈的疼爱，所以，我就会假装肚子疼。"听了然然的话，妈妈心中猛然一惊，这让她想起了最近自己对待孩子的方式。因为刚上小学，面对孩子做作业时的拖沓与贪玩，她往往会克制不住地生气，还不停地责备然然，没想到这让然然认为：是功课导致妈妈不爱她了。怪不得最近然然经常会问她说："妈妈，不管我写不写功课，你都会爱我吗？"

然然妈妈终于明白：是自己不正确的对待误导了孩子。于是，她为自己之前的不当做法向然然道歉，告诉然然："不管然然做不做功课，妈妈是永远爱然然的。不过既然上了学，我们就要好好地做功课，因为只有把功课做好了，才能学到更多的知识，才会懂得更多，获得更多的快乐。"

听了妈妈的话，然然知道了妈妈会永远爱自己，并答应妈妈每天会好好地做功课。之后，然然再也没有装过肚子疼，反而越来越喜欢上学了。

作为父母，我们应该懂得从孩子的问题中发现自己的问题，修正自己对待孩子的方式。要知道，有条件的爱对孩子的成长来说有害无益，非但不能让孩子积极上进，反而会让孩子产生严重的畏惧心理，自信全毁，无所适从。他会不敢再去尝试自己无法让家长满意的行为，进而产生厌学、自闭等不良情绪，严重影响今后的生活。即使有些孩子可以做到让家长满意，他们的心中也会因此特别害怕失去爱，会在有意无意中为了迎合别人而伪装自己或欺骗别人，长此以往就会形成浓厚的虚荣心，甚至产生严重的心理问题。

没有哪一个孩子不渴望获得父母永恒不变的无条件的爱！可是，身为父母的我们在教育孩子的过程中却经常会有条件地施予我们的爱，这是一个极其严重的错误，会给孩子带来极为深远的隐性伤害，会把我们的孩子带进一个功利的世界。

有一天我们会发现：父母费尽心思所要完成的事业，都是用自己的生命换到的。这个换的过程就是父母觉悟的过程，从孩子的生活状况中反观自己，洞见自己的生命可以提升和进步的地方，用自己的付出和行动来改变和改善自己不想要的结果。这样的换就是值得的，就是有意义的。

父母总是希望孩子得到更好的生活，得到最好的教育，甚至有的父母会对孩子说："只要你把书念好了，家里的其他事情都不用做。"在很多的父母看来，孩子的任务就是读书，得了第一名就是好孩子，最后一名就一定不是好孩子。在这种观念的引导下，即使你真的把他培养成为一个很优秀的孩子，但长大后的他就只会追求优秀，会用有条件的眼光看待周围的一切，包括自己的父母，甚至会评判父母的条件好不好。放眼社会，我们不难发现，很多有成就的优秀孩子，到最后却会瞧不起自己的父母，认为自己的父母不够体面，羞于带父母出场。试问：**我们用有条件的爱来培养孩子，到最后换来的是什么？孩子也一样会用有条件的眼光来审视我们！**

身为父母，我们也是从孩子一步步成长为成人的。每一个孩子都对这个世界充满着好奇，没有哪一个孩子会拒绝成功的快乐，更不会有哪个孩子会天生恶习缠身。所以，请不要把对孩子的爱作为教育孩子的筹码。不管孩子的成绩是好是差，都要经常告诉孩子："你考第一名是我的孩子，考第二名也是我的孩子，哪怕你考了最后一名，妈妈也一样爱你！只要你让爸爸妈妈看见你认真、负责地努力就可以了。"

当然，孩子的成功与成才是我们每一个为人父母者最美好的愿望！但如果你总是给予孩子有条件的爱，那你就只能离这个愿望越来越远。要想真正实现这个愿望，就应该正确地对待孩子，给予孩子无条件的爱，教育孩子学会付出爱，懂得体谅别人的难处，感激别人的付出，在帮助别人、照顾别人的同时，成长为一个有责任感的人。

然而，现在很多家长很不注重培养孩子的承担精神，总觉得这样做会影响孩子的学习成绩，会违背“一切为了分数”的最高纲领。可是，社会的发展与进步需要德才兼备的有志青年，一个高分低能者，一个只有分数却没有社会责任感、没有爱心的人，无论他拥有多少闪亮的文凭，也难以在社会中寻得自己的立足之地！

因此，作为家长，我们需要明白的是：读书、学习是一辈子的过程，并不仅仅是指那段短暂的求学过程。真正的学习是在生活中。比如，孩子的待人接物，在家里他是否会帮忙做家务？如果看到我们手上提着很重的袋子，他会不会帮我们接过去？如果他看到我们口渴会不会主动倒杯水给我们……能够做到这些的孩子才是真正的好孩子。日常的学习成绩只是孩子对知识掌握情况的一种反映，关键的成长在平常的生活与经历中。

爱，是不带条件的！真正的爱不是创造亲情的对立，而是培养孩子完善的人格，是对父母自身的一种修正。让我们用无条件的爱为孩子创造一个美好的成长空间，让孩子在自由的成长与亲身的经历中学会感恩，懂得包容，成长为一个善良且有爱心的人。

教育孩子是自身蜕变的过程

人生是一部可以不断更新、不断改进的作品。可是，有时候当我们倾尽所有，希望通过自己的努力去掌握生命规律、改写生命历程时，却常常会事与愿违——没办法看到我们所期待的结果。

正当我们纠结于命运的无常，感叹生活的无奈时，另一个天使般的生命——我们的孩子，降临到了我们身边。这使得还没脱离“孩子”思想的我们，不得不手忙脚乱地装成父母的样子，去小心谨慎地呵护这个似乎可以让自己重生一次的小生命。然而，又有多少人能够明白：如果我们的心智没有真正强大起来，这将是一次注定以消耗和残缺结束的因缘之旅；如果我们无法成长，我们当下拥有的能量将远不足以链接这个精彩绝伦的生命。

旭是家里的独生子，母亲对他极其宠爱，事无巨细地管理着他的饮食起居。然而，随着旭渐渐长大，母亲的强势越来越明显地影响着他的生活。特别是在旭谈婚论嫁的时候，母亲更是以喝药上吊的方式逼着旭与自己中意的对象分手。最终，旭只好娶了一位母亲无比满意的女孩。

可是，婚后生活让旭无比头疼，母亲很快就对媳妇由喜欢得不得了发展到了恨得不行。她不只挑拨小两口的夫妻关系，还常常找各种借口把旭留在自己这边，不让旭回自己的家。如果旭非要回去，她就会找个理由跟过来，晚上也住在旭的家里。由于旭当时住的是小平房，只有一张床，她就和儿子、媳妇挤在一张床上睡觉。特别是在旭的孩子出生后，她更是找出各种理由不让旭和媳妇在一起。

两年后的一天，旭突然失踪了，走时他只给媳妇留了一张六个字的纸条：“我走了，不用找。”如今，二十多年过去了，旭再也没有出现过，没人知道他是死是活。他的母亲也在他失踪几年后去世了。

这是一个真实的故事，二十多岁的旭之所以会那么决绝离去，就是因为不堪忍受母亲的控制，在母亲爱的牢笼中他已经近乎窒息。

“给孩子最好的”是天下父母共同的心愿。可是，什么才是最好的？难道将我们的人生寄托在孩子身上、为孩子铺好未来的路就是我们给孩子最好的爱吗？非也！孩子是我们生命的延续，但不是我们的附属品，他应该有属于自己的人生！我们需要觉醒的是——“为人父母”是一个自我提升的过程，真正的父母之爱不是对孩子恒久的占有，而是一种得体的退出。

世上的爱几乎都以聚合能量为目的，只有父母与孩子之爱是以分离为目的。从孩子脱离母体的那一刻开始，孩子的整个成长过程就充满着不断的分离：与母体分离→脱离母乳，学会自己吃饭→离开父母的怀抱，自己行走→离开父母的监护，开始学习，开始独自外出→脱离父母的管束，开始有自己的思想→脱离父母的供养，开始自己赚钱养活自己→离开父母，组建另一个家庭。

随着孩子出生、成长，父母应该明确地认识到真正的爱是逐渐地和孩子分离，促进孩子早日独立。这是一个不断更新、不断蜕变的过程，是一种生命成长的自然规律。如果家长没有意识到这一点，而把顺序做反了，就会违反规律，造成孩子的童年贫瘠和人格缺陷，严重影响孩子将来的生活与命运。

当然，这里所说的“分离”，并不是让家长们渐渐放弃对孩子的关爱，而是让我们在不断提升自己的过程中慢慢调整自己关爱孩子的方式。正如哲学家弗洛姆所说：“母爱的真正本质是关心孩子的成长，也就是说，希望孩子与自己分离。”真正的父母之爱是最无私的，只要自己的孩子幸福，父母愿意与孩子分离，并在分离之后继续无私地爱着孩子。

不懂得分离的父母，往往会打着“关爱”和“教育”的旗号控制孩子，即使孩子成年、结婚后，也要固执地占有孩子的生命空间，最终导致孩子世界的狭小，甚至残缺。

其实，孩子的成长和我们与孩子的分离是一个同步的过程，没有父母会明确地知道应该从哪年哪月哪天哪件事开始和孩子“分离”，就像我们发现不了孩子哪年哪月哪天长得比我们还高一样。**成长伴随着孩子的每一天，分离也伴随着孩子成长的始末。**为人父母就是不断减少对孩子生活的参与，不断改变自己，持续提升自己的过程。

曾有媒体报道过一位南方的妈妈从儿子出生后就一直陪着儿子睡觉，这一睡就睡到儿子 19 岁，甚至在儿子考上一所外地大学后，这位妈妈辞职到大学附近租了间房子陪儿子，理由是儿子离不开她。

这也就不难理解社会上为什么会出现“啃老”的现象了。媒体评论者总是习惯于把矛头指向年轻人，认为他们之所以“啃老”，是因为懒惰和不思进取，甚至有人提议通过立法禁止“啃老”。其实，这种把所有责任都归咎于子女的做法有失公平。我们应该透过现象去寻找问题产生的真正根源，才能够找到解决问题的办法。

试想，如果自己会走路，谁愿意被人天天搀着走？如果自己可以自立，谁愿意一直被父母供养？“啃老族”在本该意气风发的时候却不思进取，这与他们的成长过程不无关系。如果研究一下“啃老族”的成长史，你会发现他们的成长居然惊人的相似——他们的父母往往都缺少分离的意识，凡事包办，一直不肯让孩子独立；与此同时，又总是指责和鄙视孩子不能独立。在父母这样的对待与态度下，孩子往往会不知所措，最终产生自尊缺乏症，变得惰性十足且厚脸皮，成为精神上的侏儒。

研究证明，人出生后，除了脾气会因为天性有所不同外，其他东西基本都是后天形成的。孩子所有的现状，基本上都是家庭影响和教育的结果。在孩子成长过程中，父母的言行有着决定性意义。可以说，父母在生活中的每一瞬间都在深刻地影响着孩子，父母的每一个举动都会铭刻在孩子的记忆里，影响孩子的思维和个性，甚至决定着孩子的未来。

所以，父母教育孩子的过程，就是一次自身蜕变的过程。我们早已认同的那些生命理念，会在教育孩子时发生改变，我们的灵魂也会再一次得到提升。只有离不开孩子的父母，没有离不开父母的孩子。时代在进步，孩子身上有着很多父母不具备的优势，教育方法也应该不断改善。让我们学会从孩子的第一亲密者的角色中逐渐退出，不要把自己的功能扩大化，不要亲手用爱来毁掉自己的孩子。

出于爱，请不要再用自身不正确的观念来误导孩子，请你收回已经展开的手，给孩子的生活腾挪出空间，不断修正自身不足，与孩子一起成长，共同提升，这才是对孩子最好的疼爱。

透过孩子看到过往的缺失

人的生命是一个连续的过程，在这个过程中所经历的一切都会形成“细胞记忆”存在于人的心智中。这些身体记忆有的表现为禀赋和天性，更多的是形成了人的心灵障碍，影响着人的思想、生活和命运。我们无法重组或者选择基因，但我们可以通过找回附着在基因上的“细胞记忆”，来清理内在的心智障碍，提升能量和境界，寻回属于自己独有的幸福生活。

我们知道，父母对孩子的影响是最大的，孩子的表现往往反映着父母的为人。作为父母，当我们发现孩子身上有某些令人不如意的地方时，重要的不是去强迫孩子改变，而是应该通过孩子的表现审视自身，透视自己的缺失，不断修正自己。

刘女士与丈夫育有一儿一女，老大是女儿，叫越越，老二是儿子。随着孩子一天天长大，刘女士发现两个孩子都有吃手指的习惯，她曾多次纠正过，但怎么纠正孩子也改不过来，这让刘女士非常苦恼，她不知道该怎么办。

在与刘女士聊天的过程中，我了解到，刘女士与丈夫的关系不是很稳定，在2009年曾经有过要自杀的念头，在怀孕时因为被丈夫打过，还产生过不要孩子的念头。我让刘女士尽可能地释放曾经压抑的情绪，在放声痛哭中她不断地说着：“我好痛苦……”

之后，越越也诉说了自己的痛苦："妈妈、爸爸不爱我，妈妈不想要我……觉得我麻烦。现在爸爸对我不好，很少陪我玩。妈妈的爱让我很痛苦，因为妈妈不想要我的时候，我的难受导致胃不好，喜欢吃零食，不喜欢吃饭，想玩又恐高。"

通过个案处理，刘女士懂得应该处理好与丈夫的关系，十分感慨如果不是孩子有这样的状况自己也无法更多地了解自己与丈夫和孩子的关系，也不能感受到这一生要完成的使命。最后，她很感恩孩子用这样的方式让自己觉悟。

个案结束后，刘女士终于醒悟，原来孩子的问题来自父母，是自己曾经的对待导致了孩子今天的问题。我建议她：找个安静的地方，多一些时间做忏悔，和爱人一起多陪陪孩子。

由于心智并未完全成熟，做了这么长时间的父母，我们才真正明白：原来孩子不是用来教的，**孩子的到来是为了成全我们——让我们找到更为真实的自己**。人体细胞都是有记忆的，孩子的到来是为了成全父母，我们要能够透过孩子的表现看到自己过往的缺失。

伴随着生命的成长，原本天真无邪、无比纯净的孩子，正在一点一滴地复制着我们的样子，真实地呈现着我们的美好和缺失。如果我们无法看清与孩子的关系，无法读懂孩子的到来对于我们的意义，我们将永远无法觉醒，无法真正和孩子产生链接，更无法使能量流通、传承，甚至会在不知不觉中用很多错误的思想和方法，来亵渎这个纯净的生命。

玲玲的妈妈比较喜欢谈论别人的是非，经常跟别人在一起说张家长李家短的，还从来不避开孩子，甚至玲玲在写作业的时候，还时常能够听到妈妈在与别人谈论同事间的摩擦或是邻居的隐私。

一次，玲玲发现妈妈在与爸爸争吵，就问发生了什么事，结果妈妈说："你看你身上穿的、平时玩的，哪样不是你姥姥姥爷给你买的啊？可是你爷爷奶奶给你买什么了？他们管过你吗？也太小气了吧！”玲玲听得似懂非懂，爸爸也只能无奈地连连叹气。

有位邻居阿姨因为不会上网，所以经常来请教玲玲妈妈，玲玲妈妈也总是把自己上网的经验与技巧一五一十地告诉邻居，有时候还会热情地示范一二。这本是件很好的事情，可是每当邻居走了之后，玲玲妈妈就会嘲笑人家说：“她好笨啊！简直像头大笨熊一样。”

就这样，在耳濡目染中，玲玲也沾染了不少妈妈身上的不良习惯，与同学相处的时候开始议论别人的是非，甚至还经常嘲笑别人，这使得她的朋友越来越少，人也变得越来越孤僻。

家庭就好比是一座工厂，每一位家庭成员都是这座家庭工厂的产物。如果家庭的“产品”不合格，就会对整个家族造成很大的压力，也会给社会带来很大的负担，家庭、社会都要为此付出代价。当然，每个家庭都有属于自己的教育方式和伦理道德标准。如果这些方式方法是正确的，那么，这个家庭培养出来的孩子一定也不会差。但是，如果父母自身就有问题，那就必须更正，要修行。因为家长的不良行为将会在孩子身上产生最不幸的后果。在孩子树立正确的是非观之前，父母就是他们的权威，他们会把父母的做法当作评判是非的依据，盲目模仿父母的言行与作为。

在现实生活中，我们常会抱怨孩子不听话，却不知道孩子为什么不听话。那是因为我们自己就像孩子呈现的那样，难以接纳不合我们频率的思想或事件。为此，我们要么选择逃避，要么选择对抗这些思想，而我们的孩子正是在用同样的方式展现这种反应。孩子的状态，就是我们自己最真实的呈现。只有当我们愿意调整自己的思想时，才有可能改变孩子的频率，使之变成我们希望他们成为的样子。当我们觉悟到这些时，就能够明白孩子和我们的终极关系是成全的关系。孩子不是我们的附属品，我们没有拥有的权利。我们的使命是接受孩子的成全，通过孩子的成全透视自己的缺失，使自己得到提升和改变，使自己和孩子的人生都能够走向美好和圆满。

孩子是复印件，父母是原件。父母的觉悟应当是透过孩子的状况来洞见自己要成长、要改变和要提升的地方。

孩子是来修父母的，是让父母透过孩子的状况看到自己在家庭中是一个什么样的人。孩子是我们生的，一定带有父母生命中的特性。我们没有或者无法看到自己，但是当我们有了孩子，就有了期许和希望，也就从孩子的生命中看到很多不如意的地方，而这些不如意其实都是在映照原件。孩子是来修父母的，是让父母有更高觉悟和提升，如果我们能够理解这个道理，对孩子就会有更多的感恩。

培养觉性，突破个性

每个人都有属于自己的个性，或开朗、随和、健谈，或内向、安静、沉稳。但有些人，个性中会有缺憾的地方。比如，固执的人也会被别人视为很有个性，可有时，他也会被自己的这种个性害得很惨。马谡就是过于固执己见，不听属下王平的劝说，才最终导致丧失了街亭，落得被斩的悲惨结局。其实，很多时候，别人奉劝固执的人不能再这样下去了，固执的人也明白这样下去不是办法，可是越是有个性的人也就越固执，也就越难改变。这就好似用石头敲打墙壁，石头和墙壁都会有伤痕。可是，如果能换位思考，把石头丢进湖里，石头却能被湖水包容。所以，要想改变人的个性，还是得采取太极似的办法——以柔克刚。

人在童年的时候没有那么多复杂的想法，所以，孩子的世界总是那么单纯，也正因为如此，一个人小时候受到的教育，对于他以后的人生来讲，是何等的至关重要。

等到孩子有了自己想法的时候，就会越来越有个性，我们就不能再以小时候的方法来对待他们了。小时候父母对孩子说几句话，说重了没关系，孩子不久就忘了，不会像现在有这么多的想法。所以当孩子开始显现个性的时候，父母就有必要修整自己的个性了。修好我们的个性，才能够培养起我们的觉性，这样一来，在面对孩子个性的时候，我们就能够认识到自己的不足，在修好自己的同时带动孩子改变。所以说，养育孩子也是一个修自己的过程。

仔细想一想，你有没有因为自己的觉性不够，在无意中压抑了孩子的某种个性？孩子在 12 岁以前，一般都会有一个非常独特的特点是超过很多同龄孩子的，却往往会因为大人的执着和狭隘，因为我们期望孩子成为我们或者社会化的人物而把他的这个特点磨灭掉了。

有一对父母因为孩子很少说话，怀疑孩子有自闭症倾向，就决定把自己 12 岁的孩子送到精神病医院。在去医院之前，他们抱着最后一丝希望找到了我。我看着孩子明亮而纯净的眼睛，读到的是不被人理解的忧郁。我拉着孩子的手，由感受到细微的退缩到体会出能量的流动，我过去拥抱着孩子并在孩子的耳边说：“孩子你受委屈了，你想说什么就尽情地说吧。”孩子的身体在微微颤抖，一会儿便开始落泪。

等孩子平复后我和孩子慢慢从小时候爱玩的玩具谈起，孩子的话也多了起来，呆滞的眼神慢慢有了神韵。原来孩子的父母都是老师，对孩子要求严格，两个人教育孩子的方法也常常不同，使孩子不知所措。

最后孩子慢慢地不愿意讲了，因为一旦说错了，就会被父母反对和指责。孩子有孩子眼中的世界，用成人的眼界和思想看待孩子不对，也不公平。

随后我给孩子做了情绪释放，让孩子说出：“我要自由，你们不要再这样对我了。”父母听到孩子声嘶力竭地喊叫才第一次意识到孩子的心灵需要成长，需要空间，过去给予孩子太多的压抑，还经常将彼此的矛盾转嫁给孩子是不对的。想到这些年给孩子造成的心灵伤害，想到差一点将孩子送到精神病院，母亲失声痛哭，是悔恨，是觉悟。

因为父母的觉性不高，差点儿把孩子送到精神病院，这是多么令人难以置信的事情？可它就存在于我们的现实生活中。这提醒我们每一位为人父母者一定要提升维度，培养觉性。

因为人有不同的思想维度，一维度、二维度、三维度、四维度，还有N维度，不在同一维度的人在看待事情和接受事情方面会完全不同。当父母与孩子不在同一维度时，孩子的个性就会被压抑，他的价值就得不到张扬，他的思想和生命能量就会被约束，他就不能健康自由地成长。

孩子的成长需要父母给予尊重、理解与自由，需要父母提升维度，需要每一位为人父母者突破自己的个性。然而，“江山易改，本性难移”，人这一生中最难以突破和改变的就是自己的个性。智慧的人会懂得去发现和挖掘自己的觉性。觉性就是对生活中的一切事情都能有很深的体会和了解，并且懂得一切经历都是为了成就我们自己，从中看到是什么阻碍了我们无法到达。

养育孩子的过程就是一个培养觉性的过程。想一想，我们在生活中是怎样对待自己和孩子的错误的？**孩子稍有不对，我们就会生气、打骂，甚至惩罚，或者干脆代替孩子去做。而在面对自己的错误时，我们却总会欲盖弥彰，错上加错。**我们似乎已经全然忘记：孩子的问题就是父母的问题，孩子的到来是为了成全我们。我们应该能够从孩子的问题中看到自身的不足。

孩子幼年时期，难免会出现这样或那样的错误。**父母本应该正确对待孩子的错误，但很多父母却因为自己对错误的恐惧，无限夸大孩子的错误，甚至恐吓孩子。殊不知，无限夸大错误和恐吓并不能阻止孩子犯错误，反而会让孩子害怕错误，会拼命地掩盖错误，不敢承担错误，久而久之会导致更大的错误。**

就像一个谎言往往需要很多更大的谎言来支撑一样，在恶性循环中，孩子的人生道路会越走越偏，甚至无法挽回。

也许有的家长会疑惑："难道不能管教孩子了吗？"教育孩子本是每一位家长义不容辞的责任和义务，但我们教育孩子的目的是让孩子能够正视错误并改正错误，而不是恐惧错误和掩盖错误。

如果我们的教育使孩子对错误产生恐惧，一方面会使孩子懦弱，另一方面会使孩子不能正确面对错误。这就需要我们在教育孩子的过程中努力培养孩子的觉性，使孩子能够正确地看待错误，避免再犯相同的错误。想要做到这一点，就要先从宽容孩子的错误、突破自己的个性做起。

人的行为都是由思想、个性决定的。思想决定习惯，习惯决定人生。所以，我们的改变要从改变自己的思想、征服自己的个性开始。愿我们每一个为人父母者都能够正确地面对孩子的问题，培养我们的觉性，突破我们的个性瓶颈，培养孩子的觉性与勇敢，使我们的孩子成为真正的强者。当然，这也是改变我们命运的重要开始。

对父母修"受"，对孩子修"舍"

这一生，我们会在家庭和社会中担任很多角色和责任，这其中最重要的责任就是：**向上恭敬孝养父母，向下同心教育子女。**可以说，人生就是一个修行的过程，对父母修"受"，对孩子修"舍"，如此才能得到真正的学习和成长。

上天有好生之德，为了让每一个来到这个世界的生命都能有机会再成长、再学习，自有一番巧妙的安排。你会发现，这世界上有一个"我"，"我"是怎么来的？这是生命的第一个源头，是父母让我们来到了这个世界。所以，如果我们忘记了自己从何而来，错过了孝顺自己的父母，那么我们对待父母的结果也就形成了我们的个性；如果我们能够体谅父母，愿意孝顺父母，父母的缺点反而能成为我们的优点。

正所谓“不当家不知柴米贵，不养儿不知父母恩”，如今，已经为人父母的我们才真正体会到了父母的良苦用心，才了解了父母的不易与艰辛。作为父母，不管我们曾经做错过什么，他们都会原谅；不管我们成为一个什么样的人，他们永远包容；不管我们在哪里，他们心里永远装着我们。所以，在这一生中，我们最希望能够为他们做到的，就是能够在与他们的相处中，好好对待他们。

不管我们年龄多大，在父母心目中，我们永远都是孩子。他们关心我们，不管我们身在何方，总是会有根无形的线牵系着彼此的心。我们是父母的心肝宝贝，当我们遇到苦难时，父母会比我们更痛苦；当我们感觉快乐时，父母会比我们更快乐；当我们有所成就时，父母更会以我们为荣……这就是天下父母心。

当然，在我们内心深处也深深爱着父母，所以，我们十分孝敬自己的父母。但与此同时，我们却总是希望他们不要过问我们的生活，并且还总想着去改变父母，这是不对的。**除非父母真得想要过和我们一样的生活，他们自己愿意改变，否则，我们不可以想着去改变父母。**很多人在工作后，都在城市里安置了一个舒适的家，在自己享福的同时也想起了在农村守着清贫度日的父母，于是就把他们从乡下接到城市来生活。子女的本意是想让父母生活得更好，但你可知道，那只是我们的一厢情愿。在老家，父母可以走街串巷与左邻右舍聊聊家常，他们已经习惯了自己原有的生活，并不会觉得有任何不妥。我们想当然地认为他们生活得不好，执意把他们接过来和自己一起生活。可是，我们工作本就繁忙，又经常有应酬，怎能时刻陪伴在父母身边？现实生活中，很多老人的生活都与电视里经常播放的一个公益广告没什么两样，他们在家里烧了一桌的好饭好菜等着孩子们回来，可最终却接到一个又一个因为种种原因不能回家的电话，老人们在理智上都能够理解儿女们的繁忙，但在这种情况下也倍感孤独与失落，只能对着满桌的饭菜发呆。当父母孤寂地守着我们那个所谓的幸福之家时，他们的心里只有落寞。

所以，就**让父母按照自己的方式生活吧**！只要他们能开心地生活，只要他们觉得自己是幸福的，那我们也就尽到孝心了。

对父母修“受”，就是接受、孝顺父母。父母是我们的过去，只有与父母的关系融洽，我们才能过好自己的人生。对孩子修“舍”，舍就是付出，父母对孩子的付出是一种很大的力量，付出最好的方式是让孩子学会孝顺。

“百善孝为先。”**一个家族好比一棵大树，老人是树根，夫妻是树干，孩子是果实。**要想家庭幸福，一定要爱家族大树的树根，就是我们的父母。把爱浇灌在树根上，这棵大树就会枝叶繁茂，营养从树根开始往上传输，经由树干，最后滋养果实。这样的大树才会越来越粗壮，越来越茂盛。然而，有的家长却颠倒了顺序，把所有精力都倾注在孩子身上，这也就造成了孩子身上的诸多问题。

我们宠着孩子，不舍得让孩子做家务；我们惯着孩子，一切以孩子为中心；我们顺着孩子，想方设法满足孩子的各种要求……所以，今天我们会发现，我们的孩子如此自私、无礼、傲慢、懒惰，甚至不孝。他事事都只会想着自己，从没有为父母着想过。这是为什么？有一个现象很能说明问题：当全家人围着餐桌一起吃饭时，妈妈夹起的第一口菜会给自己的孩子，而无比疼爱孙子的爷爷奶奶自然也不甘示弱，同样会先夹菜给自己的孙子。孩子会认为：所有家人都在争着为我服务，我是家中的老大，一切唯我独尊。这样又怎么会把父母长辈放在眼里？所以，稍不顺意，他就会大发脾气。

所有关系都可以归纳为两个：一个是受，一个是得。对父母修“受”，任何时候都充满感恩，对所有的苦都不抱怨，就可以得到真正的提升。对孩子修“得”，就是要懂得“付出”和“舍”，你付出越多才能得到越多，所有的“得”都是“舍”来的。

然而，很多父母对孩子是牺牲而不是付出。牺牲的本质是对人的控制和压力，而付出则是欢快的、喜悦的，是一种喜舍。

很多父母为了孩子一味牺牲自己的事业和生活，在迷失自己的同时，也给孩子带来了无形的压力，反而滋生了孩子的惰性，扼杀了孩子的潜质。

真正的付出是有力量的、快乐的，是无量功德。希望广大为人父母者能够明白：孩子不属于我们，我们必须学会放手，给孩子自由，将孩子的一切还给他。

人有两种苦：一种是受不了，一种是得不到。受不了需要修慈悲和感恩；得不到需要修喜舍——一种快乐、喜悦、没有条件、不求回报的付出。

让我们对父母修“受”，用我们的孝顺换得父母心灵上的慰藉与精神上的愉悦；让我们对孩子修“舍”，用我们的言行教会孩子孝顺，用我们的宽容与爱，给予孩子自由的空间与快乐的心境！

“为人父母”课后分享

宋虹：我爱你

50多天的旅程仿佛经历了一生。人生中无数大大小小的经历都在这短短几十天里一一重放。回望自己走过的36年的人生，有一句话，一个声音，陪伴着我整个人生：永不放弃。不放弃对美好的追求，不放弃对爱的执著。

每个人的人生里都有无数痛苦的时刻，于我而言，从来没有一种痛苦这样深入骨髓，如影随形。我记得那天在去拿孩子诊断书的路上还是轻松的，我想也许终于可以告诉那些不能接受孩子稍微不同的老师，我的孩子没有自闭症，他只是不同而已，我们每个人不都是如此不同吗？他只是特别一点。当专家组代表告诉我，他们的结论是非常肯定这个孩子是自闭症时，我的脸上好像还是微笑的，因为我听错了，我以为他们说的是非常肯定孩子不是自闭症的。但是，越往下听越不对，我打断他："请等一下，您再说一遍，不是说他不是自闭症吗？"对方停下来静静地看着我，不发一语，灰蓝色的眼里是满满的理解和同情。老公在旁边轻轻地说，他说的是自闭症。

从专家组办公室出来后，我抓着老公不停地问："怎么会是这样？怎么办？怎么办啊？"老公是个单纯善良的人，总是没心没肺开心的样子。他居然轻松地安慰我："没关系的啊，我们多挣点钱，至少他将来有房子住，将来我们死了，我们的老二还可以照顾他。"可是第二天下午，我接孩子从学校回来，远远地看见这个昨天还假装轻松安慰我的人直直地站在门口张望，满眼是掩不住的担忧。

我想当我走进课堂的时候，我的潜意识一定是这样告诉包老师的：如果瞬间改变我的孩子是一个不可能的奇迹，那就改变我吧，让我变得更谦逊，更有力量，这样我才能改变我的人生经历和这个经历里的孩子。我想这样会让这件事情变得稍微容易一点，包老师不是神仙，何况天助自助者，就算是神仙也需要我自己配合帮忙吧？所以我有了一个愿力：愿意接受包老师帮我治愈，愿意改变自己。

课程开始之前老师说，这个课程走完，你所有的愿望都会实现。我想一定有人跟我一样半信半疑，可当课程一天天往下走，我一天天地看到我的愿望正在实现：我从来没有告诉老师我希望通过这个课程让自己变得更加谦逊，更有力量，但是我惊讶地发现老师对我说的每一句话，做的每一件事都在帮助我完成这个愿望！

我还没有从惊讶中完全回过神来就回到了加拿大的家里，经过不长的时间，我又震惊了：那个常常神游的"自闭症"孩子突然不神游了，他忙得没空理我，自己做数学题、写汉字、弹琴，自己刷牙、洗澡、换衣服。他和楼下的小丫头形影不离，他们一起弹琴，一起玩想象的游戏，一起聊天。他的老师告诉我他最近的表现突飞猛进！

让我惊讶的还有老二，之前我们放了太多精力在老大身上，老二对奶奶特别依赖，对我和老公明显疏远。在课堂上包老师说过：父母是孩子的第一顺序人，爷爷奶奶只是第二序位，我当时想，回去要调整了。我并不知道要怎样调整，包老师说多给孩子带一些礼物回家，并且细心地帮我准备了满满一箱礼物，让我送给孩子和我身边所有人。回到家里，老二看到我第一眼是微微一愣，然后笑了一下，并没有马上扑过来，只是保持一段距离地看着我，一直到我打开箱子说："宝贝，妈妈给你带了好多礼物哦。"他微笑着走过来一一打开，新衣服让我给披上，新鞋子让我给穿上，糖果让我剥开喂到嘴里，新玩具要我一遍遍地和他玩。我们一边玩一边相视而笑，从那一刻开始到今天，老二每天走路都是笑眯眯地蹦跳着。我这一次的离开似乎唤醒了老二：原来妈妈会离开，原来离开的妈妈真的会回来，回来的妈妈原来如此爱我。

包老师说，对孩子修"舍"。短短几十天的放手，却让我收获了如此多的喜悦，在这喜悦的背后还有一种无穷的力量感，这种力量感无时无刻不在提醒我：去帮助更多的人创造更多的喜悦，不停地去付出吧，这种喜悦和力量才会与日俱增、永不离开。可是我们如此狭隘，太多的苦痛放不下，阻碍着我们付出。

我们牢牢记着别人对自己的伤害，可是我不知道为了成全我，他们选择了被你怨恨。冥冥之中，那么多的爱与牵挂，我却选择浑然不觉，我要求这个世界用无数的方式无数遍地证明给我看，别人是爱我的。可是我却很少愿意向别人和这个世界付出和证明我对他们的爱。"爱出者爱返，福往者福来"，有多少次的呼唤就有多少次的回答，从未停止，永不离开。

忏悔蒙昧中创造的所有伤害，感恩冥冥中爱我和支持我的一切！我爱你，爱曾经不遗余力帮我走到今天的你；爱此刻听我喜悦分享、与我同在的你；爱一路上正朝我奔跑而来的你。我爱看过这篇文字的你，我知道在你的心底也有着让生命更加美好与喜悦的渴求，让我们一起走上回家的路吧！

2013 年 1 月 22 日

第九章

用爱的环境打造孩子的美好未来

家庭是教育孩子最好的学校。这所学校里没有围墙，没有教室，没有铃声，也没有作业和考试，却有着任何学校都不能比拟的辽阔、丰富和深远，这所学校里的每个人、每件事都在对孩子的成长发挥着神奇的作用。

家庭是最好的学校

从幼儿园入学难，到小学、初中、高中的择校难问题，我们似乎陷入了无法打破的应试教育怪圈，“升学率”成为一个让家长们纠结不休的问题。在孩子走出这所学校、又进入那所学校的过程中，家长总希望自己的孩子能够进入一所升学率高的知名学校。然而，你可知道，这种应试教育的模式已经严重窄化了学校教书育人的目标，日益沉重的课业负担正在一点一点磨灭着孩子的梦想……

什么样的教育对孩子来说才是好的教育？难道选择一所名校，就能够保证孩子拥有一个精彩的人生吗？非也！孩子的人生有着无数的可能，如果我们仅仅把目标锁定在狭隘的“升学率”上，费尽周折去为孩子择校，对孩子来讲，无疑是一种隐性的伤害。

对孩子的成长来讲，家庭教育才是最重要的！作为家长，我们应该思考的不是该为孩子选择哪一所学校，而是我们的孩子将来会成为怎样的人！有什么会比让孩子成长为一个健康正常的人更重要呢？

真正的教育应该是一种浸染熏陶的教育，家庭是教育孩子最好的学校。这所学校里没有围墙，没有教室，没有铃声，也没有作业和考试，却有着任何学校都不能比拟的辽阔、丰富和深远，这所学校里的每个人、每件事都在对孩子的成长发挥着神奇的作用。

在现实生活中我们不难发现：**如果一个孩子自卑、懦弱，他的父母中必有一个是苛求之人；如果一个孩子喜欢暴力，他一定有一个喜欢打骂的家长；如果一个孩子胆小害羞，他的父母一定经常批评责怪他，并喜欢包办代替；如果一个孩子不善良，他的父母中必有一人缺乏同情心；如果一个孩子不懂是非，他的父母中一定有一个专制、喜欢替孩子做决定或不明事理的人……**

我们常说“环境造人”，作为孩子生活与成长的主要环境，家庭可以成就一个人，也可以毁掉一个人！所以，为了下一代人的健康成长，我们必须认识到家庭环境对于孩子成长的作用，从为孩子创造一个良好的家庭环境做起，一点一点地增长为人父母的智慧。

如果我们不希望把自己身上那些不好的习惯遗传给孩子，就要从改变自身开始，从改变家庭环境做起。比如，我们本身并不热爱学习，但如果想要自己的孩子对学习充满兴趣，我们就必须改变自己，用自己的身体力行为孩子创造一个学习型的家庭氛围。

苏联教育家苏霍姆林斯基曾经说过：“家里别的东西可以少一些，但不能没有书。”这句话启发了一位为人父母者的智慧。为了培养孩子爱学习的习惯，他在自己家创建了一个“温馨书屋”，并在里面放置了近百本各类书籍。除此之外，他还跟妻子约法三章：吃过晚饭后的休闲时间内，不得像以前一样出去逛街、看电视或煲电话粥，而是要到“温馨书屋”里去看书。

就这样，他们开始了每日的读书时间。虽然，他并没有要求自己的孩子也必须读书，但孩子每每做完作业，都会跑到书屋中找自己喜欢的图书看上一会儿。很快，一个月过去了，他们发现，知识的魅力已经使他们离不开书屋了，他们开始意识到学习的重要性。不仅如此，孩子也在他们的影响下，越来越喜欢读书了。

正所谓：“与其喊破嗓子，不如做出样子。”当你滔滔不绝地要求自己的孩子多读书时，你有没有想过，自己空暇之时又在做什么呢？如果你总是一有时间就看电视或打牌，却强迫孩子读书，孩子又怎会服气呢？与其如此，倒不如像这位家长一样，用自己的行动、用良好的家庭环境去激发孩子的学习兴趣。

然而，改变谈何容易？对每一个人来说，最难改变的就是自己，尤其是在相同的环境中，难度会更大。当我们与不熟悉自己的朋友在一起时，相对而言还比较容易改变，因为对方并不会带着固有的认知来看待你。可如果我们跟很熟悉自己的朋友在一起，改变起来往往就会困难许多。比如，我们信誓旦旦地说要戒烟，朋友就会很怀疑，他们会提起上次我们轻易放弃戒烟的失败经历，他们的一句话往往就能打击我们的自信心，改变自然也就无从谈起。

当我们每天都面对同过去一样的环境时，比如说**在家中，改变则更加困难。因为全家人都彼此熟悉，如果我们说从现在开始每天要读篇文章，家人就会“提醒”我们这句话已经说过好多遍了。**家人的想法总是矛盾的：生活在一起，想让我们改变，变好了则担心这种改变不能长久，变坏了就会更担心，所以在家里面是最难改变的。

当我们明白了这个道理时，就应该对自己的孩子更加宽容，更有耐心。如果他没有做好，我们要给他机会，不可以总是盯着以前失败的经历，而是要告诉我们的孩子，没有做好没关系，我们再做一次！只要他愿意改变，我们就应该支持他。给他机会，其实也是在给自己机会。

好的家庭是一只理想的摇篮，良好的亲子关系是孩子一生中最大的财富。它会让孩子在享受父母的爱的同时，获得内心的安定，并由此提升内在能量。

没有哪个学校会比家庭更有爱，也没有哪个老师会比身为父母的我们更爱自己的孩子。爱本身就是人性中一种最为基本的教育。很多孩子在成年后之所以处理不好人际关系，不适应社会，不能够很好地融入工作，甚至出现人格缺陷等问题，其实都跟童年时期的家庭环境影响有着直接的关系。

孩子是反映家庭环境的一面镜子。**缺乏宽容、充满指责的家庭环境会培养出一个小心眼的孩子；充满负面信息的家庭，孩子也往往喜欢埋怨；缺乏爱的家庭，孩子往往会不快乐、敏感而多疑……**真正的教育不只是知识的传授，应该重在心性的养育和习惯的养成。家庭环境决定着孩子的未来！

孩子心灵的成长需要肯定、自由、情感、宽容、梦想，也需要面对挫折，所以教育孩子学会自助，给孩子一个健康良好的家庭环境，是我们为人父母者给予孩子最宝贵的财富。希望每一位为人父母者都能够警醒，从孩子的表现中审视自己，试着去改变自己：自身好的东西一定要保持，并要让其在自己的影响下一代传一代；那些不好的东西，要通过改变让其到此为止，不再影响或传给下一代。父母要以宽容的态度多多给予孩子机会，让他们一次比一次优秀，也让自己的生活更圆满！

家庭是养育孩子最好的场所，是孩子精神成长的摇篮，是孩子出发的地方。最好的教育永远只能由家庭提供。希望父母都能够重视孩子的心灵成长，为孩子建造一个自然、和谐、豁达、温馨的家庭环境，让家真正成为孩子的精神归宿，赋予孩子人格与人性的完善，点燃孩子的梦想。

比较是错误的开始

让自己的孩子成为社会精英，成为“人上人”，是大多数家长的共同愿望。然而，横亘在很多家长面前的困难却是孩子缺乏自信心，不敢表现自己。这是因为很多家长都忘记了鼓励孩子，反而错误地认为孩子需要不断地灌输和训导。为此，他们不断拿自己的孩子跟别人的孩子比较。

如果留心观察你会发现，凡是有孩子的家庭，他们聚在一起讨论的话题都离不开孩子。不管是在学校门口，还是在等孩子上培训班的过程中，还是在走亲访友聚会时，甚至是在公交车上，我们都可以听见不少家长乐此不疲地“比孩子”。“你家孩子真听话，我家那个太调皮了”“这次期末考试，我家孩子门门都是优，你家孩子呢”……

作为家长，你可知道，在你有意无意地攀比中，孩子是多么难过与无奈？你拿自己的孩子与别人的孩子比较，其实就是在打击孩子的自尊心，挫伤孩子的自信心。

“你看看人家某某多勤快啊！在家里什么都帮妈妈做。可是你呢？什么都不会做！”“你看某某学习多自觉啊！你怎么就知道玩呢？”“你什么时候也能给我们争口气？像某某一样考个第一名回来？”……有没有觉得这些话很熟悉？这些儿时父母对你的唠叨是不是也演变成如今你对自己孩子的训导？

伴随着父母不断的比较，“别人家的孩子”成为无数孩子心目中的“宿敌”。小时候，父母拿自己跟别人家的孩子比学校、比成绩，长大以后，父母还会拿自己跟别人家的孩子比学历、比工作、比收入……也许，家长是为了给孩子树立一个榜样或目标，想以别人家的孩子来激励自己的孩子积极努力，却不曾想过，这样非但不能起到激励作用，反而会适得其反——严重挫伤孩子的自尊心，打击孩子的自信心和上进心，甚至会抑制孩子的潜能。

朋友的孩子蓉蓉是一个活泼爱动的孩子，在班里学习成绩属于中等水平，但在音乐和体育方面很棒，是校跳绳队的优秀队员，还经常代表学校去参加演出和比赛，获得了很多奖杯和奖状，也为学校争得了很多荣誉。

然而，母亲并未将这一切看在眼里，总是对蓉蓉的学习成绩心怀不满。在她看来，只有学习好了，才能够考上大学，才会有好的出路。邻居家的孩子云云是蓉蓉的同班同学，每次考试都名列前茅，是老师眼中的“红人”。所以，母亲总是会对蓉蓉唠叨说：“你看人家云云，学习成绩总是那么好！再看看你，什么时候你也能考个第一名给我看看啊？就算不考第一，考个第二、第三总可以吧？”对此，孩子总是不服气地说：“我唱歌和跳绳都比她好！”听了孩子的话，母亲反而更生气了：“那有什么用！只能白白浪费你的时间！今后你少参与这些活动，好好学习，争取像云云那样考出个好成绩！”面对妈妈整日的比较，孩子心里很是难过，渐渐地，她疏远了云云，不再与她一起上下学了。更让孩子伤心的是，为了提高成绩，妈妈还帮她报了语数英的培训班，这让她根本就没有时间和精力去好好发展自己的爱好。结果，一学期过去了，孩子的学习成绩并没有提高多少，反而在唱歌和跳绳方面表现大不如前。

很多时候，家长为了自己的面子，总爱拿自己的孩子跟别人的孩子做比较，这是很多父母特别容易犯的一个错误。我们总希望自己的孩子能像那些孩子一样获得优异的成绩，能够自觉学习、知书达理，却不曾想过每一个孩子都是独特的，每一个孩子都有自己的特长和优势，其他孩子的标准并不一定适合自己的孩子。

比较是错误的开始，请不要再拿自己的孩子跟别人的孩子做比较，请不要再以这样的方式增加孩子内心的苦恼与无助。

一位母亲原来总是认为自己的孩子抑郁，我和她的孩子认真沟通之后，问孩子你最想和父母说的一句话是什么，孩子说：“请不要总拿别人的标准来要求我！”这位母亲才发现，一直以来她对孩子要求都非常严格，并在多个方面给他树立了榜样：“人家乐乐每次考试都有奖状，你也不能落后”“你看阳阳多听话啊？你要向她学习，别动不动就跟我们顶嘴”“你表哥考上了 211 大学，你要向他学习，将来怎么着也得考上北大或清华”……父母的不断比较，让孩子觉得周围每个孩子都比自己强，这让他感到很压抑。每当面对爸爸妈妈为他树立的这些榜样时，他都觉得自己一无是处、无地自容。渐渐地，他开始有意无意地想要逃离这种痛苦的生活，最终不想多讲话。在父母与孩子的真诚沟通下，孩子不但说出了自己的委屈，也还生气地质问妈妈说：“既然你觉得人家的孩子好，你就让他们做你的孩子好了！你总是在说我不争气，总是训我不懂事，总是羡慕邻居家的孩子，可是，你为什么不想想你自己，你做了什么，人家孩子的爸爸妈妈又做了什么，你想过吗？”面对孩子的问题，母亲由诧异渐渐变成了忏悔不已。

是啊！孩子说得没错！作为父母，我们在拿自己的孩子跟别人的孩子比较时、在指责抱怨孩子时，是不是应该首先反思一下自己，这一切究竟是孩子的问题还是我们自己内在的缺失？

法国作家拉·封丹写过一则寓言：北风和南风比威力，看谁能把行人身上的大衣脱掉。北风自恃力大，先来一个寒风凛凛、冰冷刺骨，结果行人为了抵御北风的侵袭，便把大衣裹得紧紧的。南风则徐徐吹动，顿时风和日丽，行人觉得春暖上身，便解开纽扣，继而脱掉大衣。南风获得了胜利。

用这则故事影射家庭教育，会让很多家长重新反思自己的沟通方式。南风之所以能够获得成功，是因为它顺应了人们的心理和需要，北风却一直在以自己认为对的方式背离人们的需要。所以家庭教育中，父母采用比较、质疑、训斥类的教育方法，实际上达不到初衷，只有给予孩子更多的温暖和关爱，融化孩子的内心，才能够让孩子真正获得成长的力量。

事实证明，很多家长之所以会拿自己的孩子与别的孩子比较，之所以会觉得孩子有这样或那样的问题，其实都根源于自身的问题。有的是因为从小被“比”着长大，不知不觉中沿袭了父母的教育方式；有的是因为自己当年的心愿没能实现，便寄希望于孩子；有的是因为自己从小在老师同学面前缺乏足够的自信，所以，家长们就把自己满腔的热血都寄托在了孩子身上，给孩子报辅导班或特长班，让孩子学习各种各样的才艺……却不曾想到，自己所做的这一切都源于自己内心深处那无法愈合的痛；却不曾看到，孩子的问题中都隐藏着自己的影子……

我相信，每一位家长都有自己内在的苦衷、无奈和心愿，但请不要忘记，**孩子不是实现我们心愿的工具，孩子有自己的人生要经历，有自己的功课要完成。**作为父母，我们需要做的就是适时放手，留给孩子空间和自由，培养孩子的自信心，让孩子成为真正的自己！

欣欣是一个很要强的孩子，学习成绩也很好。这天，欣欣从学校回来很不开心，妈妈问她怎么了，她沮丧地把老师刚发下来的百词验收试卷递给了妈妈。妈妈看了一眼，笑着对欣欣说：“96 分也不错啊！为什么还不高兴呢？”欣欣撅着嘴告诉妈妈：“有好几个同学都得了 100 分。”妈妈蹲下来，注视着欣欣说：“宝贝，96 分也不算低。他们考 100 分，说明他们学习很不错，但你画的画也比他们好很多啊！”一听到妈妈说起自己的长项画画，欣欣脸上就露出了开心的笑容。

每一个孩子都有上进心，都希望自己能够比别人强。但每一个孩子都有自己的长处与短处，每一个孩子的基础与起点也不同。**总拿其他孩子的标准要求自己的孩子，会严重打击孩子的自信心，加重孩子的自卑心理。**作为家长，我们要善于发现孩子的长处，及时给予孩子鼓励。

孩子是我们的未来，是我们的希望，是明天的太阳。当我们已经意识到自己的行为对孩子的严重影响时，当我们明白孩子的心灵成长需要肯定、自由、情感、宽容、梦想时，我们就要付诸行动，为孩子建造一个充满爱与支持的成长环境。所以，作为父母，请不要再拿自己的孩子跟“别人家的孩子”比了，比来比去，只会让孩子觉得自己真“不行”。如果真的要比，就让孩子自己跟自己比，不断指出孩子今天比昨天、这次比上次的进步，孩子自然就会积极向上、充满自信！

让我们做好孩子的向导，帮助孩子看到自己的优势，有效激发孩子的自信心，帮助孩子打造一个开心、快乐、圆满、上进的人生！

学习兴趣的培养重于学习本身

一个人成败的关键在于他学习和改变的速度。对于家长来说，懂得学习规律，让孩子学会如何学习，这比学习本身更为重要！兴趣是最好的老师。学习的第一件事，就是要有良好的学习兴趣。

古人云：“知之者不如好之者。”有兴趣的自觉学习自然会取得好成绩，这会使孩子获得强大的自我认同感。孩子会觉得学习是一件简单的事，更能体验到学习的快乐，也就更为自信。学习任何东西都需要这种感觉——简单。简单地学习，会让孩子拥有自信，拥有内在的自我笃定。轻松愉快地学习，往往事半功倍，取得意想不到的结果。

可见，从小注重培养孩子强烈的学习兴趣，能够有效激发孩子的内在动力，是帮助孩子实现人生和事业成功的最基础环节。因此，对家长来说，如何发现并培养孩子的学习兴趣，尤为重要。

培养孩子的学习兴趣需要做到以下几点：

一、创造阅读的家庭氛围，让孩子爱上读书。

一般来说，知识来源于书籍与实践，对青少年则更侧重于书籍。因此，为了让孩子爱上阅读，我们应该从十月怀胎起就开始给孩子读书。

十月怀胎，每天为胎儿读半小时的合适书籍。

0~3 岁，每天睡前给孩子读一些美丽的童话、优美的散文。需要提醒的是**在这个阶段每天为孩子读书的最好是同一个人。**因为 0-3 岁是孩子建立安全感的最重要时期，需要固定一个主要养育者，熟悉的面孔在帮助孩子建立安全感的同时可以促进孩子的智力发育。

3~6 岁，在孩子能够拿得到的地方都放上有益的图书。在孩子玩积木的时候可以放一些古典音乐、成语故事朗诵或英语朗诵，孩子睡觉时可以调低音量。

6~10 岁，每天给孩子讲睡前故事，讲到最精彩的时候马上停止，告诉孩子结局在书里，吸引孩子自己去书中寻找答案。

如果孩子没能够在 10 岁以前爱上阅读，就要学会创造轻松的阅读环境，只要他看书就放松对他的要求，每当他不看书的时候就处处严格要求他。

另外，家长也应该为自己补补课，多跟孩子一起读一些圣贤书，比如《弟子规》《三字经》等，这对我们自身的成长来讲是很有益处的。

二、让孩子在实践中体验到学习的快乐。

每个孩子来到这个世界上，都会对周围的一切充满兴趣和好奇。在强烈的好奇心驱使下，孩子会主动学习，会对感兴趣的事物刨根问底。作为家长，我们要充分利用孩子天生的好奇心与求知欲，尽自己所能去帮助他们弄清事情真相，解决他们的问题，有效引导他们学会如何思考问题。当我们的孩子能够学会思考的时候，就能够通过自己的思考与实践找到问题的答案，自然也就能够从亲身经历中体会到学习的快乐，收获精神上的愉悦。

三、让孩子从最简单的做起，激发并保持孩子的求知欲。

从事教育工作时，有一点非常重要——千万不要急于让孩子学习更多知识，而是要让孩子从最简单的做起，让他通过学习与实践体会到成就感，从而激发并保持孩子的求知欲，这将直接决定孩子未来的成就。

当孩子在学习和实践中遇到困难与挫折时，很有可能会产生挫折感，这是孩子学习兴趣的大敌。如果他们面临的问题没能得到及时解决，就可能会产生对自我的否定感，使孩子失去对学习的兴趣，变得不喜欢学习。

四、用赏识给予孩子自信，激发孩子的学习兴趣。

好孩子都是夸出来的！ 人性中最本质、最深切的渴望是被赞赏。赏识和鼓励孩子能满足孩子的心理需求，使他们在家长的鼓励和表扬中获得快乐、树立自信。父母的一句“孩子，你能行”会让孩子充满活力！不过，赏识孩子的目的不是提高孩子的学习成绩，不是让孩子出人头地，而是要让孩子感受到学习的快乐，激发孩子的学习兴趣。当然，在赏识与鼓励中我们要承认差异，允许失败，这是符合生命成长规律的。当我们有了这样的心态时，孩子的成才就是早晚的事。

五、帮助孩子找到学习的方法和规律，有效提高孩子的学习能力。

学习是一个漫长的过程，有快乐与趣味，也有枯燥和乏味。作为家长，我们要能够适时帮助孩子正确面对学习中枯燥和乏味的部分，与孩子一起努力去寻找学习的方法和规律，让孩子真正体会到正确运用方法和规律带来的那种事半功倍的感觉。这样一来，会让学习变得轻松许多，也可以有效提升孩子的学习兴趣。

六、不强迫孩子学习，而是想办法让孩子体会到学习的快乐，主动学习。

学习涵盖两种状态：一是输入，二是输出。**输出前必有所输入。在每天的24小时中，人并非时时都处于可输入状态。** 当处于不适宜输入状态时，就不适合学习了。

比如，当一个人有情绪时，你对他讲什么道理，他一般都听不进去。当一个人专注于某件事情时，大脑会完全沉浸于其中。这种状况是不适宜输入的，因为他完全处于不接受的状态，强行灌输只会适得其反。当一个人犯错时，恐惧感会令他寻找各种理由抵抗，别人很难有说服的空间。孩子也是如此。当孩子想出去玩的时候，如果父母粗暴地逼迫他学习，孩子即使学习了也不会有好效果。因为学习和玩耍会交替出现在他的头脑里，只有在一种可学习的输入状态时，才会收到成效，而且会学得更快、更有效率。这也就是“一心不可二用”的道理。

所以，强迫孩子学习只会使孩子对学习失去兴趣。家长应该在孩子适合输入的状态中，培养孩子通过自己的积极思考独立完成学习任务的能力。当孩子通过自己的思考真正理解并掌握所学知识时，就能够将其有效运用于实践中，从而收获学习的快乐。他就会更加主动地学习，以更快体验到学习的快乐。这将是一种良性循环，会在无形中使孩子建立一种主动学习的行为模式，最后，即使你不去引导孩子学习，他也会主动学习并取得长久进步。

播撒感恩的种子

“不要让孩子输在起跑线上”，已经成为现代社会中父母坚定不移的信念。这使很多的父母非常重视培养和提高孩子的智力，把孩子的学习成绩看得比什么都重要，却忽视了对孩子“非智力因素”的培养。成绩固然重要，但真正决定人成功与否的关键却在于情商与人格。作为家长，在孩子的成长过程中，不仅要让他们学习各种知识和技能，更为重要的是要对他们进行人生观、世界观的培养和教育。这其中，培养孩子的感恩之心是十分重要的一环，它能让孩子从小就懂得知恩感恩。

感恩是产生良好行为的肥沃土壤，从小培养孩子感恩的情感，是强化孩子品德教育的重要一课，也是素质教育的应有之义。在历史的长河中，中华民族的感恩教育源远流长。我国自古以来就有“滴水之恩，当涌泉相报”的古训；“谁言寸草心，报得三春晖”是孟郊的感恩，是对慈母养育之恩的深情礼赞；“一饭千金”是年少家贫，受餐于漂母的韩信在功成名就后留下的佳话，是对别人无私帮助的一种真情回馈；当方志敏在白色恐怖中用赤子之心挥就《可爱的中国》时，我们不禁深深为之震撼，这是人的情感中最崇高、最伟大的报恩之心。凡此种种，汇聚成了中华民族浩荡的精神长河，生生不息地滋养着子孙后代。

然而，现今，家长往往只是教孩子一些礼貌用语和待人接物的常识，满足于一时的、表面的效果，却忽视了孩子感恩情感的形成。毋庸置疑，这些在物质优越的环境中生活的孩子，不缺衣少食，不缺玩具，更不缺少爱，却唯独缺少善良的情感，导致他们常常体会不到别人的爱，不知道爱父母、爱家庭、爱同学，不知道关心别人、为别人服务、为社会尽义务。现实中，我们经常会看到很多孩子大手大脚、心安理得地花着父母的血汗钱，但对父母的馈赠却从不言谢，对朋友的帮助也少有道谢，且稍有不如意时便会大发少爷或公主脾气，总觉得没顺自己的心、没如自己的意。长此以往，情何以堪？

调查显示，现在很多父母都对孩子孝敬长辈、懂得感恩的要求放得很低。他们认为孩子上学离家时能说“爸爸妈妈，我走了，再见”，放学回家见到父母能说“爸爸妈妈好，我回来了”就已经很不错了。如果孩子在拿到可口的食物时，能够让一让爷爷奶奶、爸爸妈妈，他们就觉得孩子已经懂得了孝敬父母，学会了感恩。其实，**这是把孝心和感恩之心降低到一般的文明礼貌层面来看待**。

感恩，是人性善之反映。让孩子学会感恩，孩子才会关心身边的人和周围的世界。可以说，感恩是一种生活态度，更是一种做人的良好品德。如果人与人之间缺乏感恩，就会导致人际关系冷漠。感恩激发责任，一个不懂得感恩的孩子是不会有责任感的，也不会去主动关心和帮助他人，更不会为回报爱而甘愿自己受苦受难，又怎么可能会在乎他人的心理感受和情感需要呢？所有因缺少感恩而产生的“不会”，叠加在一个孩子身上，难道不是孩子成长的悲哀吗？

感恩之心其实也就是我们常说的良心。当一个人对别人的付出视而不见甚至以怨报德时，我们就会说他没有良心，因为他不懂得感恩。感恩之心可谓人皆有之，可是，为什么一个个原本天真无邪的孩子却总习惯性地将父母的关爱与付出视为天经地义呢？为什么他们在面对父母的辛劳与困苦时会表现得麻木不仁，甚至父母生病时也不闻不问呢？归根结底，还在于父母对孩子的教育。因此，我们必须从改变自己做起，在教育孩子的过程中，随时在孩子的心田里播撒感恩的种子，时刻注意培养孩子的感恩之心。

首先，避免溺爱。溺爱产生的最直接的恶果是让孩子缺少感恩之心。心里没有感恩的孩子很容易对人、对事产生厌烦和抵触情绪，从而造成孩子人生观和价值观的扭曲，人就会变得无情无义。试想，一个不懂得感恩、没有正确人生观和价值观、又冷漠无情的人怎么能够准确把握自己的未来和创造美好的生活呢？

作为父母，一定要把握好对孩子爱的分寸，切不可对孩子有求必应。**要通过生活中的点滴小事，让孩子懂得：每一个人拥有的一切都不是理所当然的，都来自于别人的付出。**所以，要学会珍惜自己拥有的一切，感恩别人的付出。

其次，培养孩子的孝心。俗话说："百善孝为先。"如果一个人连自己的父母都不尊重、不感激的话，又怎么可能会对他人、对社会心存感恩呢？

当然，培养孩子的孝心，需要家长以身作则，身体力行地影响孩子。不管工作有多忙，不管有多少家务要做，你都要忙里偷闲，经常带孩子回家看看父母。如果没有与父母居住在同一城市，除了每年定期带孩子探亲外，还应该经常打电话问候父母，在自己与父母聊天的同时，也让孩子参与进来，以增进感情。你的行为以及你与父母相互关爱的情形，会在潜移默化中塑造孩子的感恩之心。

第三，感恩他人，用自己的言行感染孩子。在日常生活中要懂得宽容别人的过失，感恩别人的付出。特别是在孩子面前，切不可在与别人交往时谈笑风生，别人一走就冷言冥落。否则就会让孩子觉得人与人之间的关爱与友善都是表面现象，都是虚伪的。

此外，我们在教育孩子的过程中，还应该多让孩子接触和了解一些生活困苦或有不幸遭遇的人。比如，经常带孩子去福利院看望孤残儿童；让孩子通过电视等媒体了解偏远地区学生的贫困与学习的不易……孩子会在心灵受到震撼的同时，对自己所拥有的一切心怀感激、学会珍惜。

爱不应该是单方向的，不管是父子之爱、母子之爱、师生之爱还是朋友之爱，都应该是双方互动的。父母在关爱孩子的同时，更应该从孩子小时候起就对他们进行到位的感恩教育，在培养孩子责任感的同时，让孩子学会关爱他人，学会对他人付出爱心，学会为别人提供帮助。只有当孩子懂得感激他人对自己的帮助时，才会有意识地去关照身边需要帮助的人。

努力培养孩子“感恩”的意识和行为吧！让孩子接受感恩思想的洗礼，学会感恩。让感恩的思想涤荡孩子精神世界中的一切杂质和尘埃，让感恩的行动成为孩子做人的支点，把孩子的世界锻造得生机盎然、多彩多姿。

培养孩子爱的能力

天下没有不爱自己孩子的父母，父母对子女的爱无私而宽广，可是子女对父母呢？作为父母，你享受过孩子的爱吗？

面对这个问题，很多的父母都会面露惊愕：爱不就是付出吗？我没想过要孩子给予我爱的回报。如果我们谈论的是孩子的学习和成绩，很多家长都会滔滔不绝，但对于孩子爱的能力，却很少引起家长的关注。作为家长，你有没有想过，爱对于孩子的成功与幸福而言有多重要？

爱是家庭幸福的基础，是只有在父母爱孩子、孩子也懂得关爱父母的家庭中，才能真正体会的幸福与快乐。

爱是自我价值的体现。**当孩子感受到被他人需要、感受到自己的爱得到别人的理解和接受时，要比接受到父母的爱更为快乐！**

爱是成功的基础、幸福的源泉。当一个人具备了爱的能力时，就会发现生活中的美好，就会觉得在别人看来不好的事情（如老师的批评、同学的指责、妈妈的唠叨、爸爸的训斥等）也都是爱。爱的教育可以有效唤醒孩子的良知与感情，使孩子懂得主动去帮助别人，宽容而极具同情心。是否拥有爱直接决定着孩子将来的事业成功与家庭幸福与否。

爱是社会的需要。正如《爱的奉献》所唱的那样："只要人人都献出一点爱，世界将变成美好的人间……"也像花儿需要水的灌溉一样，每一个人都需要"爱"的滋润。爱在照亮别人的同时，也能温暖自己。

爱是一个美好的词汇，一个善良、有爱心的人外形再普通，也能看出他内心散发出的美。相反，一个自私和冷漠的人，外形再俊美，也只能让人感到丑陋。

一位母亲给孩子买了一包饼干，孩子拿过饼干就自己吃起来，全然没想过与妈妈分享。妈妈说自己也想吃，可孩子却不同意。于是，妈妈故意咬了一口孩子手里的饼干，没想到孩子却大发脾气，非让妈妈把饼干吐出来不可。这让妈妈无比难过："这孩子真没良心，我对他这么好，什么都依着他，有点好吃的都留给他，他却一点都不懂得对我好。真不知道将来会怎么样……"

这位家长的感叹应该引起我们的警醒与深思。为什么我们的孩子总是被爱却不肯对外付出？其实，这不能怪孩子，完全是家长溺爱孩子、不注重对孩子进行爱心教育造成的结果。

儿童学研究表明，爱心是孩子的天性，孩子天生善良且有同情心。**婴儿在一岁前就会对别人做出情感反应，如遇到有孩子哭，他会一起哭；两岁的孩子在看到别人哭时，就会拿自己喜欢的东西去安慰；五六岁的孩子会懂得怎样安慰正在哭泣的同伴……**所有这些都是孩子爱心的自然表现。可是，随着年龄的不断增长，为什么我们的孩子越来越没有爱心了呢？原因就在家长身上。

首先，现在的父母往往都重智轻德，认为对孩子来说，最重要的是掌握知识和技能，在聪明才智上超过别人，其他的什么都不用做。

其次，家长在对孩子的教育中往往缺乏对生命的敬畏和对爱心的培育。结果就造成孩子不懂得什么是爱，不知道怎样表达爱，缺少对社会及他人付出的品质，甚至会理所当然地认为：**你生了我就要对我全权负责**。这也就导致孩子丧失了爱的责任和能力，不懂得爱、体谅和感恩。

我们需要明白的是：爱是一种双向的情感交流，孩子在接受爱的同时，也希望去爱别人，只有在爱别人的过程中才能够培养出孩子爱的能力，使孩子体会到付出的快乐与爱的幸福。如果父母只是单方面给予孩子爱，却不让孩子付出爱，孩子就不会感受到爱别人的愉悦，这也就在无形中中断了对孩子爱的能力的培养。缺少爱的培育，不仅会导致孩子爱的缺失，甚至会使孩子在过度的关爱中丧失抗挫折能力，稍不如意就离家出走、轻生或报复他人，完全不考虑自己的行为会给他人带来怎样的痛苦，也不会想到父母对其含辛茹苦的付出。

另外，社会中表现正面、充满关爱的故事和影片缺失，并且充斥着各种不良信息，这些也将孩子的世界引向了冷酷、残忍和自私。作为家长，我们必须提高警惕，通过有意识的努力有效培育孩子的爱心，让爱与仁慈消减掉负面信息对孩子的影响，使孩子能够做出正确的判断并付诸爱的行动。

“爱”是人类社会不可缺少的因素。对于孩子，我们不但要为他们创设一个被爱的环境，更重要的是要让他们学会如何爱别人。只有在“爱”与“被爱”的双重环境下，我们的下一代才可能健康地成长。因此，家长在给予孩子爱时，也要不失时机地对孩子进行“爱心教育”：

一、我们可以通过给孩子讲解父亲节、母亲节、妇女节、教师节、重阳节、父母生日等节日，鼓励孩子献上自己的爱心。一句祝福，一份自己做的小礼物，一杯爱心水，一次家务的分担……都是孩子爱的付出。父母在欣赏肯定孩子付出的同时也可以使孩子体会到付出的愉悦。

二、通过日常生活中的一些小事培养孩子爱的能力。一次公交车上的让座，一个搀扶摔倒小朋友的动作，一次向灾区的捐献，一次对孤寡老人的慰问……都可以在无形中培养起孩子关爱他人、帮助他人的品质。

三、用自己爱的行动给予孩子潜移默化的熏陶。捡到东西主动找寻失主，帮邻居阿姨拎重物，对别人的失误进行善意的提醒……父母随时随地的爱的行动，都会给予孩子爱的引领，在父母的言传身教中，孩子的爱心就会得到很好的培育。

四、接受孩子的爱。**当孩子主动提出帮你洗碗时，当孩子给你倒了一杯茶水时，当孩子主动给你分享他最喜欢的巧克力时，请你欣然接受并谢谢孩子。**你的欣赏与肯定会让孩子感觉自己充满力量和自信，他会慢慢把这份爱扩大为对生活、对周围人的热情。

很多父母往往会忽视孩子爱的付出与表现，甚至会打击孩子表达爱的信心。比如，爸爸妈妈在客厅说话，孩子在屋子里做作业。孩子想父母说这么久一定渴了，就给他们一人倒了一杯水。没想到却换来妈妈的责备与爸爸的怀疑：“你是不是想借机偷听我们说话？”试想这会给孩子造成什么样的影响？孩子今后还会主动给你们倒水吗？父母这样的态度如何能培养出孩子的孝心和对家庭的责任感呢？

还有**一些家长在看到孩子吃东西时，经常会对孩子说：“给我吃一个好不好？”当孩子愉快地答应并递过来一个时，家长却说：“宝宝真懂事，谢谢你！妈妈不吃，留给你自己吃吧！”这样看似在教育孩子学会分享，实际上只会适得其反**，孩子会觉得大人的世界很奇怪，久而久之就会真的不懂得与人分享。

五、适当示弱，给予孩子付出爱的机会。不要再以爱的名义包办孩子的一切，剥夺孩子爱的机会和权利。让孩子帮忙做做家务、与孩子一起吃他爱吃的东西、让孩子体会到父母的辛苦与不易……孩子会在心疼父母的同时，意识到自己的重要性，会在感恩父母的同时，通过自己的努力回报父母的爱。

六、教育孩子尊重他人，懂得感恩。美国心理学家奥尔波特把“具有同情心和对一切生命或事物的爱”作为心理健康的标准之一。心理学家马斯洛也在“自我实现论”中强调“完美的人性”，意思是说，只有拥有爱心、懂得合作、求知才能够有效激发出人自身的潜能。如果在孩子成长的过程中，我们未能给予其爱的能力的培育，就会使孩子失去爱、安全感和尊重，自然也就很难促使孩子向自我实现的方向发展。可见，健康的心理和人格意味着既要能接受爱，更要能给予爱。所以，为了帮助孩子成就美好的未来，家长必须从一开始就注重对孩子爱的能力的培养。

“孩子的心是块空地，种什么长什么。”**孩子之所以不懂得珍惜，不懂得爱，是因为身为父母的我们没有在孩子的心田种下爱的种子。**让我们审视自己的言行，让我们修正自己的不足，让我们负起自己的责任——从现在开始，在孩子的心中播种爱、培养爱、传播爱；让我们用心培育孩子的爱心，让孩子在懂得爱、接受爱的同时，发现爱、感受爱、发扬爱。

爱是一种能力，学会爱能让孩子更加坚强和善良。当父母能够通过点滴小事不断给予孩子爱的示范与引导时，一粒粒爱的种子会在孩子的心中生根发芽，孩子心中不断成长的爱的力量会使其个性品质得到全面发展，孩子的未来必将更加光明和灿烂！

第十章

修正链接，重建生命

感恩是最大的慈悲。当我们心怀感恩时，我们就会收获内在觉悟与能量的提升，从而帮助自己与孩子获得值得拥有的一切！

无形的链接

1997年，在面向世界四十多个国家的记者、学者、科学家和工程师发行的一本科学杂志里，刊登了一个在很多传统物理学家看来都不可能发生的实验结果。

在实验中，科学家将一个光子一分为二，创造出一对具有相同特性的“双胞胎”。接着，他们继续用专用设备，将这两个微粒朝相反方向发射出去。孪生粒子被放置在经过特别设计的装置中，其中有两条类似传输电话的光缆通道，它们在装置两端向相反方向延伸到了一万米之外。当两个粒子到达各自的目标时，它们之间相距两万米远。在通道的末端，孪生粒子被迫在两个同样的随机路径中“选择”

其中一个。

这个实验的有趣之处就在于：当孪生粒子不得不选择其中一个路径时，它们总是会精确地选择并穿越同一条路径。并且，在每次的实验中，孪生粒子的选择都始终一致，从无例外。

这个实验结果持续撼动着传统学术的根基。尽管，在传统认知中，被分离的孪生粒子并不会与对方进行沟通，但在实验中，它们却表现得仿佛一直都存在着联系！物理学家将这种神奇的联系称为“量子纠缠”。

其实，在进行这个实验之前，爱因斯坦就曾对此类现象提出过自己独到的见解，他将这类结果发生的可能性称为“诡异的远距离作用”。那么，是什么连接了两个光子，以至于当其中一个发生改变的同时，另外一个也能够遥相呼应呢？在过去的种种实验中，我们究竟遗失了世界运作方式中的哪个关键因素呢？

更让人匪夷所思的是，1993 年《前卫》（Advances）杂志发表的研究报告中，描述了美国军方探测情绪 DNA 在离开人体后与身体保持联系的实验。研究人员先是从受试者的口腔中采集了其 DNA 和组织样本。之后便将样本带到了距离受试者几十米的另外一个地方，并将其放在了特殊装置中以备检测，看它是否会受到受试者情绪的影响，在现代科学中这是一种本不该存在的现象。

实验开始，研究人员为受试者不断播放影片，有战争的、恐怖的、喜剧的……主要是为了让受试者在短时间内产生不同类型的真实情绪变化与体验。在受试者看影片的过程中，研究人员会在另外一个地方同时检测他的 DNA 产生的反应。

实验证明，当受试者的情绪变化达到“高潮”或“低谷”时，他的细胞和 DNA 也几乎会在同一时间产生强烈的电流反应。尽管受测试样本和受试者相隔几十米的距离，但样本的反应就像是它依然在受试者身上一样。

实验证明，在活体组织之间存在着某种在过去并不被我们所了解的能量形式，活体的DNA能够透过这种能量场进行沟通。也就是说，人的情绪会对自身的活体DNA具有直接影响。不论我们的细胞被带到哪里，只要它们继续存活着，就像一直存在于我们身上一样，时刻感知我们的情绪，并随我们情绪的变化而发生变化。同时，它也会对周围的物质世界产生某种影响。

这也就能够解释，为什么我们会在亲人出现重大事故或不幸时，在自己并不知情的情况下会出现身体不适、烦躁不安、切菜时切着手或缝补时扎着手等现象。人与人之间，特别是父母与子女之间存在着一种看不见的链接关系。这一点，在曾子与母亲的链接中得到了完美体现。

一天早上，曾子上山去砍柴，刚走一会儿，有朋友来到他家拜访。朋友还有其他事情，短暂停留后要继续出行赶路。

我们知道，古人见面实属不易，翻山越岭、跋山涉水，靠的都是两条腿。没有现代通信设备的帮忙，没有便利的交通工具，古人见面怎能不“有朋自远方来，不亦乐乎”！

朋友千里迢迢出行来到曾子家，不巧曾子却上山砍柴去了，而朋友还要急着赶路。在既不知道曾子具体在哪个方位砍柴，又没有电话或手机的情况下，该如何叫曾子尽快回家与朋友见面呢？

情急之下，曾子的母亲便咬了自己的手指。不一会儿，就见曾子脸色紧张、气喘吁吁地冲进家门。这就是后世广为流传的《二十四孝》的啮指痛心：“母指才方啮，儿心痛不禁。负薪归未晚，骨肉至情深。”

每一个人身上，都有来自父亲和母亲的两种基因，父母是与子女最为亲密的人。作为父母，不管你相不相信，你跟孩子之间，其实都存在着像曾子与其母亲那样不可思议的链接。所以，对于孩子的成长来讲，父母是对孩子影响最为深刻的人！

能量的传承从接受开始

人类社会祖祖辈辈繁衍生息，是因为孩子从父母和祖先那里遗传和接受可以维系生命的能量。我们每个人来此一生第一个，也是最大的能量来源就是父母。

牛顿第三定律证明：两个物体之间的作用力和反作用力总是同时在同一条直线上，大小相等，方向相反。其实，孩子与父母之间的关系也是一样，当孩子能够坦然接受父母的时候，自然就会得到家族中正能量的传承；当孩子不能够从心理上认同父母的时候，其结果就会反作用到孩子自己身上。也就是说，当一个人不接受自己的父母时，也就阻断了能量的传承，等于自己拒绝了自己。

对于任何一个人来说，只有首先接受并认同自己的父母及其身上的特质，自己的特质才能够得到发展。

一位女企业家，十五年前只身一人来到广州，从美容美发做起，几年后，她代理了一个很好的国际产品并成立了自己的公司，短短几年就在全国开了三百多个产品销售终端。虽然她的事业越来越好，团队也越做越大，可是，她自己却总是会有一种莫名的空虚感。

她是在单亲家庭中长大的，从小就没见过自己的父亲，母亲对她很好，但她从小就对母亲有一种莫名其妙的疏离感。事业有成后，她怕母亲一个人在河南老家孤单，几次把母亲接到广州同住，可母亲却都以不习惯为由最终回了老家。并且，即使她与母亲生活在一起的时候也常常会闹一些小矛盾——她喜欢整洁有序的生活，一切都要摆放整齐、保持干净，而母亲却喜欢将东西乱扔乱放，有些东西都已经不用了还是要留着。她现在住的房子很大，可还是不够母亲存放东西……由此她与母亲的矛盾越来越深。虽说“相见不如怀念”，可她就只有母亲这么一个亲人，面对自己与母亲的现状，她有点不知所措，甚至力不从心。一方面她内心深爱着母亲，另一方面却对母亲有一种莫名的排斥感。

在处理个案的过程中，她感受到了以下场景：一位母亲因为某种原因将一个出生不久的孩子扔到了医院的垃圾桶旁。垃圾桶旁有很多蚊蝇漫天飞舞，还有几只老鼠也在那里寻找食物。忽然，一只大一点的老鼠发现了那个孩子，狠狠地一口咬到了孩子的右脚小拇指上，难以忍受的疼痛使孩子用尽全身力气大哭起来。孩子的哭声引起了在不远处捡拾破烂的一个女人的注意，她立刻跑过来赶走了老鼠，将孩子抱了起来。看着这个可怜的孩子，心地善良的她便将孩子包裹一下带回了自己家。

这位女企业家一边叙述着眼前的场景，一边止不住地哭泣，在看到那个捡破烂的女人将孩子抱回家时，她开始不停地呼喊："妈妈，妈妈……"我问她："那个捡破烂的女士是谁？"她深情地说："是我的母亲。"我接着问："那个弃婴是谁？"她说："是我。"她边说边脱下了袜子，露出了右脚小拇指上那个明显的伤痕。

本来，她打算将母亲送到敬老院，在她看来，这样一方面可以使母亲受到照顾，另一方面可以缓和并减少她和母亲多年来因生活习惯不同而产生的矛盾。课程结束后，她决定放下手中的一切事情，马上赶回家去见母亲，她要向母亲行跪拜之礼，以感恩母亲对自己多年来的养育与教诲。

时隔一个月后，"心智能量"二阶的课程开课时，这位女企业家再次来到了我们的课堂，一上课她就迫不及待地跟大家分享起了她回家见到母亲的经过。她倍受感动，在无限的感恩中，她终于开始从内心深处真正地接受了自己的母亲——当我们真正从内心中接受了一个人时，也就会认同她的观念、思想和习惯等。所以，当她将母亲接到自己身边时，原本存在的习惯差异矛盾居然烟消云散，她与母亲的生活突然间变得无比幸福起来！听了她的讲述，在场的所有人都为她和母亲祝福。

作为父母，我们需要明白，家族能量的传承离不开亲子链接，亲子链接靠的是直觉和灵性，直觉和灵性是以感情为基础的，感情的产生从接受开始。也就是说，只有子女接受父母，父母也接受子女，才能够打通链接的通道，使家族能量得到正向的传承。

家族中正能量的传承必须从接受开始。如果你跟孩子之间的链接不够紧密，如果你跟孩子之间的交流出现了阻碍，如果你想把自己跟孩子之间的链接修正完好，就要从自身做出改变。当作为父母的你能够把尊重和爱还给孩子，并全心全意接受孩子的一切时，孩子在内心深处也必然能够全方位地接受父母、孝敬父母。当双方之间以无条件的爱为基础，相互接受时，就能够在家族能量的传承中使自己的精神生命得到进化和升华。

父母与孩子的链接是一切链接的基础

有一对工作和家境都非常优越的夫妻，本可以享受幸福生活的他们却被女儿的事情弄得焦头烂额。因为女儿总是动不动就想自杀，这让他们在无比难过之余也倍感疑惑。他们怎么也想不明白——他们凡事都尽可能地满足女儿，可她为什么还是不开心呢？经过与她女儿的对话我们了解到，孩子之所以会这样是因为她觉得父母根本就不关心自己。面对这个答案，这对夫妻内心的震惊可想而知。

为什么父母的认知和孩子的内心感受会有如此大的差别？这是因为父母与孩子之间的链接被阻断了。人与人之间存在着一种链接，这种链接，其实就是心灵和精神的链接。作为父母，虽然我们天天和孩子在一起，但如果我们无法和孩子在精神和心灵层面进行交流，就是对孩子再好孩子也不会觉得快乐。伴随着孩子的成长，与父母缺乏连接的孩子会发现父母越来越不了解自己，也不信任自己，于是他们就会开始封闭自己，不愿意讲出自己真实的内心世界。到成年时，就更不会与父母交流自己的思想。一旦孩子与父母的链接断了，就会如同树木的根断了一样，生命的生长就会缺少源头的支撑。

29岁的黄女士只是因为和男朋友吵了一架，就一下子服了三十多片安眠药，想以此来告别人世。幸好被人及时发现送到医院，经医生抢救后最终苏醒过来。出院后，她在母亲的陪伴下找到了我。当时黄女士用一幅深色宽边的眼镜遮住自己的眼睛，散披的长发一下子遮盖住了半张脸，面对母亲的无可奈何，她只是低头不语。母亲眼中挂满了血丝，手一直紧紧握着黄女士的手，好像一松开就会失去这个孩子似的。看得出来，母亲对孩子很好，也很爱孩子。母亲的眼圈很红，疲惫中透露着无限的伤心，这样的打击对于任何一个母亲来说都是沉重的。

问明缘由后，我开始用“唤醒法”为黄女士进行个案处理。很快，黄女士就回忆到发生在自己生活中的几次不如意——没选上中队长、考试受挫、失恋……听着黄女士的叙述，黄女士的母亲很是惊愕，眼睛瞪得又圆又大，她没想到，与自己朝夕相处的孩子，竟然有着这样的心理动向，而自己居然毫不知晓。继续探究更早的经历时，黄女士突然间变得紧张起来，双手抱在胸前几乎缩成了一团。我问她：“听到了什么声音？”她显得无比恐惧，却又很无奈地说：“有人在吵架。”“谁在吵架？”“妈妈和爸爸。”我继续问：“他们为什么吵架？”她回答：“爸爸有了外遇，妈妈很伤心，妈妈觉得这些年为爸爸付出了很多，而爸爸却和自己的一个同学好了，妈妈觉得自己做人很失败，不如死了算了。”

之后，我让她试着体会妈妈的感受，品味妈妈当时的心情，她感到：当时妈妈想用吃安眠药的方式结束自己的生命，后来在家人的劝阻下，最终没有吃安眠药。

结束后，我问在一旁已经泣不成声的母亲：“她说的是真的吗？”母亲回答说："是真的，她父亲有了外遇，我当时很难受，怎么也接受不了那样的事实，所以就想吃安眠药自杀。后来，她父亲悔改了，之后我们谁也没再提过这件事情。可是我却没有想到，正是我当时的这个想法，给孩子种下了轻生的种子……"面对女儿的现状，母亲为自己给孩子造成的伤害感到无比悔恨。

这些年来，在处理个案的过程中，我看到：孩子的很多行为或者习惯都离不开对父母曾经有过的重大想法的继承或延续。人与人之间的心灵是相通的，在人的精神层次中是没有障碍和距离的。所以，当我们大人在不经意间把自己的一些负面或不正确的想法传递给孩子时，就会影响他人格的形成，对他的生活与命运产生巨大作用。

内在决定外在，只有当人的内在精神感到愉悦时，才会获得由内而外的快乐。作为父母，我们一定要认识到自身对孩子的影响，严格要求自己，以身作则，用正确的生活态度和生活方式打造良好的亲子关系，在与孩子链接的过程中传递给孩子积极正向的能量。如此，我们的孩子就能够在良好的亲子关系基础上自由地发展自我，完善自己的人格并有效提升自身的能量，为自己打造一个坚实的人际链接网络，自信满满地走向人生金字塔的巅峰！

感恩是最大的慈悲

人不是独立存在的，都与自己的家族成员和祖先之间存在着一种必然的链接。每个家族都有属于自己的生命频率，不断传递着先辈的遗传信息，比如性格、思想、行为、疾病、趋利避害的方法等，也就是我们常说的遗传基因。父母是连接家族和下一代的纽带——我们的未来都源于自己与父母的关系。当父母不孝顺自己的父母时，就会失去或减少与家族的链接，减少孩子生命成长所需要的能量来源。

家族成员中曾经发生的事情，往往会反映到我们自己和孩子的生活中。也就是说，孩子与家庭的问题都有其背后的原因——家族的深远影响。所以，要想使孩子拥有幸福的人生，**父母必须懂得并做到真正成为孩子与家族能量的承上启下者**，这对孩子的成长来说非常重要！对于孩子的培养，父母除了要修正自身言行和真正为孩子创造好的环境外，还要与自己的父母保持良好关系，如此才不会阻断家族能量的链接。

如果把孩子比作是含苞未放的花朵，那么，父母就是连接土壤的树干，长辈先祖就是土壤下面盘根错节的树根。我们虽然看不到树根的显赫与壮丽，但它却决定着树的枝叶和果实的成长。所以说，教育孩子并不是要求孩子怎么样，而是要疏通孩子与长辈的关系。我们常说“百善孝为先”，孝顺父母才是教育孩子之本。

一位移民加拿大的学员，儿子被诊断为自闭症。为了医好儿子，她在加拿大花了几十万元，还找了权威的心理学家，可他们都说这个孩子治不好了。她依然不死心，专门学习了心理学，自学了很多医学知识，还给儿子换了六所学校，最后加拿大政府拨款给她配了一个单独的老师辅导孩子。为了儿子，她付出了自己所能付出的一切，却没有看到儿子有所好转，这让她痛苦无比，连她自己都说：“从来没有一种痛苦这样深入骨髓，如影随形。”

后来，她在妹妹的推荐下，从加拿大飞回来参加我的课程。课堂上，她一直在问孩子的问题到底是什么？我让她不要着急，对她说：“我所见过的患自闭症的孩子，他们的父母都和自己的父母关系不好，你认同吗？”她说：“我不认同。”

我说：“那我问你，你妈妈飞到加拿大帮你带孩子，你为什么把妈妈赶走？”她说因为妈妈怎样怎样，她才赶走妈妈的。我说：“老人家飞了那么久才到你那里，为一点小事你就和母亲吵架，还要赶母亲回去，你觉得这样应该吗？我再问你，你这次回国，有没有去看你的父母？”她说几天以后才去……

之后，我告诉她：“我给你父母做情绪释放时，听母亲讲了一段故事：你是一个非常聪明、非常棒的人，为了支持你去英国上学，父母把房子抵押后给你凑齐了 20 万元。可你却不懂得感恩，甚至还觉得父母不够支持你。看着你拿了 20 万元头也不回地走了，你知道父母有多伤心吗？他们连房子都抵押掉了，连家都没了，难道还不够支持你吗？还有，你是不是一直都在顶撞父母，为了一点小事就生父母的气？……”

面对我的质问，她一点点醒悟过来，眼泪就像断了线的珠子一样不停地落下来，哭成了一个泪人，不停地说：“我错了！我真的对不起我妈，对不起我的父母……”她彻底觉悟了——她拥抱着自己的爸爸妈妈，向他们说着“我爱你们”，还郑重地向他们道歉，忏悔了自己曾经的过错。看到她的转变，她的父母落泪了——“女儿从来没有对我们这么亲切过”。

课程结束后，她飞回了加拿大，带着这种能量与儿子朝夕相处了一段时间后，儿子开始发生了变化：儿子为她弹钢琴并要求她带自己去钢琴吧，还与她一起给父母打越洋电话……儿子的变化让她激动不已，她哭着告诉父母：“原来，孩子的问题都是我造成的，我错了！我会通过自己的努力改变一切的！”

人只有真正接受了当下这个最真实的自己，才会提升觉悟，不被外在的东西束缚，才能够让自己获得从内到外的改变。

我们每个人都生活在一个系统中，有着属于自己的序位关系。如果一个人不孝顺父母，对父母没有真正的感恩之心，就不可能接受自己，也不可能真正感恩身边的人，感恩所有与他有链接的人，这就必然会产生一种堵塞的能量，从而阻断自己及下一代与整个家族的链接。当我们认识到自身的问题时，我们真心的忏悔与改变就会疏通能量的堵塞，使自己与父母及家族重新取得链接。

生命是如此奇妙，在我们的世界里，一个人的改变居然可以影响到这么多人，特别是对孩子的影响更是举足轻重。可见，作为父母，我们需要的就是一种对自己存在的接受和肯定，一种对自己生命力量的追寻，一种谦卑、感恩和爱！因为只有我们学会了感恩，才能够接受真正的自己，才能够从内心真正原谅那些曾经有意无意伤害过我们的人。

这是一种对自己生命能量的敬畏，是一种对蒙昧中创造的所有伤害的忏悔，是一种对内在执着的完全放下……

太多的放不下让我们心有挂碍，阻碍着我们的付出。我们放不下对父母亲人的怨恨，我们牢记着他人对我们的伤害，可我们却不知道我们所看到的只是事物的表象，真实情况是他们为了成全我们，甘愿选择被我们怨恨。当我们擦拭掉内心的阴霾后就会明白，原来所有的一切都是为了保护并成全我们，被爱与牵挂包围着的我们却浑然不觉，反倒会因为自己内在的执着而产生了这样那样的情绪，阻断了能量的传承与链接。

让我们放下执着，走出狭隘，让自己在广阔的天空里呼吸自由的空气；让我们打通能量的堵塞，去实现最好的自己，找回自己本有的感恩、爱与友善；让我们审视自己，提升觉悟，获得由内而外的转变，与家族能量有效链接，带动孩子改变与成长。

感恩是最大的慈悲。当我们心怀感恩时，我们就会收获内在觉悟与能量的提升，从而帮助自己与孩子获得值得拥有的一切！

第十一章

提高觉悟，传承家族能量

我们要提升觉悟，不断完善自己，尽力疏通家族系统中的各种关系，通过清除过往的情绪种子、与先祖的链接、与父母的沟通、与孩子心灵的交流，为孩子打造一个良好的家族能量场。

今生相遇都是过往的重逢

孩子的问题通常来自两个方面：一是父母的紧张压力，也就是父母在过往经历中产生的情绪；二是家族能量的流动。我们知道，人是不可能独立存在的，在每一个人背后都存在着一个能量巨大的家族系统。也就是说，我们都生活在属于自己的家族系统中，系统中每一个人的细微改变与提升，都会影响到此系统里的所有人，其中受影响最大的就是孩子。因为孩子是家族系统中最纯净、最简单、最脆弱的一员。无论是好是坏，孩子都是最大的受益者或受害者。

所以，作为父母，我们在面对孩子出现的问题时，首先要从自身寻找根源，其次就是从系统的角度来分析孩子问题的成因。如果我们单从孩子某一点的好与不好来看的话，就太不全面了。有时候我们会发现，当我们有效解决了孩子的一个问题时，我们家族中与之相关的事件也会相应地发生很大的改变。比如，本来孩子的身体有问题，孩子的姥姥也患病，当孩子的问题得到妥善处理后，孩子姥姥的病也神奇地痊愈了。很多时候，我们看到的只是一点的问题，但实际上这个问题来自于一个系统，它完全不是单一的事情。**系统的一环出现问题会导致另外一环也出现问题，而这个问题的改变也会使其他事物改变。**

今生相遇都是过往的重逢。**生活中的一切，都是自己和自己关系的相遇，都是在重复着以前的经历，同时，也在用生活中的所有遇见来唤醒曾经的经历。**懂得并接受这个道理，就能够从经历中发现自己、看到自己，并不断完善自己。我们来此一生的目的，就是要修好自己，拥有一个比以往更好的自己。这个自己不是指身体上的，而是指精神上的自己，这是作为人的觉悟，是一个修行的过程。

对于我们每一个人来说，生活就是道场，外在的家族系统反映了人内在的系统。人都是通过外在家族系统的链接实现内在系统的链接。我们与父母的关系，是天地人的关系；我们与孩子的关系，是能量的关系；我们和祖先的关系，是自然的关系。这也就是老子提出的“人法地，地法天，天法道，道法自然”的规律。

在生活中，只要我们注意观察，就可以发现这些规律。这样的规律中存在着一种精神秩序，约束和影响着人的生活，而这一切都符合作用力和反作用力大小相等方向相反的原理，也就是说你在宇宙中投入一个力就会得到一个等同的反作用力。所以古人讲：**“勿以善小而不为，勿以恶小而为之。”“积善之家必有余庆，积恶之家必有余殃。”**

每个人的内在与外在都是一个对应的系统，同样的，每个人与宇宙万物也在同一个大系统里，这就是老子所说的“与天地同根，与万物为一体”的道理。

生活是思想的实验场，有什么样的思想就会有什么样的生活状况，我们要学会在生活中找寻智慧、感受幸福和快乐。人难以超越的是心灵，但只要我们把心门打开，在生命中不断释放自己，就能够走出思想上的误区和障碍，获得思想的升华和自我的提升，从而找到真正的人生智慧，成为一个更加完善的自我，带给周围的人、事、物满满的正能量。

要懂得通过对外部系统的塑造帮助孩子创造好的内部系统。我们要提升觉悟，不断完善自己，尽力疏通家族系统中的各种关系，通过清除过往的情绪种子、与先祖的链接、与父母的沟通、与孩子心灵的交流，为孩子打造一个良好的家族能量场，成就完美家族系统，使家族能量得到更好的传承。

父母的觉悟是家族的福气

我们每个人——包括我们的孩子，都有一股强大的精神能量。如果是支持、推动的能量，就可以帮助我们和孩子顺利完成自己的目标或实现自己的理想；如果是拉力、阻力就会使我们或孩子的生命中呈现更多挫折，甚至使一些看似可以达成的事情不能达成……这就是家族能量——它看似无形，却远远要比人在意识上的百般努力强大得多，时刻影响并左右着我们的人生。

世间的万事、万物、万法都有其深刻来源，没有无根之木，也没有无源之水。事物中都存在着一种平衡。作为家族系统中的一员，我们每一个人都会受到家族能量的影响和作用，而作为家族中的新生命，孩子往往是受影响最大的。这提醒我们：**孩子的问题都是一种对父母或家族成员表示不满的无声语言。**

孩子小的问题来自父母，大的问题来自家族系统。作为父母，我们要学会正确面对孩子的问题，在接受、感恩与链接的过程中提升觉悟。如果懂得孩子的一切状况都是为了让父母能够有机会看到自己，如果父母能从孩子的状况中看到或者觉悟到自己的状况，有效找到在家族中或自己身上的错误链接，及时将其完善或断开，孩子的状况就会很快得到提升。

其实，孩子和父母是一种互助关系。**孩子是父母提升或者发现自己的最好方式，父母的改变就是在创造孩子的不同。**为了孩子幸福而努力的父母，他们的伟大在于有不竭的动力让自己和家庭由此改变，在行动中提升家族能量，这个意义极其深远。

父母的觉悟就是家族的福气！当父母意识到自己和孩子相处的问题时，要放下心中的执念，努力寻找破解方法。这种方法或是打通和孩子之间的障碍，或是寻找自己在与父母相处中不得当的地方并加以改进，或是通过努力消融家族中的负面能量。这不仅能够有效修正家族中的各种链接，在提升家族能量的同时修正自己和孩子的关系，还能够有效解决很多现实问题，在传承家族能量、成就家族系统的过程中，使整个家族呈现出一片欣欣向荣的景象。这对孩子及后代的发展来说是一个良好家族传承的精神奠基。

人一生都是在各种关系中碰撞——父母、夫妻、孩子、朋友、对手等。在所有关系中，与孩子的关系最让人牵肠挂肚。处理好与孩子的关系需要父母的觉悟。如果父母能够从一切关系中看到自己，能够觉悟，通过行动来改变自己，就会提升自身的智慧，凝聚家族的正面能量，使能量的传承与流动正向而顺畅，反之就会形成拉扯和消耗。

为人父母是需要学习的，但我们学习的目的不是要知道多少理法和人生哲理，而是要在觉悟中行动，在教育和爱孩子的过程中，透过现象发现、认识并掌握规律，从而在改变自己、有效提升家族能量的同时，与孩子一起享受更加喜悦的生活。

为了孩子的健康与快乐，为了整个家族的和谐与发展，让我们提升觉悟，在觉悟中行动，在行动中付出，在付出中收获……

与家族能量有效链接

我们每一个人都生活在一个系统当中，都与自己的家族成员有着密不可分的联系，都与自己的祖先有着紧密的链接关系。家庭是人类最基本和最重要的系统要素，我们每一个人都同时生活在一个以自己家庭为核心的小系统以及一个大的家族系统中。家族系统的运作隐藏着很多规律，遵循着很多法则，其中最重要的法则是平衡与完整。

每一个家族的内部都隐藏着一股动力，家族的每一个成员都会受这股动力的影响，这股动力就是我们所说的家族能量。它对每一个家族成员都有着深远的影响，即使发生在很久远的年代，甚至是不为现代人所知的家族成员所做过的事情，都会对后人产生影响和作用。很多人的身心问题，其实都是这种“链接”造成的，可以说是重复之前家族成员的命运。不同的链接会形成不同的平衡结果，产生不同的家族状况。

也就是说，每一个人身上都带有家族传承的能量密码，我们通过家族链接来传承家族能量，经历和体验着这种家族能量带给我们的影响。家族系统的相对完整，意味着要对家族系统中的每一位成员或有关联的人给予认同，留出相应的位置，即使这个人已经不在了，否则就会形成家族系统的倾斜。每一个系统都是平衡的，这就要有一些与倾斜相对的关系来补充，这些补充消耗着我们的能量，造成家族成员因能量缺失而产生我们意识层次所表现的“问题”。

例如系统中某位成员的地位和序位被忽略，或者家族成员没有遵从一些法则和秩序，这就好比在公路上开车，不能遵守交通法规，很容易出现交通事故一样。家庭问题都是与家族息息相关的，都是在一个系统中，当这个家庭或者家族出现问题时，这个系统中的其他成员，尤其是弱小的成员就会受到影响——可能出现一些异常的精神、情绪或者行为问题，也可能与家人或其他人的关系不好，或者是生活里一些特别的情况重复出现，或者是孩子出现一些怕黑、紧张、生性胆小、抑郁、焦虑、自闭等状况。

家族能量往往会表现为现实生活中的幸运与坎坷，或经历痛苦，或心想事成，或成就非凡……只要是家族成员过往所做的事情，都会对后人产生或多或少的影响和作用，我们的孩子往往就是其中受影响最大的人。

处理家族的问题，最有效的方法就是回到原点，为家族成员所犯的错误修圆补缺。这个修补，不在于立牌建碑，而是要提升觉悟，解读出当下出现的状况背后的含义，追根溯源，找到引起孩子问题的根源所在，有效地疏通家族能量关系，在提升家族能量的同时使孩子的问题得到有效解决。

现实生活中，有人离婚，有人自寻短见，这些都与家族能量不足有关。解决家族能量不足的关键在于打造一个良好运转的家族系统，这需要为人父母者通过现实的状况去寻找家族中负面能量的根源，为了消除负面能量的影响而真诚地忏悔并付诸行动，如此才能够在提升家族能量的同时打开孩子与家族能量链接的通道，从根本上提升孩子的能量，最终获得美满的人生。

其实，在我们每个人的背后，都有一种很大的推力或是拉力，推力可以帮助我们完成自己的目标或实现自己的理想；拉力则更多的是挫折，甚至使一些看似可以达成的事情不能达成，想得到的东西得不到……这就是无形的家族能量，它看似无形，却远远要比人在意识上的百般努力强大很多，它无时无刻不在影响并左右着我们的生活和命运。所以，为了使我们每一个人都得到良好的发展，我们就要努力使家族系统达到平衡与完整。如果一个人看到家族中的事情也知道其中的道理，但是却不行动，那么新的平衡就会很快出现。

正如我们对父母的感恩与报答一样，所有的一切都会回到我们自己的身上。我们每个人都是家族系统中的一员，在生命的进程中，我们在系统中修补一种负面能量就会得到一份正向链接，进而提升自己的能量。我们修补得越好，或者我们先祖做得好事越多，我们可以链接的就越多，通道也就越广，自己所获得的能量也就越大，这些都可以体现到现实中的人脉或是物质资源上。

人的内在力量建立在家族系统的根上。**家庭里对父母很孝顺的孩子，即使父母对他很严厉，他也依然对父母心怀感恩，这个孩子日后必有很大成就，生活也一定会很幸福，**这就是家族能量的链接。

如果家族中的每一位成员都能按照这个秩序生活行事，那么家庭就会和谐，爱的能量就可以自由流动；如果违反了这个秩序，家族成员就会一代又一代不断复制先人的问题模式，或不断为先人弥补过错，从而导致一系列家庭问题的出现，甚至会严重影响孩子的人生。

只有懂得系统的智慧才能够慢慢跳出我们无力改变的糟糕状况，从而获得自己希望的结果。让我们提升觉悟，与家族能量更好地链接，在成就家族系统良好运转的同时改变自己，有效提升与孩子的关系，获得家庭的和谐与圆满！

修复错乱的家族序位

对于家族系统的良好运转来说，还有一点很重要，就是对家族中序位的遵从。**序位对能量的流动有着重大影响。**

在家族系统中，命运牢牢相系是为了保持系统的完整性，是为了维持能量的平衡。我们总是讲究对秩序的遵从，而家族系统中的序位更是一股不容忽视的力量。每一个家族成员在家族中都有属于自己的位置，只有每一个家族成员都遵从自己的位置，才能够保证整个家族系统的平衡与完整。比如，孩子有孩子的位置，父母有父母的位置，爷爷奶奶有爷爷奶奶的位置等。如果谁站错了位置，就会使家族系统失去平衡。

所以，古往今来，**我们总会讲究尊卑有序，总会在过年过节的时候让孩子给长辈们磕头。看似一个简单的磕头，其实代表着对长辈序位的遵从。**然而，随着时代的变迁，物质的丰富冲击着人们的观念，现在的家长渐渐忘记了中国的传统文化，最终导致家族序位慢慢出现了错位。

看看现在的家长一口一个“小祖宗”地叫着，却全然没有意识到自己已经把位置弄颠倒了，这对孩子的成长有百害而无一利。

一个周末的下午，全家人聚在一起给一个12岁男孩的奶奶过生日。随着敲门声响，孩子的爸爸拎着一个精美的蛋糕走了进来。孩子一看到蛋糕就嚷嚷着要吃。爸爸却说：“不行！一会儿咱们给奶奶庆祝完生日后，让奶奶切开再吃。”可让大家没想到的是，孩子一听却不干了，一把抢过蛋糕，恶狠狠地说：“哼！不让我先吃，你们也别想吃！”话音刚落，那个无比精美的蛋糕就被重重地摔到了地上。在大家的一片惊愕中，奶奶泪流满面：“**我疼了你12年，宠了你12年，可你为什么连一天的爱也不能给我啊？**”

也许，大家会责怪小男孩的任性、跋扈和不懂事，可是，这能完全怪孩子吗？如果不是长辈们平日里对他百依百顺；如果不是小男孩的奶奶每次都把好吃的让给他吃，奶奶只吃他剩下的；如果不是大人们在养育孩子的过程中忽视了对序位的遵从，小男孩又怎么可能会如此不懂事呢？

孩子不会天生就这样，一定是我们的教育出了问题。所以，请不要总是一味怪罪孩子，请对自己多一些反思。虽说爱得越深，链接就越紧密，但是过于紧密也容易导致崩盘——因为序位不当会影响能量在系统中的正向流动。

在家族系统中，每一个人都有自己的位置和本分，只有当所有人都在合适的位置时，系统才能够达到一个平衡的状态，使能量顺畅地流动起来，使家族强大起来。

我们曾经说过，长辈是树根，孩子是果实，只有护理好树根，多给树根养分，果实才会香甜饱满。作为家长，如果我们没有解决好与父母的关系，就会导致家族中产生序位的错乱，形成系统的偏差，我们的孩子就容易出现这样或那样的问题。

其实，孩子的问题，不管是疾病、厌学，还是青春期问题，大都是父母行为的反射，是家族成员造成的结果。所以，我们在教育孩子的过程中，一定要从自身做起，为孩子树立好的榜样，让孩子从小懂得尊老爱幼，学会对家族序位的遵从。

然而，现实中很多人却混淆了尊重孩子、给孩子自由与遵从序位的关系。其实，尊重、自由与对序位的遵从是没有冲突的，尊重是对人格的尊重，自由也是相对的自由，这一点我们在前面的章节讲得很清楚。

对任何一个家族系统来说，序位都是至关重要的。当然，**序位的遵从不只是长幼之别，夫妻之间的序位也很重要。**如果夫妻之间的序位乱了，一样会影响家庭对家族能量的接收，家庭就会出现问题。我们知道，母亲是家里爱的源泉，**当母亲越位去充当父亲的角色时，家里就会出现爱的缺失，就会产生冷漠的亲子关系，这样的影响可能会持续很多代，使我们的后人一代接一代地陷入没有爱的冰冷婚姻和母子关系中。**

所以，我们通常会强调家族系统中母亲的重要性。母亲是一个非常伟大的角色，她既能毁掉一个家族，也能成就一个家族。在家族系统中，她的地位任重道远又无比特殊，她既是女儿、儿媳，也是母亲、妻子；她既要保持与外界的链接，又要做好对内部的疏通；既要对长辈修“受”，又要对孩子修“舍”，还要懂得尊重爱人……可以说，母亲对家族序位的遵从与否直接决定着孩子能否健康成长。

我们常把女人比作水，“上善若水”正是对臣服的最好解释。水往往能将自己的序位摆得很低，所以才能够在滋养万事万物的过程中汲取能量、净化自己。

另外，作为父母，也要特别注意与孩子之间序位的调整。我们讲究与孩子之间的亲密互动，但也要遵从序位，**不可与孩子互称姐妹或称兄道弟，要在保**

留家长威严的同时展现慈爱。

序位错了，就会产生系统的乱象。可见，系统就是一个约束体系，只有遵守规则，遵从序位，孩子才能够在家族中自由成长。

作为家长，如果你发现孩子与自己之间，自己与长辈之间或是孩子与长辈之间存在着冲突，请你重新审视家族中的序位关系，其实家族中很多的问题都源于序位错乱。

让我们警醒自己，通过孩子的问题，不断去发现自身的不足与缺陷。当我们看清了自己与家族中存在的问题时，就会发现，其实一切都源于我们没有处理好的关系——自己与内在的关系，自己与父母的关系，自己与孩子的关系，自己与家族的关系。让我们改变自己，努力修复家族中错乱的序位关系，恢复爱的序位，凝聚爱的原动力！让我们在摆正序位、理清真爱的过程中，成就家族系统的正常运行，让我们的孩子在家族能量的顺畅流通中活得更自在、更健康！

念力 + 行动力 = 梦想成真

孩子的到来承载着家族的使命，孩子的表现、变化、感知、思想与渴望等所有的呈现都是为了引领我们深入内在去审视自我，让我们能够真正觉悟！

父母与孩子之间有四种表现形式：

我——如何成为我，消除内心阻碍前行的种子；

孩子——父母如何培养孩子；

我和孩子——如何与孩子互动，如何一同成长；

家族系统——如何调整与家族的关系。

孩子的问题都是父母的问题。孩子的一切——过去、现在和将来都来自于父母言行、家族能量、有效链接和序位的关系。

我们与孩子在家族系统中运转，彼此重叠，彼此映照，互为因果。人和人都是来自网状的链接关系，一切都是平衡的呈现。当我们懂得了平衡，我们就会明白因果，就会知道其实自己才是一切的根源。孩子的到来是为了成全我们，让我们看见自己的不足并修炼自己，以使我们的灵魂更加纯净。我们的使命是接受孩子的成全，在尊重孩子的过程中达成与孩子的链接，调整家族的序位，摆正自己的位置，然后通过不断地更新来改变和提升自己，修复家族序位，提高家族能量，让自由、价值、能量归位合一，使自己和孩子的人生都能够走向美好和圆满。

可见，家族系统的良好运转需要为人父母者不断修行。所谓“修行”，一方面要“修”，要有觉悟，懂得世间的法则与规律；另一方面要“行”，要行动，要遵循自己在现实中所领悟到的一切规律。只有两个方面都做到了，才称得上是“修行”。所以我说：念力 + 行动力 = 梦想成真。

我们每一个人都是家族中的重要人物，都有着举足轻重的作用。作为家长，我们的念力与行动力影响着家族的兴衰，决定着孩子的成长与未来。为了孩子，我们不仅要从现实问题中反省自己，还应该付出实际的行动，弥补由自己造成的家族系统缺失。

作为一位优秀的心理门诊医生，杰用他的所学帮助许多人疏导了内心的扭曲和苦痛。可是，当你看到他那清瘦的外形和僵硬的姿态，以及写满了悲情和沧桑的面容时，你就能感受到他内心的纠结、哀伤与痛苦。

杰非常疼爱自己的两个女儿，会想尽一切办法逗她们开心，希望她们每天都生活在快乐之中。可谁曾想，结果却并非如杰所愿：大女儿性格反叛，从内到外散发着对父亲的厌恶感，还背负着一身病痛；小女儿虽健康活泼，但对父亲抱有莫名的怨气。这让杰百思不得其解，生活中的问题到底出在哪里？

为了解开心中的结，杰走进了课堂。在为他做个案的过程中，我让他父亲、母亲、大女儿、小女儿的“代表”，与他进行了一次毫无掩饰的心灵碰撞与告白。

在个案中我们看到，杰的大女儿对杰非常冷漠和厌恶，不愿靠近他一步，甚至连看他一眼都不愿意；小女儿也不愿意与他接近，哭着要求他对爷爷好一点；杰的父亲带着满身的怒气而来，面对杰，气得双眉紧锁，怒目圆瞪，浑身震颤；杰的母亲表现出的却是令人意外的平静。好奇异的景象，真是令人难以理解的一家人。这一切是由什么导致的呢？

杰回忆到小时候，我们看到了问题所在：小时候的杰多次目睹了亲爱的母亲被父亲责打的场景，这让他在难过的同时，也对父亲产生了深重的怨恨和仇视。很长时间以来，杰几乎切断了与父亲的一切链接，他不看望父亲，不与父亲对话，拼全力考上大学也是为了远远地离开父亲。然而，杰的母亲却对丈夫的责打习以为常、不以为然，反而能够坦然接受并平静面对。

在常人看来，杰是因为爱母亲，所以不能接受母亲受苦，从而产生了对父亲的怨恨，是可以理解的。但是，杰的生命历程却一直在为此埋单。这是因为他没能认识并尊重生命的规律：每个生命都有自己特定的轨迹，每个生命都有自己必须的经历，既包括快乐也包括痛苦，我们应该完全尊重并接受它。杰的父母亲也一样，他们都有着自己应有的生命历程。对于生命历程，我们要学会理解，懂得尊重，摆正自身的位置，才会圆满。

父母与孩子的交汇是生命的原点，就像坐标系的原点一样，这里是孩子与家族能量链接的必经之地。但杰却偏离了生命的原点，出现了生命的错位，从而也就阻隔了能量的正常流动以及与家族能量的链接。这不仅导致了杰自身的虚弱，还使自己孩子的成长和亲子关系受到严重的影响。杰的家族让杰的孩子用自身的苦痛与疏离，引领他回归到了生命的原点，并获取了对生命更为深刻的理解、接受与尊重。

觉悟到这一切后，杰跪地痛哭，不停忏悔着，开始感恩父亲的养育之恩。

我们知道，感恩一千次，忏悔一万次，都不如行动一次。所以，杰当即决定：退掉回程的机票，课程一结束就立刻去看望父亲，并当面恳求他的原谅。由此，我们欣喜地看到，杰的脸色逐渐红润了起来，表情和姿态也变得越来越柔和，欢乐、喜悦之情溢于言表。

我们都为杰的觉悟和行动力感到高兴，相信他一定能够使他的家族系统恢复完整，从而为孩子们的健康成长提供源源不断的能量。

我们每一个人的家族内部都隐藏着强大的能量。然而，身处其中的我们却常常会因为自己的无知、狭隘和较劲，偏离生命的原点，隔断了与家族能量的链接，使自己成为孤独飘摇的无源之水，无根之木，以至于无法把握自己的命运，无法维护自己的世界。

愿我们都能够放下狭隘的执见，勇敢地去实现对生命原点的回归，在提升觉悟的同时，用积极的行动力去打造家族系统的平衡与完整，在传承给孩子正能量的同时，让念力和行动力帮助我们梦想成真！

第十二章
爱孩子的十个表现

当你发现孩子有问题时，切记不要着急地去改变孩子，而是应该先冷静下来审视一下自己，只要父母能够从自身做起，改变自己，就会带动孩子的改变！

每一位为人父母者都深爱着自己的孩子。然而，在现实的生活中，我们却经常看到很多家庭竟然因为爱而产生了这样或那样的悲剧。其实，发生这些问题的根本原因在于很多为人父母者不知道该如何爱自己的孩子，更没有掌握真正爱孩子的方法。

那么，什么样的爱才是真正的爱，我们到底应该怎样爱自己的孩子呢？以下是真正爱孩子的十个表现，你是否做到了呢？

温和的笑容

作为父母，我们总是想给孩子最好的，那么什么才是最好的呢？难道就是给孩子吃好的食品、穿好的衣服、买好的生活用品吗？非也！其实，对孩子来说，爸爸妈妈的对待才是最重要的！温和的笑容远比名牌服装与美味食物重要。

儿童心理专家认为，微笑是对孩子最好的教育方式，每一个孩子都喜欢爱微笑的人。笑是爱的语言，它就像穿过乌云的阳光一样，能够照亮所有看到它的人，给人以温暖。对于孩子来说，家长的笑容就是世界上最美的语言，传达着家长内心的感情：“我爱你，你好可爱！我喜欢你，看到你我就很快乐！……”所以，家长的面部表情往往能够对孩子产生最直接的影响，**从小在微笑中长大的孩子，往往会具备积极乐观的心态；而一直面对焦虑、喜欢训斥的父母的孩子往往会胆小而敏感。**

丽华是一名法官，也是一位严厉而焦虑的妈妈，总是为胆小、敏感而不善于表达的儿子担心不已。眼看着孩子马上要上小学了，为了让孩子能顺利适应学校生活，她利用开学前的假期把孩子送进了学前班进行培训。

然而，开学时的家长会上，丽华就被老师留下了，因为儿子刚发的书找不到了。当丽华和爱人好不容易在教室的书柜中找到书后，夫妻俩不约而同地狠狠瞪了儿子一眼。之后，丽华开始向老师诉说孩子这样那样的问题，结果却被老师严厉制止了。

老师把丽华带到了办公室关上门之后，严肃地对丽华说：“你怎么能这样对待自己的孩子呢？孩子需要的是温和的对待与鼓励。所以你必须改变。第一，今后对孩子说话要体现出母爱的温柔，不要总是厉声斥责，更不要当着别人的面说孩子的缺点；第二，要抽出时间多陪陪孩子，如果工作太忙，最低也要每天给孩子讲一个故事；第三也是最重要的，就是要学会微笑，不要总是摆出一副法官的样子。”看着似懂非懂的丽华，老师最后来了一句，“如果不会笑，就对着镜子练！”

老师的话给了丽华很大的触动，也让她开始从内心深处思考孩子的问题。渐渐地，她开始意识到——原来孩子的现状都是自己和爱人造成的，自己才是孩子所有问题的根源。于是，丽华开始从内心真正地接受为人父母的教育，并从行动上开始试着改变自己。

只要在家里，她都会用温和的微笑对待孩子，并随时与老师交流分享，还开始与孩子一起亲子阅读……在每一天的坚持中，丽华不仅体会到了久违的亲子乐趣，还发现了孩子的改变：原本安静、胆小的儿子开始变得活泼开朗起来，丽华也终于得到了期盼已久的儿子爱的拥抱！随着儿子心门的打开，他与儿子情感的交流也越来越顺畅，这让丽华越来越相信：只要自己改变，孩子就一定能够改变！

在与孩子进行亲子阅读的过程中，丽华通过故事的寓意引导孩子解决问题，还纠正了孩子很多的不良生活习惯。在使孩子内心变得日益强大的同时，丽华与爱人也得到了很大的提升与成长。故事中父母对孩子的态度与语言让他们受益匪浅，在温和的笑容与温柔的对待中，他们与孩子的交流越来越平等与顺畅，孩子也越来越自信与大胆。

谁能说一定是父母成就了孩子呢？其实，父母养育孩子的过程也是成就自己的过程。孩子的问题是在提示父母去修正自己，去改变成长。在此，我们要提醒所有正处于纠结与彷徨中的父母，当你发现孩子有问题时，切记不要着急地去改变孩子，而是应该先冷静下来审视一下自己，只要父母能够从自身做起，改变自己，就会带动孩子的改变！请坚信：你给孩子一个灿烂温柔的笑脸，他必将还你一个明媚靓丽的春天。

蹲下身子和孩子说话

一位妈妈为了增长孩子的见识，就带着孩子出席了一个高端的商务活动。没曾想，她拉着孩子的手进入活动现场后不久，孩子就开始无端哭闹起来，这让她感到极为尴尬与恼怒。直到她蹲下身子为孩子系不知何时松开的鞋带时，她才恍然大悟——原来，**孩子的眼睛里根本没有游戏与美食，有的只是成人的臀部……**

这位妈妈的错误是现实中每一位为人父母者都容易犯的错误。什么才是真正的爱孩子？我们总是尽心尽力地为孩子准备着我们能够为孩子创造的一切，却唯独忘记了我们和孩子之间的平等。我们总是习惯于站在自己的立场和角度，用成人的思维去看待周围的一切问题，这也就是很多时候孩子不像我们想象的那样的原因所在。

内藤寿七郎是日本小儿科的医生，也是一位著名的教育家。这天，一位妈妈带着两岁的儿子来问诊。妈妈说，这孩子一口气能喝光一升牛奶，因为喝牛奶超量而患了牛奶癣，皮肤痒得睡不着觉，做事情也总是焦躁不安。

听了这位妈妈的话，内藤先生并未着急给孩子开药，而是不慌不忙地脱下白大褂，跪在男孩面前，直视着男孩的眼睛，温和地问道："你喜欢喝牛奶吗？"

见男孩点头后，内藤先生仍然目视着男孩说："如果不让你喝你特别喜欢的牛奶，你能忍得住吗？"

面对内藤先生的问话，男孩开始变得烦躁起来，他生气地把脸扭向了一边。

男孩的抗拒并没有使内藤先生放弃，他立刻转到孩子面前蹲下身子说："你可以不喝牛奶的，是吗？"不管男孩是怎样不耐烦，如何抗拒，内藤先生都始终蹲着身子，用信赖的目光注视着孩子的眼睛。终于，在内藤先生十分诚恳的问话中，男孩轻轻地点了点头。

就这样，奇迹出现了。小男孩回家后再也不喝牛奶了，身上的奶癣也很快消失了。一年后，男孩的妈妈觉得孩子可以喝点儿牛奶了，可男孩说："大夫说能喝我才喝。"于是，妈妈又带着男孩去找内藤先生。

这一次，内藤先生还是一如既往地蹲着身子，在直视男孩眼睛的同时，微笑着对孩子说："你现在可以放心地喝牛奶了。"结果，男孩从那天起又开始喝牛奶了。

爱的注视是孩子成长的营养源，是成人与孩子交流时最好的语言。所以，这提醒我们每一位为人父母者，要想使孩子成为他们自己，就要学会"蹲下身子"和孩子说话。在与孩子平等沟通的同时，用爱的目光给予孩子内在的支持，设身处地地帮助孩子解决问题。蹲下身子，不仅可以帮助我们从孩子的视角看到属于他们的多彩世界，还可以使孩子感受到平等与尊重。

如果你的孩子总是烦躁不安，如果你的孩子时常沉默寡言，你应该扪心自问：自己有没有给予孩子平等的对待？有没有用爱的目光传递给孩子信任与支持？为了孩子，请你学会蹲下，学会站在孩子的角度思考问题，学会与孩子平等地交流与沟通，这是我们可以送给孩子的最好的礼物！

放慢 3 秒钟

虽然我们已经成年，但大多数人都还记得小时候父母对自己发火的样子，因为父母的"打骂"或多或少都对我们产生了不好的影响。而今，已经为人父母的我们，自然不希望自己的孩子也受到不好的影响。但现实很多为人父母者却总是会控制不住对孩子发火，这样的事例在生活中几乎随处可见。

每一个孩子都曾经是母腹中的天使，孩子的降生使为人父母者欣喜不已，充满期待与感恩。从孩子呱呱坠地的那一刻开始，他就处在父母没日没夜的照料与呵护中，伴随着孩子一天天的成长，父母也收获了很多的欢喜与快乐。

可是，等到孩子长成一个小大人的时候，孩子开始有了自己思想的时候，父母却往往会因为不能适应而变得气急败坏，也就开始了对孩子高嗓音的指责甚至咆哮。这是多数父母经常选择的最便利的“制暴武器”，孩子往往会因为慑于威力而不得不服从。

责骂过后，当我们看到孩子满脸委屈与受惊的样子时，就会产生悔意和罪恶感，产生“我不是好父母”的念头，悔不该对孩子大吼大叫。可是，当孩子再一次表现得让我们不满意时，我们就又会抑制不住地发脾气，对孩子吼起来，如此也就陷入了恶性循环。

作为父母，你可曾意识到：父母的怒吼与指责只会让孩子心生恐惧，让孩子觉得讨厌。长此以往，会使孩子变得孤僻，形成消极、悲观的性格。另外，**情绪失控地乱发脾气，并不能起到好的教育效果，相反还会让孩子更加抵触，甚至学会对你大喊大叫，或者干脆用沉默来表达愤恨和不满。**由此，你会失去他对你的尊敬，他自然也不会将你的管教放在心上。长此以往，他的我行我素必然会助长乖戾和不受约束的性格，父母就很难对他的行为有所要求，最终造成可怕的后果。

“为人父母”课堂上有这样的一个练习，每个人轮换扮演父母或孩子的角色，体会父母用不同高度、不同声音给孩子带来的不同心理感受。活动结束，很多父母十分悔恨，从没有认真关注过孩子的感受，更悔恨自己的情绪和无知给孩子带来的伤害。

很多时候，导致家长怒气勃发的问题多半不是出在孩子身上。静下心来想一想：**每次你对孩子发火生气的时候，每当你情绪不受控制的时候，是不是也是跟别人吵架、投资受挫、工作压力大或是生活的琐事让你身心疲惫的时候？**所以，当你面对孩子的顽皮与淘气时，就会不由自主地“河东狮吼”。

也许你会说：“没办法啊！一看到孩子不听话，我就忍不住要发火。”可是，你要知道，孩子不是你的出气筒！那该怎么办呢？很简单，**问题发生时，跟孩子沟通前，把脱口而出的话放慢 3 秒钟**。在对孩子发火前把自己的怒火先压一压，等 3 秒钟之后再用威严的语气放慢语速跟孩子说话，一定要记住三点：**态**

度要平静、动作要稳定、声音要坚定。

当你压制住自己的火气时，先走到孩子面前，下蹲，使自己与孩子的眼睛保持在同一高度，告诉自己一定要平静，这有助于你维护做父母的威信。然后，你可以抓住孩子的手臂，严肃而沉稳地对孩子说："看着我的眼睛，我在跟你说话！"之后，你可以平静地告诉孩子，他做错了什么，应该怎么做。如果孩子还是不听话，你可以加重语气，威严且郑重地告诉孩子："如果你不能够遵守，将会受到惩罚。"当然，你必须是一个说话算数的妈妈。

作为父母，请不要动不动就拿"忍不住"来当借口，要知道，父母动不动就大声地训斥孩子也是一种家庭暴力。试着"戒吼"吧，当你不再跟孩子比谁的声音大时，当你放慢了语速时，当你压制住了自己的火气时，你会发现，原来与孩子沟通并不是什么难事。

学会放慢你的语速吧，这才是真正爱孩子的表现！你会发现，放慢语速不仅能够拯救你们的亲子关系，还能够拯救你自己——不知不觉中你会成长为一个温和而平静的人！

倾听

"教育的主要原则是爱，我们施予孩子真正的爱，会缩短彼此心灵间的距离。"那么，什么样的爱才是真正的爱呢？我们知道，每一个孩子的心灵都是丰富多彩的，就像是一本五彩的书，等着我们去品读它。只有用爱的耳朵倾听孩子的心声，读懂孩子的内在，我们的教育才能收到好的效果。

孩子通常都很希望与父母分享他的快乐，分担他的烦恼，可现实中我们这些做父母的，却往往喜欢听"好消息"，根本没有耐心去听孩子的委屈与不开心。**父母的反应会使孩子觉得跟父母说什么也是浪费感情，因而也就失去了发泄和化解消极情绪的渠道，长此以往，就会形成一种对抗情绪，随时都可能爆发，**

甚至会给家庭带来严重的伤害。

不管是成年人还是孩子，都渴望得到别人的理解，所以，作为父母，我们首先要耐心地倾听孩子的心声，给予孩子更多的关注和尊重，这是对孩子最有效的帮助。当孩子觉得我们已经真正理解他的想法时，自然也就能够听进去我们的话了。

那么，我们如何做才能够成为好的倾听者呢？

首先，我们的目光要与孩子的目光在同一水平线上，睁大眼睛，身体稍向前倾，让孩子感受到你倾听的兴趣与愉悦。切不可居高临下，也不可双手抱着胳膊或边听边做别的事情，这会让孩子觉得你没有在认真听他说话，从而失去倾诉的欲望。

其次，不要随意打断孩子的话，不可轻蔑地说“我早就知道了”之类的扫兴话，即使你听过，也要耐心地表现出倾听的兴趣，这是对孩子的一种最起码的尊重。然而，现实中的我们往往会缺乏耐心，没等孩子说几句话就会不耐烦地说：“知道了！知道了！该干什么干什么去，我忙着呢！”“行了行了，别烦我了，我没工夫听你说这些！”父母这样的态度会让孩子十分扫兴，也就不想再对父母多说什么了。真正的爱不应只是关心他的衣食住行与生活起居，更重要的是对他感兴趣的事情给予关注。如此才能有效地激励孩子发展兴趣爱好，才是真正爱孩子的表现！

记住，一定要让孩子看到你专注地听他倾诉的态度，这是对孩子最好的赞美，他会因此感受到你的重视与理解。所以，在听孩子讲话时，除了要保持微笑并时不时做出吃惊的样子之外，还要通过语言的表达来体现你的兴趣，如“真的吗？太好了！然后呢？”……

俄国伟大的作家契诃夫曾经说过：“母亲之所以在教育子女方面不能由外人代替，就是因为她能够跟孩子同感觉、同哭、同笑……单靠理论和教训是无济于事的。”所以，作为父母我们一定要学会倾听，真正去体会孩子的感受。也许你会觉得表现兴趣有点无聊，但当你真的这么去做了就会发现：**不管孩子说得多么简单，只要你试着表现出自己的兴趣，你就会对孩子的话产生真正的兴趣。**如果面对孩子兴致勃勃的诉说，你总是表现出漫不经心的样子，甚至沉着脸，一言不发，就会使孩子封闭自己的内心，失去倾诉的欲望。

孩子的改变源自父母自身的改变，当父母真正改变了自己的心态，学会用爱的耳朵倾听孩子的心声时，孩子就会敞开心扉，变得更加自信与乐观。

给孩子一个正向的标签

作为全国“十佳年轻妈妈”之一的农村妇女田桃花在“年轻妈妈读书活动”的颁奖会上，登上了人民大会堂的讲台，为大家讲述了她与儿子的转变过程：

我出生在一个农民家庭……当我成为母亲时，面对孩子，我是那么无知。我嫌儿子田柯学习不好，从来没有夸过他。

有一回，孩子回家高兴地对我说：“妈妈，我今天在班上做了一盘蘑菇炒青菜，老师和同学都夸我炒得好吃，还评选我当第一名小厨师呢！”我听了没好气地说：“你真行！将来考大学也要考厨师？学习成绩不好，还有脸说什么第一名？”像这样没好气的话在我和孩子中间太多了……渐渐地，他对自己失去了信心，总觉得再怎么学也赶不上其他同学，不如就这样混吧！

通过学习我认识到家庭教育是靠家庭语言来完成的。如果能改变过去“一训二骂三打”的态度，以“太好了”的心态耐心地去说服教育，会收到什么样的效果呢？

这以后，我对孩子的态度有了改变，结果我发现孩子也在慢慢变化：作业做得比以前认真多了，回家也跟我亲近了……

一个星期天，田柯又跟邻居家的孩子打架了！我没问青红皂白，一上来就对他连骂带打的。后来，我才知道他是为一个受了欺负的小朋友打抱不平。我好后悔啊！于是，我主动向孩子承认了错误，让他原谅我，也批评了他跟别人打架是不对的。田柯很感动，向我保证："妈妈，你放心吧！今后我再也不惹你生气了！"望着孩子，我流下了眼泪。"田柯，妈妈相信你！"我发自内心地说。

从那以后，田柯真的再也没跟其他同学打过架。期末考试，儿子的数学得了70分，这对数学经常不及格的他来说，还是第一次啊！

……

田桃花与田柯的改变告诉我们，要想真正改变孩子，我们就要改变自己对待孩子的态度，给孩子一个正向的标签。**把心中的不满与挑剔变成欣赏与满意，把讽刺与否定变成赞扬与肯定**……如此，你就会惊喜地发现孩子的改变！

有一个42岁的法国人，接连遭遇了离婚、破产、失业等一连串的打击，他觉得自己倒霉透了，开始变得古怪、易怒、十分脆弱。他看不到自己生存的价值和人生的意义，看着兜里仅剩的可怜的几个硬币，他决定把钱花完就自杀。

他听说有一个吉普赛人算命非常准，就想反正也要死了，算算命看他能怎么说。当他来到吉普赛人算命的地点时，吉普赛人一看到他就遣散了其他算命的人，把他单独请到屋中，关上门后对他："您是一个了不起的伟人！"

这让他大吃一惊："什么？你不是在开玩笑吧？"

吉普赛人平静地问他："您知道您是谁吗？"

他心里暗想："我能是谁？我就是个倒霉鬼、穷光蛋，是一个被生活抛弃的人！"但他仍然故作镇静地问："是谁？"

吉普赛人说："您是拿破仑转世！您身上的血液、勇气和智慧，都是拿破仑的！难道您没有发觉？您长得也很像拿破仑？”

“不会吧？”他略带迟疑地说，“我是一个离婚、破产、失业的人，几乎无家可归……”

“嗨！那都是过去，”吉普赛人说，“将来的您可不得了！如果您不信，您可以不用付钱。不过，您一定要记住我的话，几年以后，您就是法国最成功的人！因为您是拿破仑的化身！”

虽然他表面上装得很不相信，但他的心里却有了一种从未有过的伟大的感觉。从此，他对拿破仑产生了浓厚的兴趣，想方设法地找与拿破仑有关的书籍学习研读。慢慢地，他发现周围的一切都发生了变化，他与朋友、家人、同事、老板的关系融洽了许多，大家对他的态度发生了很大的改变，他的事业也开始变得顺利起来。

13 年后，55 岁的他成了亿万富翁，他就是法国赫赫有名的成功人士——威廉·赫克曼。后来，他写了一本羊皮书，他在书中写道：其实我根本就不是什么拿破仑转世，只不过那个吉普赛人算出了我要死的心态，于是她想方设法地给了我一个标签，让我成为今天事业王国中的拿破仑，我非常非常感谢她。

这就是标签的作用！其实，朋友、家人、体制等，都是老样子，只是他自己变了，一个标签让他拥有了拿破仑的胆魄、信念、热情、乐观以及思维方式，所以才有了他日后的成功！

你的思想呈现就是你外在的结果。作为家长，我们一定要学会给孩子设定正向的标签，这对孩子的成长很重要！当孩子的心灵认可这个标签的时候，就会在心智中产生很高的链接，他就会具备跟标签一样的思想，内在的思想决定着他外在的表现，最终就会产生美好的外在结果。

让孩子感受到自己的价值

爱是一种感受，真正爱孩子就是要让他感受到自己的价值。**一个人只有在被他人需要时，才能感受到自己的价值。**价值感支撑着人的生命活力。

试问，在生命成长过程中，你是希望得到赚的钱还是希望得到赚钱背后的价值？走到最后你会发现，你要的并不是钱，而是在社会中的地位和价值以及由此获得的尊重。也就是说，人努力的最终目的是跟钱没有关系的，生命的成长需要内在的精神归属，而精神归属中排在第一位的就是价值。

一次，我去一个朋友家吃饭，他家里条件很好，有两个保姆。吃饭的时候，我看到朋友的母亲坐在沙发上，手边放着遥控器，她每隔一段时间按一下遥控器，昏昏沉沉的似睡非睡，她并没有在认真地看电视，只是会偶尔按一下遥控器。我看到后就对朋友说："你的母亲很麻烦，可能不会时间很久，你要注意。"他听后立刻否定说："不会的！不会的！她每年都检查身体，就是有'三高'，很多老年人都这样，每天都按时吃着药就好！再加上有两个保姆照顾着，她想吃什么就吃什么，想喝什么就喝什么。"我说："你不了解人性，也不理解人的心灵，再这么下去的话，用不了 10 个月……"他一下子就急了，说："不可能！"我看他极力否定就没再多说。这是我的习惯，面对这样的人、这样的事情，想帮他也帮不上。

结果 8 个月后，他的母亲去世了。安葬完母亲以后，他很难受，问我："到底是什么原因呢？你为什么会预测得这么准？"我说："我花了很长时间研究规律。你母亲为什么会去世？是因为她没有价值感，因为你雇用了保姆也就抑制了她通过劳作获得的价值感……"

雇用保姆本来是希望母亲得到更好的照顾，没想到却得到了这样的结果。所以，孝顺父母就要让他们创造价值，只要不是太累太重的活儿，都可以让他们去做，让他们感受到自己的价值。

其实，现在的老人最开心、最喜悦的事情莫过于孩子吃他们做的饭。所以，当你回到家里时，不管父母做的什么饭，即使你不爱吃，都要告诉他们：“我就爱吃爸妈做的菜！”你准备星期天去父母家吃饭，你会发现，提前几天，父母就开始为这顿饭做着各种准备。他们忙活半天就是为了看到你吃饭的样子，那是他们最大的满足，是他们价值感的体现。

其实，孩子也是一样，当一个孩子在被大人需要时，他就会感受到自己幼小生命的伟大。所以，作为父母，我们最终的目的就是要让孩子感受到自己的价值。因为人有了价值，才会有生命的活力！

然而，现实中我们又是怎么做的呢？不让孩子做这个，也不准孩子做那个，只会冷冰冰地对孩子说：“学习去！谁让你做事了？考个 100 分比什么都强！”

孩子心目中爱的火花常常被父母无情扑灭。慢慢地，孩子就会觉得，父母的要求就是让他考高分、上重点学校，别的什么都不需要。所以有些人考上大学后会感到生无可恋，因为他觉得没有价值。父母一直在逼着他考大学，有一天他考上了大学就感受不到自身的价值了。

有时候我们对孩子太好，往往会剥夺了他的价值感。孩子该玩就让他去玩，该洗袜子就让他去洗，要让他在不同的时间懂得做不同的事情。要让孩子感受到价值，父母就要和孩子一起成长，从小培养孩子的爱心，培养孩子做力所能及的事情的习惯。不管是成人还是孩子，**给予别人爱，看到别人能理解、能接受、能感悟到，会比接受别人的爱感觉更快乐，更有价值！**

真正爱孩子的父母，往往会有意识地在孩子面前表现出自己的“弱”，从而给予孩子付出爱、创造价值的机会。所以，作为父母，一定要学会改变，不要总是把自己看成高山，把孩子当成弱不禁风的小草，换个位置，换个形象吧！你的改变会让孩子成长为高山，你的示弱会让孩子成长为可以为你遮风挡雨的大伞！

维护孩子的尊严

每个人都有自己的尊严，每个人都需要得到尊重，大人需要，孩子也一样需要。如果父母因为某些事情没能维护好孩子的尊严，可能会影响孩子一辈子。

“为人父母”课程上有位学员，因为小时候母亲的疏忽，最终影响了自己的尊严。

她的母亲那时候用缝纫机给别人做服装，学校组织买校服时，母亲觉得买校服多花钱，就照着学校校服的样子给她做了一套，但是颜色和样子要差很多。对于父母来讲可能觉得无所谓，可是当大家一起出去玩、一起参加表演时，同学们看到她跟别人穿得不一样就会嘲笑她。表演节目的时候，本来她被安排在第一排，结果老师一看她的衣服，就没让她参加表演。准备了那么久的表演就这么不让参加了，她只能含着泪看同学们表演。回到家后，她拿起剪刀把衣服剪坏了，并做了一个决定：从今以后不再穿裙子，不穿美的东西。

她走进课堂时已经38岁了，一直不敢结婚，因为感觉不到有尊严。后来，她的母亲也来到了课堂，讲起这件事时说：“我真没有想到，当时我的确是想省钱。钱是省了一点点，却没想到把孩子这么多年的婚姻给省掉了。”

家长一定要记住，无论如何，一定要维护孩子的尊严！不管在什么样的环境和条件下，孩子的尊严都应该排在第一位。

一个温州高二的女生，意外怀孕了，该怎么办呢？一天，她跟爸爸一起吃饭，爸爸在喝酒，她不敢直接说是自己，就说：“爸，我们班有一个同学怀孕了……”没想到她话音未落，爸爸就生气地拍着桌子说：“什么？这么小就怀孕了？还上着学呢！……”听了爸爸的话，她心里很紧张，可是毕竟就是她自己啊，她得想办法解决。于是，她问爸爸：“那要是我怀孕了怎么办？”“要是你，你就死去吧！我这辈子都不认你这个女儿！”爸爸的话给了她严重的打击，就在爸爸继续喝酒时，她从7楼跳了下去。

我还读过这样一篇文章，《回报母亲的爱》。

一位女孩，平时爸妈做生意没工夫管她，因为高一转学她有点跟不上，班长就主动帮她补习功课，结果在补课的过程中两个人日久生情偷尝了禁果，后来女孩怀孕了。她非常害怕，打电话把妈妈单独叫到了家里。

妈妈回到家后，她跪在妈妈面前说：“妈妈，我怀孕了。”刚听到她的话时，母亲往后踉跄了两步，之后用手扶着后边的墙才勉强站稳，稍微冷静了片刻以后，妈妈把她扶了起来说：“孩子，这件事情天知地知你知我知，不要告诉你爸爸，也不要告诉那个班长。明天我带你去医院。”到医院做完手术以后，母亲请求大夫开了一个阑尾炎手术的假条。在她休假的这段时间里，母亲推掉了一切事情照顾她，还陪着她好好地玩了几天，对于这件事情只字不提。

到休假结束时，母亲做了一碗海鲜粥给她，说：“孩子，这是你最爱吃的，好好学习！”妈妈只是跟她说了这么一句话，她临走的时候，回头看了母亲一眼，再一次给母亲跪下，对母亲说：“妈妈，你给了我一个尊严，我还你一个奇迹。”

从那天开始，她发奋读书，在本子上写了一句话：“我要到北京上最好的大学，回报母亲给我的一个尊严。”后来，她考到北京上了大学。她说：“我的母亲保护了我的隐私，没有跟任何人讲，她是天下最好的母亲！”

同样的事情，两种不同的对待与反应，一个孩子死了，另一个孩子却创造了奇迹。足见父母对于孩子的巨大影响和作用。我相信，每一个父母都深爱着自己的孩子，但真正的爱不是要求，而是理解与体贴，首先要接受已然发生的事情，然而再耐心地给予孩子正确的引导。切记：不论你选择怎么做，一定要尊重孩子的隐私，维护孩子的尊严。你给孩子一个尊严，孩子就会还你一个奇迹！

遵从家族序位

家族系统中的序位是一股不容忽视的力量，我们必须遵从家族的序位才能使家族能量达到平衡，才能够使孩子在良好的家族系统中获得正向发展。

家庭成员的很多问题都来自于家族序位，特别是孩子的序位。

序位不只是长幼，还有夫妻。当家庭中夫妻的序位摆不好时，家庭也一样无法获得良好的发展。家庭中的父亲通常是主事的角色，主要是用大脑理性地思索，而母亲给家人和孩子的永远是关心和爱护。如果母亲越位充当了父亲的角色，家里就会缺乏爱，就会变得冰冷。可怕的是这种状况不只发生在这一代，母亲对子女的影响会代代相传，一代接一代地延续着没有爱的冰冷婚姻和母子关系。

所以，我常建议很多母亲不要太强势，要更多地用智慧和能力辅助爱人，这才是正确的事情，这才是真正找到了序位。

家庭的纷争通常源于家族序位关系的错乱，夫妻关系也是很重要的一环。现今，女性都要求获得平等和尊重，这是对的！但不要混淆了，**平等与尊重并不是要强，更不是逞强。**作为女人，一定要懂得序位的关系，要用你的努力去辅佐你的爱人，如此你的家庭才会有希望，你的孩子才会有未来，这是你一生中最大的成就所在。记住：**你今天所有的计较、埋怨都是在消耗家族的力量，都是在削减家族的努力。**

古代人讲究阴阳平衡，男人阳刚、女人温柔才能完成序位的关系，才能让能量有效、有序地流动，这才是一个家族真正厉害的地方。

记得有一次我们几个朋友一起到一个潮州朋友家聚会。在聊天的过程中，朋友一会儿对他爱人说“你给我拿一个……”，一会儿说“你给我准备一下……”，边上的朋友看不下去了，就笑言道：“你们这儿的女人真惨，下辈子投胎可不能当潮州女人了，太惨了。”我对他说：“你有没有注意到不论老公让她干什么，她都面带笑容？其实她内心很幸福，并不觉得苦。他们家3个亿的财产，12年就做到了，为什么？如果老婆天天跟他吵架，他能顺畅吗？他还有心思打拼事业吗？”

一个家族之所以能够发展起来，我们要学会看背后的原因，这是有规律的，是家族成员对序位的遵从成就了家族的发展。其实对于孩子的发展也是一样。所以，我们必须尊重秩序，认同并尊重每位家族成员的归属权，毫无怨言地承担自己的责任，接受家族中的一切。如此一来，我们就能够站在合适的位置上，坦然地面对一切，在使家族能量达到平衡的同时，助力孩子过上他自己真正想要的生活！

提升家族能量

德国当代系统心理学大师伯特·海灵格在研究中发现：每一个家族内部都隐藏着一股动力，家族中的每一个成员都会受这股动力的影响，这个动力存在于人潜意识的深处，一般不易察觉。这个动力其实就是我们所说的能量。很多发生在家族中的负面事件都是因为人抵触这股动力而阻断了能量的传承才导致的，比如家庭不和、身心疾病、自杀、意外伤害、暴力犯罪等。

一个人的能量从哪儿来？一方面从自己的努力交换而来，另一方面透过父母而来。当一个人跟父母的关系不好时就会消耗自身的能量，所以，人一定要跟自己的父母做好链接。记住：没有对孩子不好的父母，只不过不同的父母教育孩子的方式不同。

人的能量来源其实也很简单，我们之前曾经拿树做过比喻，我们是树干，我们的孩子是果实，我们的父母和祖辈就是树根。通常，我们给树浇水的时候都会浇树根，为什么？因为只有树的根系吸取了营养，树干和果实才会长得壮实和饱满。所以，如果你想积攒自身的能量，想提升孩子的能量，你就必须疏通整个家族能量，也就是说要对自己的父母长辈好，同时要教导孩子孝敬父母和老人。

可是，今天的我们又是怎么做的呢？家里好吃的先给谁吃？孩子！过去的人都懂得一个规矩，吃饭时如果父母老人不动筷子，孩子是不能动筷子的，要懂得长辈先吃才可以。今天**我们让孩子先吃是错误的，是本末倒置。**你给果实再好的营养，如果树根阻塞不通，这棵树也就没得救了，因为能量来源没了。

我在帮一些企业人力资源管理部门招人的时候，一般只做一件非常简单的事情，就是不管招的是一个多么重要的人，我首先会跟他聊他的父母。每次，当我微笑着问应聘者“你父母是干什么的”的时候，如果他对父母都有怨言的话，这个人是不可以用的。就像在古时候，如果一个人对自己的父母不好的话，是不可以为官的一样。

我们常以“血脉相连”来解释父母与子女之间的爱与情感，其实这本身就是家族能量的体现。血缘关系使父母与子女之间形成了一种独特的能量链接，这种能量链接可以不受时间和空间的限制，使孩子体会到父母的慈爱，使父母感受到孩子的安危。比如，当子女有危险时父母会产生的心灵感应，这就是一种真切的实际体验。

当然，如果父母与子女之间的能量流动受到了阻碍，就会产生郁结，导致家族能量运行不畅，使孩子产生爱的匮乏，甚至会陷入心理困境，产生恐惧、回避、无助、自卑等情绪。如果不能够及时疏通家族能量使之正常运转，孩子就有可能会出现性格缺陷、亲密关系障碍等状况，与此同时就会接连导致下一代的情感匮乏，促成新一轮的家族能量漏洞。为了有效避免这一系列的问题，我们必须打通家族能量的阻塞，把各个家族成员有效连接起来。如此才能够真正地提升家族能量，改善与孩子的关系。

我们要从自身做起，不仅在行为上严于自律、尊老爱幼，让孩子从小懂得孝顺，懂得尊重父母，更要努力去找寻家族能量的阻碍，疏通能量的链接，使孩子心灵中无形的能量郁结迅速解除，产生力量感。

作为父母，我们需要明白：对孩子的爱并不只是体现在给予孩子物质保障上，给予孩子心灵上的安慰与支持才是真正爱孩子，才能够让孩子充满喜悦、自信和满足！

当我们与父母、孩子之间建立起家族能量的顺畅链接时，就能够真正释放自己爱的能量，让孩子与我们产生能量共振，获得心灵上的安慰与自信，如此，我们的孩子就能具足心智能量，健康快乐地成长。

给孩子的心灵插上自由的翅膀

人最深层次的渴求是自由、尊重与关怀。“尊重与关怀”好理解，大家也基本都能够做到。可是，对于“自由”，却并不是谁都能理解透彻的，即便理解透彻了，要想真正做到也并非易事。

“自由”本意是指没有阻碍的状况。所谓阻碍，是指运动的外界障碍，对无理性与无生命的造物以及对有理性的造物同样可以使用。自由是一种免于恐惧、免于奴役、免于伤害和满足自身欲望、实现自我价值、舒适和谐的心理状态。自由既有随心所欲的权力，又有不损害他人的责任和义务。哲学家康德认为，“自由”是指人在自己所拥有的领域内自主追求自己所设定目标的权利。

在古代中国，庄子的《逍遥游》等名篇就为“自由”奠定了思想理论基础；

在《汉书·五行志》中就已经出现了“自由”一词。在西方，最初意义上的自由，主要是指自主、自立、摆脱强制，意味着人身依附关系的解除和人格上的独立。可以说，“自由”是我们人类从古至今不变的追求。

虽然，小时候的我们并不懂得什么是自由，但我们却天生渴望自由。比如，在没有大人过度的限制和管束时，我们会感到自在、舒适和快乐，可以尽情地做自己喜欢做的事情、看向往已久的有趣的图书、玩令人着迷的游戏，让自己获得更多的喜悦。当然，我们追求的并不只是外在行动上的自由，更多的是要享受心灵上的自由。心灵的自由是心声的自然流淌，意味着不依赖于任何特定的东西，不勉强自己被任何特定的规定所束缚，从而真正地获得生命原生的幸福、充实、宁静与愉悦。

可是，当我们远离童年的时候，这种对于自由的感受就会随着时间、工作、家庭等各种社会关系的形成而被渐渐遗忘。通常，我们会为了达成意识上追求的目标，依据自己过往的经验，给自己和身边的人定下许多规则，这些规则就好比是人为建立起的一个“牢笼”。我们总以为，这个“牢笼”能够更好地保护自己，只要我们和身边的人都能够很好地活在这个自行定义的标准之下，按照自己的想法和所谓的“原则”去行动，我们就可以达成目标，实现梦想，过上幸福美好的生活。可是，事实真的如此吗？让我们看看下面这个真实的案例吧！

小敏是个很爱看书的孩子，在她读小学六年级时，学校的图书馆要招收图书管理员，要求每周一放学后自愿参与图书管理工作。于是，班主任就根据学生的特长挑选了小敏参加。为此，小敏感到非常荣幸。

回家后，小敏欢呼雀跃地把这个喜讯告诉了妈妈。可妈妈听了，非但没有高兴起来，反而变得忧心重重。因为每周一下午放学后，小敏都要参加校外的一些培优课程，这是专门为成绩优秀的学生提供的提高辅导课，名额也是很不容易才争取来的。为了让孩子在今年的毕业考试中考上重点中学，妈妈表达了自己的反对意见。小敏听了，心里很难过，她恳求妈妈同意，并保证：在很好地完成学校工作之余，绝不影响自己的学习成绩。但是，妈妈觉得成为图书管理员对毕业考试没有任何帮助，只会影响学习成绩。小敏想尽一切办法说服妈妈，但无论小敏做出怎样的保证，提出怎样的理由，妈妈都给予了坚决的否定，并要求小敏辞去图书管理员的工作。无奈之下，小敏屈服了。

可是，从此之后，小敏再也高兴不起来了。每天放学回家后就会躲进自己的房间，按照家长的意思应付式地写完各项作业并完成一大堆课外班的练习题。然而不知为什么，小敏总觉得无论自己做什么，都越来越不符合妈妈的心意了，妈妈的批评也越来越多。实在不想听的时候，小敏就干脆大声地回应，甚至不管自己有理还是没理。为了孩子的毕业考试，妈妈坚持用严格的方式对待，她坚信只有这样做才能促使孩子服从并做好。小敏却总感觉，无论自己做什么样的选择，只要是和考试无关的，妈妈都会认为是错的。她甚至连课外书也不喜欢看了，也不知道自己每天想做些什么，兴趣和目标都变得模糊了。她开始疑惑：为什么只有服从这些约束，妈妈才会开心？为什么做自己喜欢的事情，就一定是错的？

不可否认，现实中有很多家长都跟小敏妈妈一样，为了孩子能达成某种目标，陪伴着孩子并和孩子一起努力，这是很对的。但是，为了达成心中的目标，我们会在追求的过程中不自觉地给孩子很多约束，提出很多要求，例如：要求孩子听话，服从命令，特别是听自己的话；要求孩子当上班干部；要求孩子能弹一手好钢琴，最好在小学毕业前考过八级；会画画、会唱歌；参加专项比赛时能获奖，以利于入学竞争……不仅如此，我们还会要求孩子考最好的分数，因为高分是升上重点学校的唯一标准。能培养出这样的孩子，家长会觉得有面子，总会认为这样的孩子才是成功的孩子！可是，在你不断提出要求束缚孩子的过程中，有没有想过孩子的感受？有没有真心地去听一听孩子的心声？

甚至，我们还会煞有介事地为自己的做法编织很多理由：我的选择是对的，我在为孩子的未来铺路，哪怕孩子还是不太接纳，但有一点绝对是正确的，那就是“我们都是为了他好”。他现在不接受不要紧，将来一定会明白的。只要是为了更好地实现心中的目标，所有的限制都是对的，因为我们比孩子“更有经验”，孩子按照我们设计的路去走，就一定能达成目标！

在众多的个案研究中我们不难发现：人总会在成年后为了弥补童年时的缺失而更多地把希望寄托在下一代身上。因为，大多数父母都是这样教育孩子的，父母使我们在很多约束下成长，也就使我们形成了固有的模式，我们就会用同样的方式去对待自己的孩子。有的人甚至在孩子长大成人以后，还依然会在孩子择偶、工作甚至生活上提出很多限制和要求。如：觉得做医生好，就要求孩子考医科大学；喜欢事业有成的人，就要求孩子在择偶时选择这样的对象；不喜欢活泼的人，就要求孩子结交文静、话少的朋友……**我们就像形成了视觉盲点一样，无法真实地看到孩子的内心需求，无法了解孩子在诸多限制下的苦恼，无法明白过多的限制会对孩子的人生观产生重大影响，使他们在没有任何体验的情况下做出不知自己喜欢与否的选择。**

我们不妨反过来设身处地地换位思考一下，如果被操纵、被限制的人是我们自己，我们还会心甘情愿地让别人来操纵自己的一切吗？看看我们的现实生活吧！那么多原本恩爱的夫妻，却因为受不了对方过多的约束、限制和不信任，而在内心深处形成鸿沟，产生心灵的距离，最后不得不分道扬镳；很多父母因为在教育上对子女过多限制和约束，使孩子无法得到心灵的自由而产生亲子矛盾，导致无法建起顺畅沟通的桥梁，产生代沟；很多孩子因为总是按照父母的步调做出决定而失去了自己的梦想，失去了优秀的创造力，失去了对事物的判断能力和选择能力……面对所有的这一切，我们是不是应该好好反思一下自己？走到最后，你是否还能够心安理得地说出那句“我都是为了他好”呢？

孩子不是金丝雀，不是你养的宠物，而是一个鲜活的生命！过去经历中的过多约束和限制，很容易会让人忘记生命原本的需求，结果就会适得其反地让人离目标和梦想越来越远，甚至会给人的内心带来长久的无形伤害。所以，作为父母，不管是孩子的终身大事也好，还是生活小事也罢，都应该真正做到该放手时就放手，要给孩子真正的自由，以解放孩子的心灵，让孩子做自己的主人，这才是真正的"为他好"！

每一个生命的成长都需要自由，这是人来到这个世上的最大需求，当一个人失去自由的时候，就会感到恐惧和压抑，甚至会反叛。作为父母，我们能给孩子最好的礼物就是自由，不仅仅是身体的自由，还有思想和心灵的自由。

心灵的自由是生命智慧的源泉，是建立在社会道德标准之下的属于自己的最原始的追求。尽管有些梦想让人觉得遥不可及，但是"梦想有多大，就能飞多远"。学会放手吧！从此，为孩子的心灵插上自由的翅膀，让他在翱翔天际的过程中开阔眼界，激发灵感，收获喜悦，增长智慧，更好地实现人生一个又一个目标，达成一个又一个梦想。这才是真正爱孩子的表现！

第十三章

不以为人何以为父母

从改变自己开始，改写自己的人生，成全孩子的未来！

做有“弹性”的父母

纵观人的一生，我们会发现，一个越是愿意了解他人的人，越是有弹性，越是放得下，越是谦卑，他的心就越敞亮；一个始终自以为是的人则完全没有弹性，没有包容，他的心也是封闭的。

当有一天我们说自己并不了解的时候，我们才真正开始了解。这就是行为科学中所讲的弹性。当我们放弃自己的认知时，我们才开始觉醒，才真正开始有了弹性，才会有更多了解他人的空间。而这也是我们扮演好为人父母角色的唯一方法。

父母与子女的关系是人一生中最重要的关系，是所有关系的根源，每一个生命都透过这个关系而存在。孩子是父母生命的延续，是上天赐予每位父母来修炼自己的人。孩子出生之时，父母都是欢喜、兴奋的。可是，随着孩子渐渐长大，父母的不满也逐渐增多：为什么我的孩子会是这个样子？为什么他会变坏？很多父母对孩子的转变很奇怪，不知道问题出在哪里，不知道到底是谁的错。有的父母还因此争吵，相互责怪……最后的结果通常是达成一致：孩子已经变成这样，我们应该怎么办？

其实问题很简单，在孩子身上，我们会发现自己的影子。孩子的模仿能力极强，从学习我们走路的方式、说话的方式开始，到沿袭我们的情绪性格、为人处事的态度，孩子一直在受我们的影响。常言道："父母是孩子的第一任启蒙老师。"所以，如果我们不改变，孩子只会亦步亦趋。但是只有很少的父母会把孩子看成是自己的镜子。父母其实不应该紧紧盯着孩子的错不放，而应该反观自己，反思这是否是自己平时的行为举止带给孩子的影响。

我们必须意识到：**能够帮助孩子健康成长的不是父母的监督，而是父母的作为！**我们不能只要求孩子好好学习，自己却不思上进，我们必须真正了解孩子的心理，弹性地对待孩子的成长，才能够真正教育好孩子。

也许你会说："我自己也没什么文化，根本辅导不了孩子。"其实重要的不在于你有没有知识，而在于怎么去教育孩子，怎么身体力行地影响孩子。

有一位农民，文化程度不高，却培养出了两个名牌大学的优秀学生。对孩子的教育，他的体会是："与孩子共同成长，让孩子当自己的老师。"他说："小时候家里穷我上不起学，所以在学习上我根本帮不上孩子。但如果真的对他们放任不管，我又不放心。后来，我就每天跟孩子一起学习，让他们当我的老师。每天从学校回来后，他们会给我讲课，然后我们一起写作业。当我遇到不懂的问题时就会主动问孩子，如果孩子不懂，他们就会去问老师。就这样，在既当学生又当老师的过程中，他们的成绩也逐渐上升到了班级前列，后来成了年级第一。如今也都已经考上了自己理想的大学。在这个过程中，我从来没有要求孩子好好学习或者怎样，但当他们看到我辛苦劳作一天后还跟他们一起学习时，就劲头十足。并且，在这个过程中，他们也真实体会到了学习的乐趣。”

这位家长的做法完全不像某些家长，自己在看电视或玩手机，却大喊着让孩子好好写作业，在这种情况下，也许孩子会待在屋子里“写作业”，但未必会认真写，并且心里还会有诸多的不服气。

当然，我并不是说，作为家长，我们就一定要跟孩子一起写作业。在此，我只是想提醒广大的为人父母者：当你在管教孩子的时候，你可曾真正想过孩子的感受？你能否理解孩子的想法？如何才能够让孩子心悦诚服地接受你的教育？

当然，在孩子成长的过程中，学校也是一个很重要的因素，但各位父母千万不要觉得把孩子送进学校就可以万事无忧了。学校教会孩子的是专业技能，为孩子的将来成长做职业规划，而父母在孩子的成长中更应该关注的是孩子心灵的成长。

在孩子成长的过程中，我们需要做一个了解型的父母。试想，当我们还是孩子时，不是也很渴望得到父母的理解和支持吗？如果我们的父母当初足够了解并能够支持到我们，或许今天我们就不会是这种性格了。所有孩子都希望有一对了解自己的父母，而我们也只有做一个愿意了解孩子的父母，才能和孩子建立一种友谊、平等的关系，才会更有利于对孩子的教育。要成为一位了解型的父母，我们需要的不仅是“修”，更重要的是“行”。

当一个精彩绝伦的生命来到我们身边时，我们应该以更加圣洁的灵魂来接纳和供奉他，以引领他在人间的旅途中焕发更加璀璨的光芒，而不是让他成为我们自己为人失败的牺牲品。愿身为父母者都能觉醒，做一个有“弹性”的父母，用智慧擦亮自己的眼睛，看清孩子内心真正的需求，用真正的爱给予孩子更智慧的理解与对待，从改变自己开始，改写自己的人生，成全孩子的未来！

还给孩子属于自己的世界

作为父母，我们总是希望自己的孩子能够有自信心，可是我们自己却并不了解自信是怎么来的。所谓自信，“自”指的就是自己；“信”指的就是相信自己说的。“自信”就是自己说过的话、做出过的决定，自己做到了。可是，现在的孩子却往往不需要做任何决定。那是谁在帮他做决定呢？是我们！我们帮他选学校，帮他选专业，甚至帮他决定应该从事哪些行业……如果我们希望孩子有自信，那就把决定权交回给他吧！他越年轻越容易做决定，当他长大后遇到人生问题需要做决定的时候，他就会有决定的力量，他会说：“我能自己做决定。”如果在孩子的世界中，每一个决定都是我们帮他做的，他又怎么可能会有自信呢？现在，孩子在我们的身边，我们可以帮他做决定。可是，孩子总有长大成人离开我们独立生活的那一天，如果等到那个时候我们才发现问题所在，就会耽误孩子太多太多。

要知道，孩子的表现都是我们对待的结果。从孩子身上我们往往能看到自己过去的对待所造成的结果。回想一下自己小时候，是不是所有的一切都是自己来做？那么，现在家里有什么事是孩子自己做的？请把你的“黑手”收回来，孩子是可以自己做主的。俗话说“言教不如身教”，如果我们希望孩子成为什么样的人，那我们就先要让自己做到。可是，现实生活中的很多父母自己做不到的事却总想让孩子做到。我们总是希望孩子替自己出征，实现我们未能实现的，这样一来，我们的孩子必然就会缺乏自信。因为孩子的人生道路都是我们在帮他决定，所有的一切都是我们在背后“操纵”，我们会因此越来越有自信，可孩子却会越来越没信心，所以，我们应该学会放手，不能再占有孩子成长的心灵空间了。

很多家长根本就没有意识到这一点，总是对孩子不放心，担心孩子不会做。

比如，孩子小时候，我们对他学系鞋带缺乏必要的耐心，看孩子动作慢就会忍不住帮他系。诚然，**我们的鞋带系得又快又漂亮，可那又怎样？**孩子的手脚协调性没有培养好，最后连鞋带也系不好，所以直到现在，孩子的生活起居还需要我们来帮他打点。

有些父母总是担心孩子会做出错误的选择，以致铸成一生不可弥补的错误。比如，孩子小时候，我们第一次发现他偷钱，会勃然大怒，觉得不可原谅，狠狠地教训他一下，心想：孩子有了这一次的教训后应该不会有下次了。可是，突然有一天，我们发现孩子恶习难改，仍然在偷钱，我们会怎么想？我们会觉得这个孩子不像自己生的："我上一次讲了那么多道理，怎么还没明白？还做这样的事情？"于是，又是一次劈头盖脸的训斥。

当我们发现了第三次或者第四次时，心凉了半截儿：为什么孩子会这么做？这个时候，我们会怎么对待他呢？当然，偷钱这件事确实很严重，但如果回到自己身上来，想想我们当初是孩子的时候，是不是也有过类似的经历呢？相信大多数人都有过"未经父母同意就拿走家里的东西甚至钱财"的经历。那么，小时候我们有没有觉得压力大？会不会觉得自己堕落得无可救药了呢？不会！可是，长大以后，当我们有了孩子，为人父母时，孩子犯了一次错或做出一次错误的决定，我们就会觉得他不可原谅了；两次、三次以后，我们就会觉得这个孩子没救了，这就是我们对待子女的方式。**可为什么我们能够原谅自己当年的偷钱行为，却不能容忍孩子的犯错呢？**这就是我们的问题所在！我们应该宽容地对待自己的孩子，给他们改正的机会。

很多的事情，孩子必须经历过才会懂。当他了解了以后，才不会再这么做。所以，在对待孩子的过程中，让我们保有一颗平常心，宽容地对待他们吧！曾经的我们也是孩子，我们都有过这样的经历：不管父母如何对待自己，告诉我们这个不行、那个不许，可我们偏偏还要试试看，因为我们对自己有把握，我们觉得这辈子自己错不到哪里去，即使父母告诉我们错得很严重，可是我们对自己还是很有信心。可是现在，我们对孩子却缺乏这种信心。我们应该相信他们，即便他这次做错了，我们仍然要相信他们对自己是有把握、有分寸的。

有那么一天，孩子会突然醒悟过来，不再那么做了，那是他的良知站出来了。就在那一次真诚的认错之后，孩子就再也不会那么做了。让我们换个角度，思考一下以前自己希望得到父母怎样的对待，那么，我们也就知道现在该如何对待自己的子女了。

其实，父母担心也是没有用的。总有一天，孩子必须成为自己生命的主人。也许在孩子成长的路上，我们因为不忍心看到他跌倒、不忍心看他受苦，一看到他摔倒就会马上把他扶起来。可是，你有没有想过，当有一天我们不在他身边时，他该怎么办？他所受的苦一定不会少，那些我们帮助他避免的事情，他都会再遇上，并要独自面对。

现在的孩子必须经历很多考试。在孩子准备考试的过程中，我们会更加操心：提醒孩子哪儿是复习的重点，帮他们做记号，甚至还会猜测考题……我们表现得比孩子还紧张。当年自己读书时都没有这么认真过，可现在孩子读书了，我们却比他读得还认真，仿佛参加考试的是我们。孩子不是读书的主角，反而成了陪考。

如果孩子能够明白：读书是为了培养他解决问题的能力，那他就会知道这一辈子他靠的不是父母，他要靠自己的能力解决问题。学校也是一个培养孩子解决问题能力的地方。比如，孩子有一个科目学不好，考试不过关，或者和同学闹意见、打架等，这一切都是问题，而且必须靠他自己解决。如果我们认为孩子必须做到什么才是我们眼中的好孩子，那孩子也许会偏偏不如我们所愿，到最后我们会发现孩子离我们越来越远。

每一个孩子都需要属于自己的心灵成长空间，就让我们为他腾出这个空间，允许他自己去经历、去体验、去感受吧！人来到这个世界的目的就是要经历世事。从每一件发生的事情中学到什么是对、什么是错，这才是真正爱孩子的表现。所以，如果真心爱孩子，那就请你允许孩子自己去经历人生的酸甜苦辣、悲欢离合！还给孩子属于自己的世界吧！我们只需要远远地看着他，鼓励他勇敢地站起来战胜坎坷，踏平泥泞！要知道，跌倒是人生必经的过程，经历过后，我们的孩子就可以从跌倒中总结经验，获得智慧，在不断努力中开始更加精彩的人生。

正如某位名人所说："关心孩子是必要的，但若把他前进道路上的石块全部清扫干净，坑坑洼洼全部垫平，他可能暂时平平安安，但同时也失去了走坎坷道路的能力。"

当我们懂得放手让孩子拥有自己的空间去经历成长过程中的一切时，孩子的心也会由此打开，因为他知道我们会永远支持他。此后，孩子有什么事都会对我们说，他做决定时我们也就会更加放心了。

人生总是有对有错，该经历的总是要经历的！请放手让你的孩子自己去经历，去成长，他一定会不负所望！

肩负使命，做好自己

心理学家研究发现：一个人能否取得成就，除后天的努力之外，大部分取决于父母的教导。每一位优秀的孩子身上都凝聚着为人父母者的心血与智慧。教育专家周弘曾经说过："没有种不好的庄稼，只有不会种庄稼的农民；没有教不好的孩子，只有不会教孩子的父母。"即使面对再不出色的庄稼，好农民也会精心培植，不让其枯萎；即使面对最差劲的孩子，好父母也会耐心教育，绝不会让孩子自卑。农民对待庄稼的态度，决定着庄稼的命运；父母对待孩子的态度，同样决定着孩子的成功。

也就是说，教育的真正内涵不仅仅是传递知识与技能的工具，其真正意义在于：父母的对待就是子女的标的。父母在举手投足之间，都会对孩子产生不可忽视的影响，这种不易察觉的潜在影响可能决定着孩子的人生。

在美国，一位著名的心理学家为了研究家庭教育对一个人人生的影响与作用，就从美国的不同行业中选出了50位很有成就的成功人士，同时，他又从监狱中选出了50个有犯罪记录的人，然后分别给他们写信，请他们谈一下幼年时家庭教育对他们各自的影响。

在所有回信的人当中，让这位心理学家颇有感慨的是两个人，一位是监狱里的服刑犯，一位是来自白宫的著名人士。两人在回信中谈的居然是同样一件事——妈妈分苹果。

监狱囚犯在回信中写道：

记得小时候的一天，我和弟弟正在家里玩，妈妈用盘子端来几个苹果给我们吃。当时，看着盘子里大小不同、红红绿绿的苹果，我一眼就看中了那个最大的苹果，心里甚是喜欢。

这时，妈妈指着盘子里的苹果，问我和弟弟："你们想要吃哪个呀？"

我当时特别想说："我想要吃那个最大最红的。"可没想到，我的话还没出口，弟弟就抢先说出了与我一样的心声。

让我没想到的是，妈妈在听了弟弟的话后，便开始责备起他来："孩子，你要学会谦让，要把好东西让给别人吃，不能总想着自己。"妈妈的话让我忽然间有了一个想法，于是我赶紧说："妈妈，我吃小的，把那个最大的给弟弟吃吧！"听了我的话，妈妈很高兴，于是就把最大的那个红苹果奖励给了我，我也因此得到了我想要的东西。但从此，我学会了说谎。后来，我又学会了打架，学会了偷，学会了抢……为了得到我想要的东西，我可以不择手段。最终，我被送进了监狱，直到现在。

白宫中那位著名的公众人士在同样的事情上则遇到了不同的对待：

一天，妈妈拿了几个大小不同、有红有绿的苹果让我们吃。我和两位哥哥都很眼馋那个最大最红的苹果，面对这种状况，我的母亲就拿起那个最大最红的苹果对我们说："这个最大最红的苹果是最好吃的，我知道你们三个都想要得到它。那么，就让我们来做一个比赛吧！我把院子里的草坪平分为三块，你们三个各负责一块的修剪工作，谁做得最好最快，谁就能得到这个苹果！"

于是，我们三人便开始了修整草坪的竞争，最终我赢得了那个最大最红的苹果。由此，我也懂得：要想获得最好的，就必须付出努力去争取。我非常感谢我的母亲，她用公平的对待让我们明白了这个最简单、最重要的道理。从小到大，她一直都是这样教导我们的，她自己也是这么做的。所以在我们的家里，如果你想要什么好东西就要通过比赛去赢得，这很公平。你想要什么，想要多少，都必须付出自己的努力与拼搏！

教育孩子是每一位为人父母者不可推卸的责任和使命，不同的教育方式决定着孩子不同的人生！有时候，我们往往会因为孩子表面上的一些劣势表现或孩子在挫折面前的软弱而认为自己的孩子不如别人聪明或天资不够好，这样的情绪种子通常会在无意识中表现出来，进而影响孩子的自信与心灵，自然也就在无形中使孩子失去了很多原本可以成功的机会。

如果我们能够在内心中总是把自己的孩子当作天资聪慧的人培育，一切都将会有所不同。所以，要想不负使命，我们就必须学会正确对待孩子，正确对待孩子的前提就是——消除掉心智中曾经的认为，做好自己！

家庭是孩子的第一所学校，是教育孩子最重要的场所。然而，**对于大多数只有一个孩子的父母来说，教育孩子却并没有什么经验可言，对孩子的培养和教育，就像是一场没有彩排的演出**。以至于很多家长看到别人家孩子拿了什么奖或者参加了什么比赛，也急不可耐地给自己的孩子报上各种各样的培训班，可一期一期培训下来，非但没有收到预期的效果，反而把孩子折腾得够呛，甚至还扼杀了孩子原有的兴趣，这岂不是得不偿失？

其实，家长根本不需要着急，每一个孩子都是独一无二的，也许你的孩子在小学时成绩不如别的孩子拔尖，但到了初中后他可能就会成为尖子生；也许你的孩子在某个时段比较胆小，但将来的他可能会很勇敢；也许你的孩子现在对奥数不感兴趣，但在将来的某一天却能获得奥数大奖……所以，**请不要因为孩子某个时段在某些方面的不如你意而认为孩子"笨"或是孩子不行**。在孩子面前，请你**清空自己，不要再用自己的印象去对待孩子**。在现实生活中，说孩子"真笨"似乎已经成了某些家长的口头禅，有些父母在说孩子笨时甚至还充满爱意。殊不知，家长这些有意无意的言语会在不知不觉中输入孩子的潜意识，成为让孩子变笨的"毒素"！孩子会因此开始怀疑自己的能力，慢慢地就会真的成为"学什么都学不会"的笨孩子。

每一个孩子都是一粒品质优良的种子，关键在于这颗种子落在什么样的土壤中。如果没有土壤，种子就不会有发芽的机会；如果落到肥沃的土壤中就能生根、发芽、茁壮成长。老子在《道德经》里曾经谈道："是以圣人处无为之事，行不言之教。""无为"不是什么都不管，而是做好自己。作为父母，**我们能够给予孩子的最好的教育就是化为沃土，做好自己！**

有一位班主任曾给家长发过这么一则很有深意的短信："无论成绩好坏，请想想：每个孩子都是种子，只不过每个人的花期不同。有的花，一开始就灿烂绽放；有的花，需要漫长的等待。不要看着别人怒放了，自己的那颗还没有动静就着急，相信是花都有自己的花期，细心地呵护自己的花，慢慢地看着他长大，陪着他沐浴阳光风雨，这何尝不是一种幸福？相信孩子，静等花开。也许你的种子永远不会开花，他却可能是一棵参天大树。"

不是每一朵花都会在春天怒放，每一个孩子都有属于自己的灿烂季节。美国科学家麦克琳·托克在 81 岁时才获得诺贝尔生理医学奖，她说："我是一朵秋天里的雏菊。"

教育是一项开发生命的事业。每一粒种子都需要适合自己的土地，每一个孩子都有其存在的独特价值。老子说“道法自然”，大自然的存在自有其规律，万物各得其所，孩子的成长也需要遵循自然的规律。所以，作为父母，我们对待孩子的最好方式就是——尊重规律，做好自己，化身沃土，静待花开！

父母要成为孩子的环境

从我们降生到这个世界上发出第一声啼哭开始，我们来到了属于自己的家庭，这是我们与父母一生的缘分。没有父母就没有我们，这是生命延续的方式。

为了让生命得到延续，我们需要有子女。这也是每一个生命存在的意义。但是，我们希望有什么样的孩子，决定权并不在孩子本身，而在于孩子出生在什么样的家庭，有着什么样的父母。透过孩子这面镜子，我们会发现我们需要修的部分，看到自己的不足，只有面对不完美的自己并且能够接受自己时，我们才能改变自己，才会真正地与自己合而为一。

人如果不懂得接受自己，不懂得爱的本质，就会“爱死”对方，其本质是在消耗对方的能量。就像有人爱伴侣，会爱到对方离去，自己陷入痛苦；有很多家长爱孩子，会爱到自己的孩子没有能力来面对自己。

雯和丈夫工作都很不错，12 岁的儿子钦也是聪明可爱，已经上初一了。雯觉得，自己的家中充满着爱和温馨，她感到很幸福。直到有一天，雯无意中在儿子的笔记本上发现了儿子写的一句话：“爸爸妈妈，我恨你们！”这句话给了雯当头一棒，在震惊与难过中她痛哭不止。她和丈夫都不明白：“为什么我们对他这么好，这么爱他，他却会恨我们？”

反观孩子的成长史，我们会发现，“你不用管，爸爸妈妈来做”是雯与丈夫对儿子说得最多的话。自儿子出生以来，雯与丈夫几乎包办了儿子的一切，小到吃穿住行，大到社交做事，他们从没让儿子独立去做过。

因为担心安全问题，他们再忙也会挤出时间接送孩子，即便学校就在他们小区里面；因为怕儿子与别的孩子发生矛盾后吃亏，儿子与小朋友玩时，他们也总是陪伴左右……12 年来，他们轮流做着儿子的影子，除了孩子在学校的时间外，他们与孩子几乎形影不离。为了方便陪伴和照顾孩子，在孩子上初中时，他们也为孩子选择了离家最近的学校。

然而，父母的过度爱护不但没能帮助钦更好地成长，反而成了他人生道路上的障碍。特别是在上了初中以后，他更成为同学们的笑柄，每到放学时间，同学们都会嘲笑他说："小宝宝，你妈来接你啦！"……由此，钦变得越来越孤僻和懦弱，他没有朋友，没有自己的主见，没有独立能力，遇事总会本能地向后退缩，缺乏面对的勇气……父母的爱让钦失去了面对自己的能力，甚至被同龄人嘲笑，所以钦会恨自己的父母。

面对这样的状况，雯与丈夫都无法接受这个现实，他们想不明白，自己对儿子付出了那么多的爱，为什么儿子还会恨他们？在听了我的分析后，雯才渐渐地明白：原来正是自己曾经的对待造成了孩子今日的结果。自己的包揽一切剥夺了孩子经历失败、犯错并从中思考、体验、总结的机会，从而也就造成了孩子情商的欠缺，严重抹杀了孩子的自信与勇气，造成了孩子无法独立、缺乏主见的问题。另外，大包大揽实际上也是对孩子人格的不尊重以及对孩子能力的不信任，自然就造成了孩子心理和人格的缺失，无形中培养着孩子内在的逆反思想，在日积月累中，形成了孩子对父母的爱的抗拒。

人只有真正接受曾经的自己，才能够使当下的自己获得新生，才能够从过往的经历中获得觉悟，从而获得内在的转变，进而收获外在的改变。

在我的解析与帮助下，雯终于从内心深处接受了自己对孩子造成的伤害，她开始醒悟过来：原来造成孩子现状的是曾经的自己。原来爱孩子首先要懂得尊重孩子并相信孩子，懂得放手让孩子去经历，并用自己的行动去支持孩子需要支持的部分。

一个人心理健康的标准是智力正常+良好的性格+良好的适应能力。作为父母，我们应该在日常生活中有意识地引导孩子，从小培养孩子“自己的事情自己做”的意识，如此才能够使孩子在自立自主、探索实践的过程中，体会到成长的乐趣与自我的力量，并由此产生成就感和自信心。当然，孩子也可能会在实践中经历失败，但不经历风雨怎么见彩虹？这也是一种人生经验的积累。

爱孩子就要学会放手，让孩子去经历人生成长中必要的困境，困难与挫折会把我们的孩子打造得更加坚强；让孩子在外面的世界寻觅自己的天空，痛苦与磨难会将我们的孩子磨练成翱翔天空的雄鹰！

接受自己才能与自己合一。在与自己合一的过程中，雯认识到了自己的错误与不足，生命的能量也开始流畅起来。她与丈夫决定：从今以后要给予孩子充分的尊重与信任，要放手让孩子独立去面对属于自己的人生！

做父母就是要使自己成为孩子的环境，让自己的爱像阳光、像空气一样，只是播撒，而不是去限制、干扰孩子的成长。让我们在接纳孩子、宽容孩子的过程中学会正确地引导孩子，愿我们都能够通过修行而成为更好的父母，以培养出更有成就的孩子！

不以为人何以为父母

为人父母者在家庭、社会中担任着很多角色并承担着很多责任，这其中最重要的责任就是：**向上恭敬孝养父母，向下同心教育子女。**也就是说，作为父母，最重要的就是要为孩子营造一个和谐的教育氛围。家庭的和谐需要夫妻扮演好各自的角色，承担起应尽的责任。

孩子刚刚来到这个世界的时候，人格是空白的，却自然带有趋利避害的人性本能，如同植物的本能是朝有阳光的地方生长一样。能给他们带来愉悦的事物自然就会靠近，会给他们带来痛苦的事物自然就会远离，用心理学家的语言来说，“追求抚慰”和“逃避痛苦”两种习性将孩子雕琢成了各具人格特色的生命体。

所以，当孩子在父母的关爱中开始与父母和周围的环境互动时，父母的社会价值观、嗜好、情绪等就会通过生活中的点点滴滴凝聚到孩子身上，从而也就塑造出了孩子的人格。

天下没有不爱孩子的父母，只是大家爱孩子的方式不同罢了。有时候，父母的“爱”会在无意中给孩子带来负面影响，甚至是伤害。特别是在孩子幼小的时候，这个影响甚至会贯穿孩子的一生。因为孩子是父母的化身，孩子长大后的行为方式会在不知不觉中复制自己的父母。作为父母，我们只有做好了自己，才能够真正成为合格的父母，而做好自己的第一步就是孝顺父母，做好自己父母的孩子。

“孝”是中华民族的优良传统，中国古代经典中对“孝”有很多的论述和多方面的看法。儒家认为“孝”是一切道德的基本，“孝”应出于人的自然善性。“百善孝为先”“求忠臣于孝门”“人之行莫大于孝”这几句谚语说明了儒家对孝道的重视。

现实中很多人都觉得自己是孝顺父母的，只是因为忙于生计、照顾孩子或者父母远在老家，而没时间陪伴或照看父母；或想等赚够了钱，再更好地孝顺父母，现在为了赚钱而疲于奔命，没有时间来孝顺父母；或私下里觉得孩子毕竟是未来，应该重点保护，于是把太多精力放在了孩子身上，却疏忽了父母……

其实，孝顺父母并不需要做多少轰轰烈烈的事情，而是体现在日常生活中为父母所做的点滴考虑。只要心中有父母，为父母着想，经常打电话陪父母聊聊天，时常陪父母吃吃饭，父母就会很开心。请不要为了“面子”好看，送一些昂贵但不实用的礼物，或是图省事直接给钱。

孝顺父母不仅是物质层面上的满足，心灵的慰藉同样重要。要让父母高兴，让他们在精神上得到安慰，而不只是供养父母好吃的东西，好穿的衣服。要听父母的教诲，不违背父母的话。对父母讲话时，要毕恭毕敬；应对时，要和颜悦色。父母让你做事情，要赶快去做，不可偷懒。若有了过错，父母纠正你，更要欢喜地接受，不可不理会父母的指责。即使是父母有做得不对之处，也要好言规劝。我们在规劝父母时，应该婉转柔声地劝告，不应违抗父母，也不应该怨恨他们，正如孔子所说："事父母几谏，见志不从，又敬不违，劳而不怨。"

很多人都在盲目追求所谓的幸福，却根本没有意识到：孝顺父母也是一种幸福。特别是对于那些已经为人父母的人来讲，**只有做好了自己父母的孩子才能做好自己孩子的父母。**让我们从小事做起，孝顺自己的父母，为孩子创造一个充满爱的环境，如此不仅可以让父母享受天伦之乐，还可以美化自己的心灵，进而身体力行地影响孩子的人格塑造。

孩子的问题就是父母的问题。父母的行为对孩子的影响极为深远，并且，随着孩子渐渐长大，对是非问题也逐渐有了鉴别能力，给孩子做一个好榜样，这样的言传身教比千言万语都要管用。

作为父母，当你发现孩子的某些问题时，要能够透过孩子的状态看到自己的缺失，从而修圆补缺，返璞归真，在尊重序位的同时重新链接家族能量，传承家族血脉，以使家庭的精神与能量得到永续发展！

那么，我们该如何来修补自己的缺失呢？提升能量可以帮助我们消除负面影响，在改变自己的同时带动孩子的改变。能量的提升一方面在于思想境界的提升；另一方面则在于对小时候存储在心智中的那些致使自己能量下降的情绪的有效处理。

这两个方面的提升对人生命的影响至关重要。潜意识存储的信息就像计算机程序一样影响和左右着人的生活与命运，只要我们采用科学有效的技术方法，回到当时产生情绪的时间点，唤醒心智中情绪产生的"种子"，对当时的经历进行化解、清除和释放，就可以让这个"种子"消失，不再起作用，人也就不会再执着于那个时间点所发生的令自己久久难忘、不能自拔且对自己一生造成影响的事情。人的这种情绪一旦消失，阻挡生命能量流动的淤塞部分也将变得通畅，心智力量就会得以再现。

不以为人，何以为父母？当我们做好了父母的孩子，当我们通过对内在的处理而让生命能量得以积极正向的流动时，自然也就会影响并培养起孩子的良好性情与人格，从而改善家族的内部关系，使整个家族呈现出一片欣欣向荣的景象。这对孩子及后代的发展来说是一个良好家族传承的精神奠基。

人很简单，简单是因为懂得规律；人很复杂，复杂是因为不能放下自己固有的认知。让我们放空自己，重新出发；让我们顺应规律，做好自己，在爱的转变中觉知自性，找到正确对待孩子的方式；让我们用本原的真诚与善心放下执念，用感恩与利他之心重塑缺失的自身；让我们成为孩子健康、自由、快乐成长的环境，让孩子的生命更加璀璨！

为了孩子，为了家族，为了民族的复兴和崛起，我们共同学习和努力，因为我们需要民族的繁荣和富强，需要家族的延续和兴旺，因为我们都爱孩子！